こころの行動と社会・応用心理学

軽部 幸浩　編著

石岡 綾香
伊藤 令枝
伊波 和恵
井上 航人
久保 尚也
黒住 享弘
佐藤 恵美
時田　学
長澤 里絵
藤田 主一
山本 真菜　著

川島書店

巻 頭 言

我々の生活は，テクノロジーの進化によって豊かになってきた一方で，人間の仕事がテクノロジーに奪われてしまうのではないかとの不安が広がっています。さらに，社会生活やビジネスだけでなく，価値観や文化までもが急速に変化し，将来の予測が困難な状況になっています。国際社会に目を向けても，さまざまな国で政情不安や紛争が勃発しており，世界の秩序がここにきて大きく揺らいでいます。

加えて，新型コロナ感染症の流行や，地球温暖化に伴う気候変動，異常気象，さらには台風や大地震などの自然災害が多発し，予測不能な事象が続いています。

少子高齢化が進む我が国では，育児不安や幼児虐待，陰湿ないじめや非行少年問題，離婚の増加，高齢者のケアや寝たきり老人の介護や看護などの諸問題に直面しています。

働き方でも終身雇用や年功序列制度が崩壊し，人材の流動性も高まりつつあります。我々は，先行きの見えない不安な時代のなかで生きています。このような不安の時代を生きていくには，人と比べたり，人の評価ばかりを気にせず，自分を信じて「自分がどうなりたいか」を明確にし，その思いに向けてひたすら努力を重ねていくことです。また，何をやっても上手くいかない，自分だけがなぜこんなに苦しく辛いかと嘆くのではなく，これが次への飛躍のチャンスを与えてもらっているのだと心の持ち方を変えれば，思いが通じるものとなります。ただ，思い詰めて頑張りすぎず，ときには周りの人に甘えることもあっていいと思います。人のために何かできることはないかという利他を日々実践することも大切です。人は家族や学校の友人，職場の仲間，地域社会の人たちに支えられた存在だからです。

混迷の時代の中で，自分の心と向き合い，自分の心を磨くために心理学を学ぶ意義があります。本書は，幅広い分野から人のこころの行動を心理学の専門家が豊富な知見と経験に基づいて解説されています。

東京富士大学学長　青山 和正

本 書 の 紹 介

本書は，今までの心理学の教科書と構成が異なっており，それが大きな特徴となっています。どこが違っているかというと，多くの心理学の書籍が基礎的な分野から応用的な分野の順に章が構成されているのに対して，本書は違っているのです。

そのために，本書を最初から学ぶあるいは読んでいくというより，必要な章を必要に応じて活用していくことができ，多様な使い方ができます。どこの章から始めるか，どこの章を活用していくかによって，一般教養の心理学の半期あるいは通年の教科書として利用できるのはもちろん，パーソナリティ心理学，社会心理学，産業組織心理学，発達心理学の講義にも対応可能です。

例えば，心理学の基礎的な知識は，第6章　発達，第3章　知覚と認知，第9章　欲求と感情，第5章　学習，第4章　記憶と思考，第7章　知能，第8章　パーソナリティを学ぶことでカバーでき，それをベースに，第10章　社会，第2章　対人・社会的認知，第1章　人間関係と学びを進めていくと，社会心理学がカバーでき，また，第11章　健康，第12章　臨床，第14章　犯罪・矯正・防犯に学びを進めていくと臨床心理学，第11章　健康と第13章　産業・組織に学びを進めていくと産業・組織心理学，第11章　健康と第16章　スポーツと学びを進めていくと健康心理学というように，様々な講義の教科書として利用していくことが考えられます。

各章の内容については，その分野を専門にしている担当者が，限られたページの中に可能な限りの知識を詰め込んでいるといえます。きっと，新しい知識との出会いがあるのではないかと期待させられる書です。

東京富士大学経営学部長　浮谷 秀一

ま え が き

心理学はハイブリッドな学問であり，隣接する研究領域から多くの知見を利用させてもらい，「こころ」の研究を行ってきている。そろそろ今まで以上に，心理学の研究で得られた知見を，隣接する研究領域や社会に還元することが必要であろう。

心理学を初めて学生にとっては，「こころって何」「こころはどこにあるの」「人は笑うけれども，犬や猫も笑うの」という疑問から始まり，「なぜ，物が見えるの」「見ていたはずなのに，何で気づかなかったのだろう」「どうして，悲しいと涙が出るの」と様々な疑問がわき出てくることであろう。そのような疑問すべてに，答えられるような心理学のテキストは私の知る限り存在していない。しかし少なくとも本書は，いくつかの疑問に答えることができ，かつ疑問を解き明かすきっかけになれることと思っている。

そのため，本書を読むときには，第1章を最後にまわすとか，第6章をとばして読むとか，極端に言えば読者が読みたいところから読み始めればよい。いろいろと足りないところや，欠点が目につくと思う。今後の批判をまって，より良いものに改めていきたいと考えている。

最後に，本書の企画を快諾され出版に至るまで多大のご厚意を寄せていただいた川島書店に，深甚なる感謝を捧げます。ありがとうございました。

2025年2月

編者　軽部 幸浩

目　次

こころの行動と
社会・応用心理学

第1章　人間関係

1節　人間関係

友だちや家族との人間関係がこじれてしまったとき，その関係を煩わしく感じ，関係を断ってしまいたいと思うことがあるだろう。しかしその一方で，人と一緒にいることで緊張や不安が和らぐこともある。そのようなときは，人間関係の大切さやありがたみを感じるものである。人間関係の心理のなかで好意的関係の形成は，重要なテーマのひとつであろう。できれば周りの人から好かれたいとみな思うはずである。ではこの好意とはどのようにして生じるのであろうか。心理学では相手に好意をもち，親密な関係が形成され，発展していくための条件やそのプロセスについて，対人魅力として研究されている。

1. 対人魅力

1）近接性

小学生の頃の仲の良かった友だちとは，どのようにして友人関係が始まったのだろうか。思い出してみるとその多くは，家が近かった，同じクラスで席が近かったという地理的な近さがきっかけで，友人関係が始まっていたのではないだろうか。シーガルが行ったある研究によると，お互いに見知らぬ者同士で入学してきた学生がアルファベット順に着席し，授業を受けることになった。6週間後に学生に友人の名前をあげさせると，多くはアルファベットが近い人の名前をあげたことがわかった。またフェスティンガーらは，大学の学生寮の新入生を対象に，空間的距離と友人関係について調査した結果，寮の部屋が近ければ近いほど友だちになりやすいことが分かった。つまり物理的距離が近いと心理的距離も近くなり，好意を抱きやすいということである。

繰り返し特定の対象に接触することでも，相手への好意は増す。これは単純接触効果とよばれている。ザイアンスによれば，ただ単に何度もある人物の写真を見るだけでも単純接触効果は生じる。そして接触回数が多ければ多いほど，相手に対する好意度は高くなることがわかっている。

2）外見的魅力

「推し」の魅力についてたずねると，「カッコいいから」「かわいいから」「美人だから」など，外見の魅力をあげる人が多い。容姿，身体的な美しさに，人は魅了されるものである。もちろん美しい外見はそれ自体で見る人を心地よくさせるが，それだけにとどまらず，知性や優雅さ，清潔さ，など内面まで美しいと思われ，より一層魅力的に感じられるのだ。外見的魅力によって好意が決められることを実験により明らかにしたのはウォルスターらである。新入生のダンスパーティで，表向きはコンピュータによってベストなデート相手が決められるとのことであったが，実際は事前に調査した個人情報とは無関係に，ランダムに相手が決められた。また前もって実験者が，ひとりひとりの身体的魅力を確認しておいた。パーティの途中で，紹介された相手にどれくらい好意を感じるかたずねたところ，事前に調査した個人情報とは関係なく，外見的魅力が高い人を好意的に評価していた。これは男女問わず，自身の身体的魅力の高低にかかわらずみられた傾向であった。

3）好意の返報性

人は，自分を好きになった人を好きになる。好意を示すと好意が返されるのである。これを好意のお返しという意味で，好意の返報性，好意の互恵性という。一貫して好意を示すことで相手もより好意をもちやすいかというと，そうではない。それまで否定的な評価だったものが途中から好意的に変化したときのほうが，より好意をもちやすいことが明らかになっている。

2．親和行動

何らかの理由で他者との交流が制限され，自宅でひとりの時間を過ごすことが多くなると，人は外に出て，他者と直接会って話をしたくなったり，食事を共にしたくなったりする。それまで，通学や出勤が面倒だと思っていた人でさえ，「学校に行きたい」「出勤したい」と願うようになる。人が他の人と一緒になりたい，他の人と一緒にいたいという欲求を親和欲求といい，その行動を親和行動という。親和欲求の強い人は，友だちと会う，電話をする，メールをするなどの行動回数が多いといわれている。この親和欲求が強くなるのは不安が高くなる時だと考え，シャクターは女子大生を対象に実験を行った。

実験参加者が実験室に入ると，そこには電気ショック装置が置かれていた。そして実験者から，「これから電気ショックの心理学的効果を調べる実験に参加してもらいます。」と告げられた。その後実験者は，A 群（高不安条件）には「電気ショックは非常に不愉快でかなり痛いかもしれません。後々まで残るようなダメージはないはずですが……」と続けた。一方，B 群（低不安条件）には「電気ショックは非常に弱く，苦痛ではないはずです。不快というよりくすぐったい感じのはずです」と説明した。両群ともその説明の後，10 分ほど別室で待つよう依頼された。10 分間の待機時間中は，個室でひとりで待つか，大部屋で他学生と一緒に待つか選ぶことができた。実際の選択肢は，①個室でひとり，②大部屋で他学生と一緒に，③どちらでもよいの 3 つであった。実験の結果，強い電気ショックと聞いた A 群（高不安条件）では，②大部屋で他学生と一緒に待つことを希望する参加者が多かったのに対し，B 群（低不安条件）では，③どちらでもよいと答える参加者が多かった。この実験から，不安が親和欲求を高めることが示された。ではなぜ不安が強くなると親和欲求が高くなるのだろうか。考えられる理由のひとつは，他者と一緒に待つことで，気を紛らわし，予告による不安を間接的に低減しようとしたというものである。もうひとつは，A 群（高不安条件）の参加者は，漠然とした強い情動を経験したために，自分の感じている情動は何なのか，適切な反応なのかを，他者と比較することで評価しようとして，他の人と一緒に待つことを希望したという，フェスティンガーの社会的比較過程理論で説明できる現象である。さらなる実験を行った結果，単なる「他者」よりも，自分と類似した立場に置かれている人と一緒のときに強い親和傾向を示すことが分かった。つまり，社会的比較過程理論による説明が支持されたのである。

表 1-1　不安と親和傾向（実験 2）

条　件	一緒に待つ	気にしない	ひとりで待つ
類似した状況の人と一緒	6 人	4 人	0 人
単なる「他者」と一緒	0 人	10 人	0 人

2節　恋愛

1. 恋に落ちる過程

1）交際相手と知り合うきっかけ

近年日本では少子化問題が深刻化している。少子化に影響を与える要因として，非婚化・晩婚化や結婚している女性の出生率低下などがあげられる。出会いのかたちはどうであれ，一定の交際期間を経て結婚に至る場合が多いと思われるが，実際どのくらいの未婚の男女が交際をしているのだろうか。国立社会保障・人口問題研究所が実施した2021年の調査によると，18歳から34歳の未婚者のうち，「婚約者や恋人がいる人」は男性で約20%，女性で約28%であり，2000年代前半をピークに男女とも低下している。では，現在交際している人が恋人や婚約者と知り合ったきっかけは何かというと，男女ともに「学校で」が最多であった（男性約30%，女性約27%）。また，2021年の国立社会保障・人口問題研究所の調査では，ソーシャルネットワーキングサービス（SNS）やマッチングアプリといった「ネット（インターネット）で」という選択肢が新たに追加されたが，「ネットで」と答えた男性は約12%，女性は約18%で，未婚男女の約10人に1人がインターネットを使ったサービスで交際相手と知り合っていることが分かった。

2）恋の帰属の誤り効果

どこかで見かけた「カッコいい人」「かわいい人」「美しい人」に，一瞬で心を奪われてしまった経験はないだろうか。ひとめ惚れをすると，ドキドキして，その人のことばかり考え他のことは手につかなくなる。このドキドキ（生理的興奮）が，恋愛関係に一役担っているのではないかと考え，ダットンとアロンはカナダ西海岸のバンクーバにあるキャピラノ渓谷に架かる吊り橋で，次のような実験を行った。この吊り橋は高さ70メートル以上あり，同時に多くの人が渡るので，激しく揺れることで有名である。吊り橋の中央で，女子学生がアンケート調査を行うべく待っていた。実験参加者はひとりでこの橋を渡る18歳から35歳までの独身男性である。そして中央まで来た男性に女子学生が話しかけ，調査への回答を求めた。回答後，女子学生は「研究や結果について関心があるのなら，後日電話をください。」と言って，電話番号を教えた。比較のために統制群として，同様の実験を揺れない木の固定した橋でも行った。その結果，吊り橋の参加者男性の約50%から電話があったが，固定した橋では10%程度であった。両橋とも同じ女性であったことから，揺れる橋を渡っているときには，不安によって生理的な喚起が生じており，その状態で女性に会ったため，心臓のドキドキは「魅力的な女性に会ったために起きた」と誤って解釈してしまったのではないかと考えられるのである。

この他，障害があるために愛情が深くなる，ロミオとジュリエット効果という現象も報告されている。これは人が，「あることを禁止されると逆にしたくなってしまう」という現象，心理学でブーメラン効果とよばれているものが，恋愛関係にも当てはまるのではないかと考えたドリスコールらが行った研究である。ドリスコールらが140組の恋愛中の男女を対象に行った調査では，愛情を測定する尺度と，両親からの反対の度合いを測定する尺度に回答を求めた。その結果，未婚カップルでは，どちらかの（または両方の）親が交際を反対しているほど，恋愛満足度が高くなることがわかった。まさにシェイクスピアの戯曲「ロミオとジュリエット」である。親から交際に反対されたり，恋人のことを悪く言われたりすると，親に対し反発し，興奮状態により心臓がドキドキする。そのとき助けを求めるように頭に思い浮かべるのは，恋人であろう。恋人を思い浮かべているときに，ドキドキを経験する。これを恋人への愛情の深さと勘違いする。ここでもまた，帰属の誤りによって愛が燃え上がるというわけである。

2. 愛とはなにか

1）スターンバーグの愛の三角理論

愛とはなにか，どのような要素から構成されているのか，という問いに答えるべくスターンバーグは愛の三角理論を提唱した。これによると愛とは，①親密性，②情熱，③コミットメントの3つの要素から構成されているという。

①親密性：感情的な結びつきの強さのことで，人間同士のふれあいのような感覚のこと

②情熱：性的な欲求を含む興奮の強さ，または魅惑的な感覚のこと

③コミットメント：関係の深さ，結合の強さ，一途で裏切らない，責任感をもつというような感覚

実際にはこれら各要素の強弱から，図1-1のような8つの愛情のタイプに分類されるという。

2）リーの恋愛6類型

愛は情愛，遊愛，友愛の3つの要素から構成されるといったのはリーである。リーはこの3要素の組み合わせによる愛の6類型を提案している。

①情熱タイプ（エロス）：お互いに夢中で，お互いしか見えていないような激しい恋愛

②遊愛タイプ（ルダス）：ゲームのような，楽しみ第一の恋愛

③友愛タイプ（ストルゲ）：深い友情で結ばれている親友のような恋愛

④狂愛タイプ（マニア）：相手のことを考えると，夜も眠れないような恋愛

⑤利愛タイプ（プラグマ）：自分の将来にとって有利になるような恋愛

⑥神愛タイプ（アガペ）：この相手のためならどんな犠牲もいとわない，と思える恋愛

大学生カップルのラブスタイルを調べたヘンドリックらの研究によると，エロスとストルゲはカップル間の高い相関がみられた。また，お互いの愛についての満足度とラブスタイルの相関をみたところ，エロスが高いと交際満足度も高いが，逆にルダスが高いと満足度が低くなることが分かっている。やはりゲームのような恋愛では，高い満足度は得られないということなのだろう。

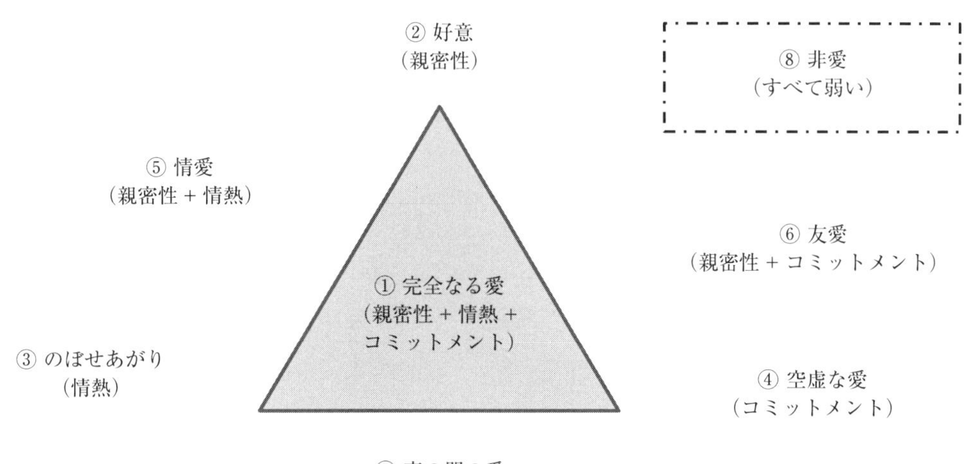

図1-1　スターンバーグの愛の三角理論（金政，2006を一部改変）

3節　個人と集団

1.　集団とは

渋谷のスクランブル交差点，映画館，大学のゼミやアルバイト先など，複数の人々がある一定の時間集まる場面は無数にある。しかしこれらすべてが同じ性質をもっているわけではない。2人以上の人々によって形成される集合体のうち，単なる一時的な人の集まりではなく，メンバーが安定した関係を一定期間維持し，メンバー間に相互依存的なかかわりがあるような人の集まりを集団という。大学のゼミやアルバイト仲間などがそれにあたる。次の6つの特性を有するとき，集団とみなされる。これら6つすべての特性を完全に備えている必要はない。

①人々の間で，持続的に相互作用が行われる
②規範の形成がみられる
③成員に共通の目標と，その目標達成のための協力関係が存在する
④地位や役割の分化とともに全体が統合されている
⑤外部との境界が意識される
⑥「われわれ感情」が存在する

2.　個人と集団

集団のもつ力が強ければ，個人の自由や権利は弱くなる。逆に個人の自由や権利が強ければ，その集団の力は弱くなる。このように，個人と集団とは相互に影響を与え合いながら，集団は個人の行動に大きな影響を与えている。このような集団の力を明らかにしようとするのが，集団力学（グループ・ダイナミックス）である。

集団の所属メンバーが，集団に魅力を感じ惹きつけられると，集団としてひとつになろうとまとまる。このまとまりのよさは集団の凝集性とよばれ，できるだけ同一性をもとうとし，他のメンバーが逸脱しようとすることをひどく嫌う。これを集団斉一性という。集団が魅力的であればあるほど，集団の凝集性は高くなる。そして凝集性の高い集団では，結束は強くなるのだが，メンバーの考えや行動に類似性をもたせようとする集団圧力がみられるようになる。

集団を形成する過程で，暗黙のうちに了解されている「すべきこと」「してはならないこと」，すなわち暗黙のルールができることがある。このような集団内でメンバー同士が共有しているルールのことを集団規範というが，集団規範は，集団内のメンバーがお互いの行動を参照し合うことによって，ひとつの方向にまとまっていくことで形成される。一度規範ができあがると，この集団を構成する個人は，規範に従って行動するようになる。集団が新しく形成されていく場合，集団の規範はそのメンバー同士が相互に影響しあい作り上げていく。例えば学校でクラス替えが行われたときに，見知らぬ人同士が集まって友だちになり，集団を形成していくような場合がこれにあたる。この場合，少なからず自分の意見が反映されて規範作りがなされるため，集団の基準と本人たちの意見との間にそうズレはない。しかしこのケースは稀で，多くの場合すでに長期間にわたり活動している集団に，新人として入っていく。このような既存の集団にはすでにその集団独自の基準があり，集団の各メンバーにより当然のこととして維持されている。そのため新たに集団に入っていく人の本来もつ意見や態度に，その基準が合致しないということも少なからず起こる。その場合，次の4つの対応が考えられる。

①その集団の規範に同調し，受け入れる
②その集団の規範は無視し独立的にふるまう
③その集団の規範を変えるように働きかける
④その集団から退去する

多くの場合，まず「①規範に同調し，受け入れる」が選択される。

3. 同調行動

集団の中でリーダー的存在の誰かが自分の意見を強く主張していると，その意見に押され，自分の考えとは異なる意見であっても賛成することがある。これを集団圧力による同調行動という。アッシュは，人が自分自身の考えをもっていても，周囲の意見に同調することがあることを実験によって示した。

実験参加者集団は８人１組の男子大学生であった。このうち実際の参加者は１人のみで，残り７人はサクラであった。図 1-2 のような２枚のカードが提示され，Ａの棒と同じ長さの棒をＢから選んで番号で答えるよう指示された。ひとりずつ順に答えていくのだが，唯一の実際の参加者は７番目に位置していた。

図 1-2 のＡの棒と同じ長さはＢの何番になるだろうか。正解は２であるが，かなり明白であり，間違える人はいないと思うだろう。しかし，もし自分の前に座る人の答えがすべて１だとしたらどうだろうか。それでも２だと答えられるだろうか。

実験の結果，50 人中 15 人，約３分の１の参加者が，サクラの誤った回答と同じ誤りか，長さにおいて同一方向の誤りをしていた。つまり，全員一致により，意見の同調がみられたのである。まったく答えを間違えなかった人は 50 人中 13 人，約４分の１いたが，残りの４分の３の人は，多かれ少なかれ集団の圧力に合わせ同調行動を行ったことになる。

以上のような基本実験の他にアッシュは，条件を変えていくつかの実験を行っている。これにより，参加者にとっての「味方」がひとりでもいれば同調は急激に低下することがわかっている。また，サクラが３人もしくは４人の場合，効果が最大になることも明らかにされている。つまり，４～５人のグループで自分以外の全員の意見が一致しているとき，私たちは同調行動が多くなるということになる。

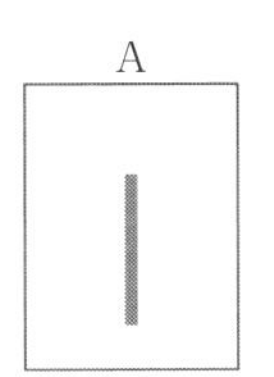

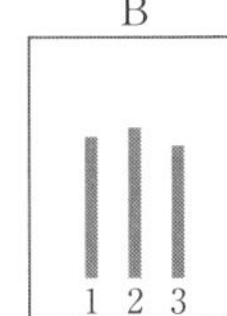

図 1-2

4. 少数者の影響

集団規範の中にはもちろん納得のいくものもあるが，理不尽で従いたくないと思うものもある。他者と協力するために集団規範に従ったり，同調したりすることが重要になってくることもあるだろう。しかし，本来の自分の意見と異なる集団規範に従わざるをえなかったり，他者に同調したりすることを続けていると，ストレスを感じるようになってしまう。また，集団規範が必ずしも正しく，集団にとって有益な結果をもたらしてくれるとも限らない。集団にとっては規範を変えることや，同調行動をしないことが必要なこともあるのである。

では同調しないメンバーに対して，集団はどのような反応を見せるのだろうか。集団に非同調者がいると，他のメンバーは斉一性を保つよう，規範に合致させようと働きかけをする。特に非同調者が新メンバーや地位の低い者であれば圧力は強まる。最後まで働きかけに応じないと，メンバーは働きかけを止め，心理的に集団メンバーから外すようになってくる。これでは変革は起こらない。それでは規範に従わなかったり，多数者への同調を低減させたりといった変革をもたらすには，どのような要因が必要なのであろうか。それは，話し合いなどで一貫してひとつの意見を主張し続けることである。するとそれが少数派，またはひとりであっても，多数派に影響を与えられると考えられている。また，その少数の非同調者が，他のメンバーと人種や性別などが一致しており，主張内容が論理的であるとき，特に状況が不安定で見通しが立たないとき，社会的リアリティの拠り所がなかったり揺れ動いていたりするときなどは，少数者の影響が大きくなるという。

4節　対人葛藤

1. 対人葛藤の種類

七夕飾りの願い事や，社寺に奉納する絵馬には「自分や家族の健康」だけでなく，「平和」を願うものも多くみられる。私たちはみな，周囲とはできるだけ争いなく，平和に，平穏に過ごしたいと願っているのである。しかしさまざまな状況や対人関係において，個々人の志向，期待や価値観などには必ず不一致があり，それによって他者に望む願望や欲求が異なる。そして願望や欲求の違いによって，人と人との間で対立や確執が生じる。この個人間の不一致，対立や確執のことを対人葛藤という。対人葛藤は社会生活における主要なストレス源であることから，個人の幸福や人間関係に重大な影響を与えることが知られている。

トーマスによれば，葛藤の原因には願望の違い，意見や見解の不一致，規範との適否をめぐる対立などがある。願望の違いは利害葛藤とよばれる。それぞれの利害関係が絡み合い，そのことでトラブルになるようなもの，他者に対する自分の願望や期待などが，実際のものと違うことから生じる葛藤である。きょうだい間のおもちゃの取り合い，仕事の役割分担や相続財産をめぐる争いなどがこれにあたる。例えば寝たきりだった3人兄弟の父親が亡くなったとする。法定相続通りの按分ということで収まるかに見えたが，次男が「自分たち夫婦で寝たきりの父親の面倒をずっと見てきたのだから，自分たちが財産を多くもらうのが当然だ」と言い出す。そこで長男が「それをいうなら自分は長男だから，他2人より多くもらって当然だ」と主張する。三男は「3人兄弟なのだから，みんなで平等に分けるべきだ」と意見を述べる。このような利害に関する葛藤が利害葛藤である。

また考え方や意見の不一致により生じる葛藤を認知葛藤という。同僚間での仕事に対する考え方の食い違いにより起こる対立や，夫婦の子育て方針をめぐる言い争い，親子での，子どもの進路や結婚相手の好みをめぐる対立など，価値観や仕事観の違いによるトラブルがこれにあたる。例えば，妻は「あとから高校受験で大変になるぐらいなら，今苦労させた方がいい。中学受験をする方が，苦労は少なくて済むはずだから」と主張するが，夫は「子どもには中学受験はさせない方がいい。小学生のうちから受験勉強をするより，この時期子どもは思いっきり遊ぶべきだ」と反対する。別の例をあげると，親は「息子の結婚相手に選ぶなら，仕事に夢中になっていて家事をする時間があまりないような女性よりは，仕事はほどほどにし家事や育児に十分な時間をとれるような女性がいい」と考え，息子が結婚相手に選んだ「残業も多くこなし，責任のある地位に就く女性」に反対するなどがある。いずれにせよ，このような意見の相違から露呈するような葛藤が認知葛藤である。

規範（道徳，倫理，正義など）との適否をめぐる対立を規範葛藤という。規範葛藤とは，道徳観や倫理観，公正感，社会規範などから，「人とはこうふる舞うべきである」という期待を基準にして，他者の行動を評価することから生じるものである。友人同士で約束や時間を守らない，隣人間での騒音，ごみの出し方のマナーや植木のトラブル，電車内の座席に関する問題など，ルールやモラルに関することでの対人トラブルがこれにあたる。例えば「自分の家の敷地に隣人の木の枝が入ってきていて落ち葉が大変である。迷惑だから張り出している木の枝は隣人が切るべきだ」という主張に対し，「木の枝が伸びるのは自然なこと。些細なことで騒ぎ立てるなんて……」といってなかなか切ろうとしてくれない，などである。この他「電車内で高齢者に座席は譲るべきで，若者は立つべきだ」「家事や子育ては女がやるべきだ」「女は男を立てるべきだ」などの例も考えられる。

このように対人関係にはさまざまな葛藤が発生し，3種類の葛藤に分類することができるが，このうちのどれか一つのみが出現するわけではなく，同時に複数の葛藤が出現することが多い。

2. 葛藤処理モデル

対人葛藤への解決方略として，トーマスとキルマンの葛藤処理モデルがある。トーマスとキルマンの葛藤処理モデルとは，「自らの利害を主張するか」という自己主張性を縦軸に，「どれくらい他者の利害に関心を寄せるか」という協力性を横軸にとり，葛藤処理の方策を整理したものである。

図1-3に示したように，もっとも自己主張性が高く協力性が低い方策は競争である。競争とは，自らの利得を最大化するために競い合い，相手を打ち負かすことをさす。自己主張性と協力性の両方が高いものは協力である。協力はお互いの意見や主張を否定することなく，より俯瞰的な立場から「第3の案」を考えようとすることである。自己主張性は低いが協力性が高いものは譲歩である。譲歩は相手の主張を受け入れ，全面的に相手に譲る。相手との関係を今後維持することを重視したとき取られる方策である。自己主張性，協力性ともに低いのが，回避である。回避とは葛藤そのものを避けようとすることである。自己主張性，協力性ともに中程度な方策が妥協である。お互いに譲り合う，いわゆる痛み分けである。

これらそれぞれの方略に優劣があるではないと考えられているが，状況によって使い分ける必要がある。ただし対人関係において，生産性という側面では，協力することが優れていると考えられている。そのため，葛藤の原因となっている相違点を特定し，相手との「対立していない共有できる点」についても明確にしたうえで，第三者的視点から自分と相手の納得できる点を考える必要があるだろう。

またファルボとペプローは，コミュニケーションの「直接性・間接性」の次元と，「自己関心・他者関心」の次元の，2次元からなるモデルを提唱している。「直接性・間接性」の次元は，自分の願望をどのくらい相手に直接的に伝えるかという次元である。「自己関心・他者関心」の次元は相手の立場や気持ちをどれくらい配慮するかの次元である。これら2次元から直接・自己関心（依頼など），間接・自己関心（無視，怒りなど），直接・他者関心（説得，交渉など），間接・他者関心（暗示など）の4つに分類される。

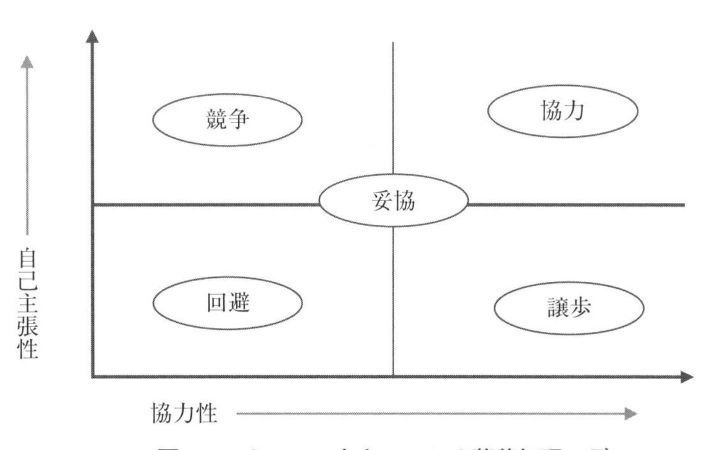

図1-3　トーマスとキルマンの葛藤処理モデル

5節　言語･非言語コミュニケーション

コミュニケーションは人が社会のなかで生きていくうえで，必要不可欠なものである。家族や友人と顔を合わせたとき「おはよう」とあいさつをしただろう。道ですれ違った人が落としたものを拾ってあげると，その人に「ありがとう」といわれ，ニコッと微笑み返すということもあるかもしれない。言葉を返すわけではなくても，これもコミュニケーションである。また，朝起きてから他の誰とも会っていない，言葉を交わしていないという人であっても，個人内コミュニケーションという，自分ひとりの頭の中で行われているコミュニケーションはとっているはずである。例えば，「今日の服装には，どの靴を履いていこうかな」などの，個人の頭の中での考えのやり取りがこれにあたる。いずれにしても人は，常にコミュニケーションをとっているのである。

デート中の相手から，つまらなそうな顔や態度で「楽しいね」といわれたらどう思うだろうか。「よかった。デートを楽しんでくれている」とよろこぶだろうか。それとも「つまらないんだな」とがっかりするだろうか。この場合，人は後者の「つまらない」と受け取るはずである。感情や気持ちを伝えるコミュニケーションにおいて，どのような情報に基づいて印象が決定されるのか，メラビアンは次のような割合を示した。

表情55%，音声38%，会話内容7%

つまり，どんなに言葉で「楽しい」といっても非言語でつまらなそうにしていれば，相手は「つまらない」と受け取ってしまうのである。

1. 言語コミュニケーション

言葉を用いたコミュニケーションを言語コミュニケーション，またはバーバルコミュニケーションという。言語コミュニケーションは，コミュニケーションの原型であり，人間特有のコミュニケーション手段であるともいえる。この言語コミュニケーションには，話し言葉である言語音声メッセージだけでなく，書き言葉や手話といった言語非音声メッセージも含まれる。すべての言語に共通するものとして，次の6つの特徴があげられる。

①伝達性：言語の主要目的は伝えることである

②生産性：文章はその場で作り出すことができる

③時間的・空間的広がり：言語では，現在・過去・未来の事柄について語ることができる

④即時性：話し言葉はすぐに消える。一方で，書き言葉は保存することができる

⑤恣意性：言語と指示対象との間に必然的な関係はない

⑥学習性：言語は文化的に学習され，継承される

2. 非言語コミュニケーション

1）非言語コミュニケーションの分類

言語コミュニケーション以外に非言語コミュニケーション（ノンバーバル・コミュニケーション）がある。表情，ジェスチャー，アイコンタクトなどがこれにあたる。言葉自体は同じでも，それをどのように伝えるかといった表現方法が異なれば，相手に伝わるメッセージは異なってくる。無表情で何かを手渡されるより，笑顔を向けられながら手渡される方が，温かい気持ちになってうれしいものである。このように非言語メッセージにより，豊かな会話を実現することができる。数ある非言語コミュニケーションを，ナップは次の7つに分類している。

①動作行動：ジェスチャー，顔の表情，目の動き，身体や手足の動きなど

②身体特徴：体格，身長，体重，皮膚の色など

③接触行動：握手，ハグ，頭をなでる，肩をたたくなど

④パラ言語：声の大きさやピッチ，トーン，抑揚など，言葉ではなくその周辺部分。ため息，あくび，笑い，言いよどみ，沈黙のようなものも含まれる

⑤近接学：座席の決め方や会話のときの相手との距離など

⑥人工品：衣服，眼鏡，化粧，香水など

⑦環境要因：室内装飾や照明，色，音楽，温度など

2）表情

人は，他者の顔の表情から，相手の気持ちを読み取ることができる。喜んでいる顔，悲しんでいる顔，怒っている顔など，複雑ではない感情を表す表情であればなおさらであろう。コミュニケーションにおいて重要な役割をもつ人の表情は，人類の進化の過程で身につけたものであるから人類共通であると考えたエクマンらは，異なる文化の人々を対象に調査を行い，これを実証している。

調査の対象は，アメリカ・ブラジル・チリ・アルゼンチン・日本の人々，後の調査ではニューギニアの人々であった。対象者に，図のような「幸福」「嫌悪」「驚き」「悲しみ」「怒り」「恐れ」を表す表情写真を見せ，表している感情を正しく読み取れるかどうか検討した。その結果，感情によって正解率に違いはみられるものの，文化が異なっていても，各表情を正しく読み取ることができたのである。このことから基本的感情においては，感情を示す表情表出，判断ともにかなり一致しており，感情を表す顔の表情は世界共通であることが明らかとなった。

3）パーソナルスペースと対人距離

人には，自分にとっての快適な空間というものがある。その空間を自分のものだと考え，他者に侵されると，居心地が悪く感じられる。このような空間をパーソナルスペースとよんでいる。パーソナルスペースの大きさには，パーソナリティなどの個人的要因，対人関係の程度や文化などの社会的要因が影響すると考えられる。例えば「男性，中・高齢，内向的で不安傾向が高い，自己評価が低い，アングロサクソン系・アジア系」にはパーソナルスペースが広い傾向がみられ，逆に「女性，若者，外向性が高い，ラテン系」には狭い傾向がみられるが，ホールは，他者との関係の親密さやその時々の対人関係によりパーソナルスペースを規定する対人距離が変化するとし，次のような4つのゾーンに区別した。

①密接距離（0cm から 45cm）：お母さんと赤ちゃん，恋人同士の距離

②個体距離（45cm から 120cm）：友人や知人などと親しい会話ができる距離

③社会距離（120cm から 360cm）：個人的事情の入り込まない距離

④公衆距離（360cm 以上）：個人的な関係が成立しなくなる距離

このようにパーソナルスペースの広さは，他者との関係性や状況によって変化するのである。

幸福

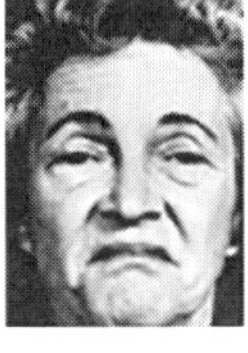
嫌悪

驚き

悲しみ

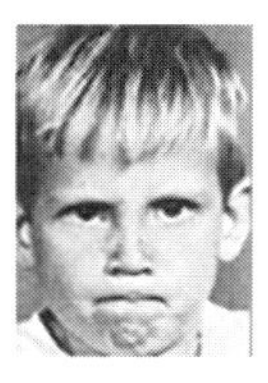
怒り

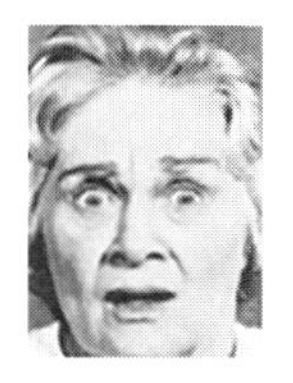
恐れ

図 1-4　エクマンの基本的感情の表情（Ekman, 1973）

第2章　対人・社会的認知

1節　帰属

1. 帰属の理論

事件や事故のニュースの報道や身近に起こった出来事について，私たちはその原因を考えることがある。このようにある出来事や人の行動についての原因を推論することを帰属という。ハイダー（Heider, 1958）によれば，人の行動の原因は，行為者の性格，能力，態度，意図といった行為者本人の内的な要因と，行為者以外の状況や環境といった外的な要因に分類することができ，帰属は複数の段階からなると考えられている（図2-1）。例えば，待ち合わせをしていて約束の時間に遅れてきた人がいたとき，その人がだらしないからだと思うことが内的帰属，電車の遅延や道が工事中で分かりにくかったからだと思うことが外的帰属といえるだろう。以下では，代表的な帰属理論として，対応推論理論と共変モデルについて紹介する。

1）対応推論理論

ジョーンズとデイヴィス（Jones & Davis, 1965）による対応推論理論は，特に行動の原因が行為者の内的属性に帰属される場合の条件について説明している。この理論によると，内的帰属がなされるかどうかは行動と行為者の内的属性の対応性によって決まり，対応性の高低を規定する要因には外的圧力の有無，非共通効果（その行為をすることによる他では得られない特別な効果）の数，社会的望ましさなどがある。ある行動が個人の内的属性に帰属されやすのは，その行動が外からの圧力が低い状態で行われたと知覚された場合，その行動によって特別な効果は得られにくいと知覚された場合，その行動が社会的に望ましくないと知覚された場合であると考えらえる。

2）共変モデル

ケリー（Kelly, 1967）による共変モデルでは，行動の原因として，①人（行為の主体），②実体（行為の対象），③状況（時と様態）があり，これらのうちどれに帰属されるかは，共変原理（事象の原因はその事象が生起したときに存在し，生起しなかったときには存在しない）を適用することによって決まると考えられている。その際，用いられる基準として，①一貫性（ある人のある対象に対する反応はどのような状況であっても変わらないか），②弁別性（ある人のその反応は当該対象に限って起こるか），③合意性（ある人のある対象に対する反応は他の人々と一致しているか）の3つがあり，それらの高低の組み合わせにより原因が特定される。例えば，AさんがBさんと話をしているときとても緊張していた場合，「AさんはBさんと話すときはいつも緊張しているか」（一貫性），「Aさんは他の人と話すときも緊張しているか」（弁別性），「他の人もBさんと話すときは緊張しているか」（合意性）について検討することになり，例えば一貫性が高く，弁別性と合意性が低い場合は人（Aさんの緊張しやすい性格）に帰属される。

共変モデルは，3つの規準に関する情報がすべて存在していることが前提となっているが，現実場面ではこのような情報がすべて得られない場合でも帰属を行っていることがある。情報が十分に得られていない場合でも，私たちは，過去に経験した類似の事態から同様の行動がどのような原因によって生じるのかについて一定の因果図式をもっており，それを適用して帰属を行うことがある。これを因果図式モデルという。

2. 帰属におけるバイアス

1）対応バイアス（基本的帰属のエラー）

人は，他者のある行為が外的要因に帰属できたとしても，その行為に対応した内的属性に帰属しやすい傾向がある。この現象を対応バイアスまたは基本的帰属のエラーという。ジョーンズとハリス（Jones & Harris, 1967）が行った実験では，実験参加者にキューバの政治指導者であるカストロを支持する内容または支持しない内容のエッセイを読ませた。半数の参加者には，その文章は書き手が自分で支持または不支持の立場を選んで書いたものであると説明した（自由選択条件）。残りの半数の参加者には，どちらかの立場で書くように強制されて書いたものであると説明した（強制条件）。そして，エッセイを読ませた後，その文章の書き手が実際にどの程度カストロを支持しているかを評定させた。その結果，自由選択条件では支持するエッセイを読んだ参加者の方が支持しないエッセイを読んだ参加者よりも書き手はカストロを支持していると評定した。一方，強制条件では強制的に支持または不支持の立場を決められてエッセイを書かされたと説明されたので，書き手が本当はカストロをどの程度支持しているのかは分からないはずである。それにもかかわらず，自由選択条件と同じようにカストロを支持するエッセイを読んだ参加者は，支持しないエッセイを読んだ実験参加者よりも書き手が実際にカストロを支持していると評定していた。つまり，対応バイアスが生じていたのである。

2）行為者－観察者バイアス

行動の帰属は，他者の行動に対してだけでなく自己の行動に対しても行われる。対応バイアスでみられるように他者の行為はその人の内的属性に帰属しやすい一方，自己の行動は外的属性に帰属しやすい傾向がある。これは行為者－観察者バイアスと呼ばれており，行為を見る側の視点の違いに起因すると考えられている。

3）セルフ・サービング・バイアス

成功・失敗に関しては，成功は自己に帰属しやすく失敗は環境や他者などの外的要因に帰属しやすいというセルフ・サービング・バイアスがある。このようなバイアスは，自己を肯定的に捉えたいという基本的欲求に基づいた人の自己中心的な認知の結果であると考えられる。

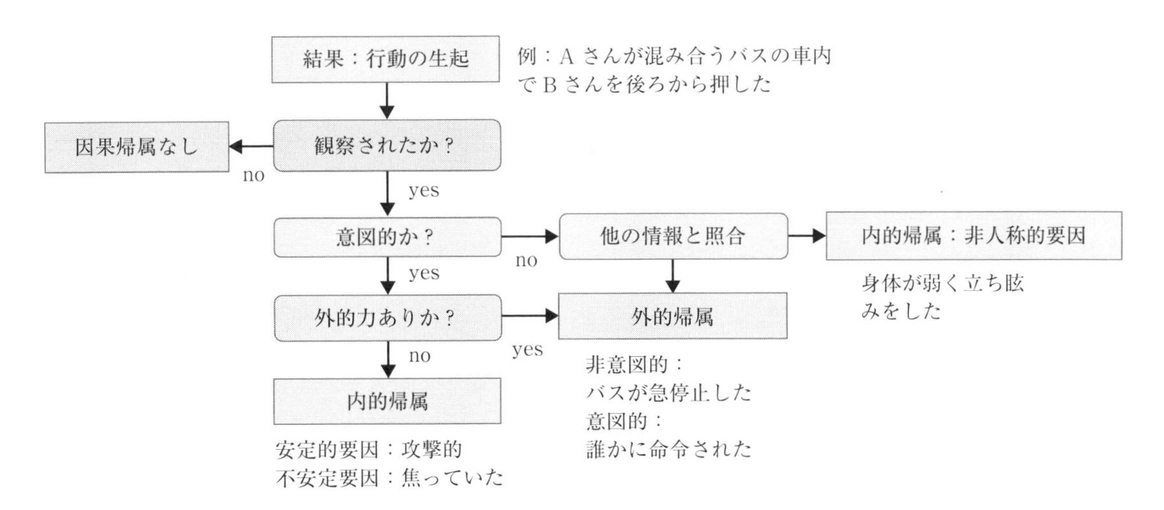

図 2-1　原因帰属の流れ（池上・遠藤，2008 を基に作成）

2節　対人認知と行動

1. 印象形成

私たちは他者について推測するとき，様々な事柄を手掛かりにする。例えば，直接会話をしたり，メールをしたり，他の人から噂話を聞いたり，SNS（ソーシャルネットワーキングサービス）の投稿内容を見たり，様々な方法で他者に関する情報を得て，そこからその人がどんな人なのかをイメージする。このように，他者について直接的・間接的に得られた情報を統合して，その人物の全体的イメージを描くことを印象形成という。

1）中心特性と周辺特性

アッシュ（Asch, 1946）は，ある人物の全体的印象は，個々の特性の単なる合計ではなく，個々の特性を越えたそれらを統合する全体（ゲシュタルト）がまず成立し，個々の特性の意味合いは，この全体によって規定されると主張した。アッシュが行った実験では，実験参加者にある人物の性格特性のリストを呈示し，どのような全体的印象が形成されるかを測定した。リストＡは「知的な，器用な，勤勉な，あたたかい，決断力のある，実際的な，慎重な」であり，リストＢは「知的な，器用な，勤勉な，つめたい，決断力のある，実際的な，慎重な」であった。この２つのリストは「あたたかい」と「つめたい」が異なるだけで他は全て同じであった。その結果，２つのリストに対する印象はかなり異なり，リストＢよりもリストＡの方が好意的な内容であった。一方で，「知的な，器用な，勤勉な，礼儀正しい，決断力のある，実際的な，慎重な」というリストと，「知的な，器用な，勤勉な，ぶっきらぼうな，決断力のある，実際的な，慎重な」というリストを比較した場合，その全体的な印象はあまり変わらなかった。つまり，「あたたかい」「つめたい」のように印象形成において中心的な機能を果たす中心特性と，「礼儀正しい」「ぶっきらぼうな」のようにそうではない周辺特性があることを指摘した。

2）呈示順序の効果

アッシュは，性格特性が呈示される順序によっても全体的な印象が異なることを示した。例えば，「知的な，勤勉な，衝動的な，批判的な，頑固な，嫉妬深い」と紹介された人物は，同じ特性を逆順に示した「嫉妬深い，頑固な，批判的な，衝動的な，勤勉な，知的な」と紹介された人物よりも好意的な印象が抱かれた。前者のリストでは最初に肯定的な特性語が呈示されてそれに続いて否定的な特性語が呈示されていた。この場合，人物に対して全体的に肯定的な印象評価がされた。一方，後者のリストでは最初に否定的な特性語が呈示されそれに続いて肯定的な特性語が呈示された。この場合，人物に対して全体的に否定的な印象評価がされた。最初に呈示された特性が，全体の枠組みや方向づけを与え，後から呈示された特性に影響を与えたと考えられている。

2. 対人認知におけるバイアス

1）ネガティビティ・バイアス

印象形成では，すべての情報が同じように手がかりとして重視されるわけではない。ネガティビティ・バイアスとは，他者に対する望ましくない情報に重みのかかった印象を形成する現象である。このようなバイアスが生起するメカニズムは次のように説明されている。フィスク（Fiske, 1980）が行った実験では，望ましさや極端さの異なる行動場面のスライドを実験参加者に見せ，人物の印象を評定させた結果，望ましい行動よりも望ましくない行動の方が参加者が注視する時間が長いことが示された。このような結果から，他者についてのネガティブな情報に注意することは将来予想される不快な相互作用を避けるという点で適応的であるため，望ましくない行動は情報価値が高く，注意を引きやすいと考えられている。

さらに，望ましくない情報に基づく印象の方が望ましい情報に基づく印象よりも覆しにくく，時間が経過しても維持されやすいことも確認されており，また望ましい行動は見せかけで単に社会規範に従ったものとみなされやすく，望ましくない行動は行為者本来の性格の現れとみなされやすいことも明らかになっている（吉川，1989）。望ましくない行動は，批判を受けやすいという点でコストの大きい行動であり，それをあえて行った人の内的属性に帰属されやすいのである。

2）期待効果

見る側に先入観や期待があると対人認知が歪められることも知られている。ケリー（Kelly, 1950）の実験では，大学で授業を受講する学生を対象に，臨時講師を紹介する場面を設定し，実際に講師の授業を受けさせ，その印象を尋ねた。授業の前に，各学生に講師の経歴や人柄を記した紹介文を配布し読ませた。この紹介文は2種類あり，1つには講師が「あたたかい」人物であると記され，もう1つには「つめたい」人物であると記されていた（図2-2）。2種類の紹介文は「あたたかい」，「つめたい」という言葉が異なるだけで，他の文章はすべて同様であった。その結果，同じ場所で同じ講師の授業を受けたにもかかわらず，「あたたかい」を呈示された参加者は，「つめたい」を呈示された参加者に比べ，講師の印象を肯定的に評価していた。具体的には，「つめたい」を呈示された参加者に比べ「あたたかい」を呈示された参加者は，講師に対して思いやりがあり，堅苦しくなく，社交的で，人気があり，温厚で，ユーモアがあり，人間味があると評価していた。また，講師との交流に対しても影響があり，「あたたかい」を呈示された参加者の56%が討論に参加したのに対して，「つめたい」を呈示された参加者では32%しか参加していなかった。

3. 対人認知における2種類の情報

私たちが他者について推測する過程で用いる情報には，その人が属する集団カテゴリー（例えば，性別，年齢，人種，職業など）に関する情報と，その人の個人についての個別の情報がある。前者は一般的な情報で私たちが知識としてもっている情報であり，トップダウン的に働く。後者は，個人のもつ個別の情報でありそれらをまとめて人物像が描かれるようにボトムアップ的に働く。これらの2種類の情報がどのように利用されて他者についての評価や判断が行われるかを説明する代表的なモデルに二重処理モデル（Brewer, 1988）や連続体モデル（Fisk & Neuberg, 1990）がある。これらのモデルでは，私たちの他者に対する評価や判断はカテゴリーに基づく情報処理に依存したものになりやすく，その人物に関心があったりより詳しく知る必要がある場合に初めて個別の情報が処理されることを示している。

○○氏は，ここマサチューセッツ工科大学の経済・社会科学部の大学院生です。彼は他の大学で3学期間心理学を教えた経験がありますが，経済学を教えるのはこの学期が初めてです。年齢は26歳，兵役経験者であり，既婚者です。彼を知る人によれば，彼は【どちらかというとつめたく／とてもあたたかく（どちか一方のみを呈示）】，勤勉でクリティカルで，実際的で決断力のある人です。

図2-2 ケリーの実験で用いられた紹介文の例（Kelly, 1950を基に作成）

3節　態度

1. 態度の構造

態度とは，自分自身や他者，様々な対象や問題に対して人々が抱く一般的な評価と定義されており（Petty & Cacioppo, 1986），「感情的成分」，「認知的成分」，「行動的成分」の3つの要素からなるとされる。例えば，臓器移植に対する態度の感情的成分としては「臓器移植は嫌だ」，認知的成分としては「臓器移植は問題が多い」，行動的成分としては「臓器移植はしない」ということになる。さらに，これらの3要素のうち1つを変化させると，他の要素もそれにともなって変化することが示されており，これらは相互に整合性が保たれるようになっている。

態度は，行動を予測する要因の1つであるが，態度と行動は必ずしも一貫するわけではない。ラピエール（LaPiere, 1934）は，中国人に非好意的な態度をもつホテルやレストランが，客として訪れた中国人夫婦を実際には拒否することはほとんどないことを報告した。このように，実際の行動は，ある対象に対する態度だけでなく，主観的規範（社会的な期待）も関与する。行動を予測するモデルでは，行動を直接規定するのは意図であり，意図の強さは態度とその行動をすることへの主観的規範（社会的な期待）が関連すると考えられている。

2. 態度と認知的一貫性

態度についての理論として認知的一貫性理論がある。この理論では，人間には一貫性を希求する基本的傾向あるという前提に立ち，人は態度対象をめぐる種々の認知要素が相互に矛盾しないように自分の態度を決めると考えられている。以下では2つの下位理論を紹介する。

ハイダー（Heider, 1958）による認知的均衡理論では，ある人のある対象に対する態度は，本人（P）と対象（X）およびその対象に関連する他者（O）の三者の間の心情関係に依存し，それが均衡状態あれば安定するが不均衡な状態にあると不均衡を解消するような方向への変化が生じると考えられている。3つの心情関係の符号の積がプラスであれば均衡状態，マイナスであれば不均衡状態となる（図2-3）。

フェスティンガー（Festinger, 1957）による認知的不協和理論では，人は一般に，客観的事実に反する信念や態度を自分がもっていることを意識すると不快な緊張状態が生じ，この不快感を低減しようとする動機づけによって，認知要素の一方を変化させたり，新たな認知要素を加えたりすると考えられている。フェスティンガーとカールスミス（Festinger & Carlsmith, 1959）の実験では，実験参加者は非常に退屈な課題を長時間にわたって行うことを求められた。課題の終了後，参加者は他の参加者に「とてもおもしろくてためになる実験だった」と嘘をつく役割が与えられた。ここでの役割の謝礼として，1ドルをもらえる条件と20ドルをもらえる条件が設定されていた。その後，参加者は課題の面白さ等の評定を求められ，実験は終了した。その結果，1ドルしかもらわなかった条件の方が20ドルもらった条件や，嘘をつくよう

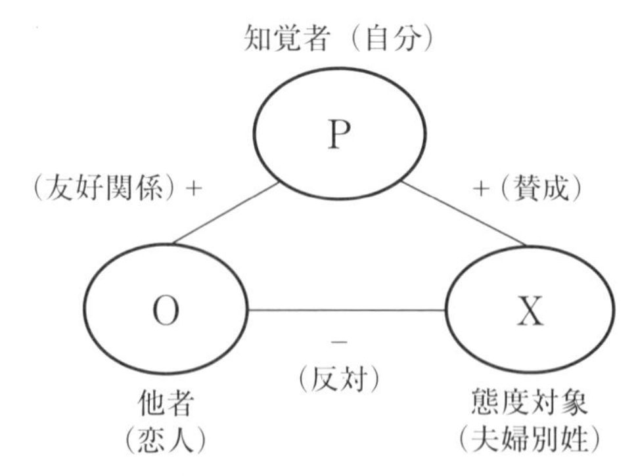

この例では，自分は夫婦別姓に賛成であるが，恋人は夫婦別姓に反対である。この場合，不均衡な状態であるため，恋人と別れるか，自分の夫婦別姓に対する態度を変えるか，恋人の夫婦別姓に対する態度を変えさせるかして均衡状態に変えるよう動機づけられる。

図2-3　認知的均衡理論による態度形成の例

に求められず報酬ももらわなかった統制条件よりも，かえって課題を「楽しかった」と評価していたことが示された。20ドル条件の参加者たちは，本心と異なる発言をしたことを「20ドルというお金のため」という理由で正当化でき不協和を解消できたが，1ドル条件の参加者たちは報酬が少ないためそれが難しかった。そこで，「この課題は楽しかったかもしれない」と実験に対する態度を変化させて不協和を解消させたと考えられる。

3. 態度変容の情報処理過程

説得とは他者の認知や行動をある特定の方向へ導き，態度を変容させることを目的としたコミュニケーションである。個人間のコミュニケーションだけでなく，購買意欲を促進させようとする企業広告や行政機関によるキャンペーンなども説得の一種といえる。人が説得を受けているときの認知過程についての代表的なモデルとして精緻化見込みモデルやヒューリスティック－システマティックモデルがある。

精緻化見込みモデルでは，説得を受けた際に，受け手がその情報についてどの程度精緻化する可能性があるかによって，態度変容に至る経路が異なることが示されている（Petty & Cacioppo, 1986）。態度変容に至る経路として精緻化可能性が高い場合にとる中心ルートと，低い場合にとる周辺ルートの2種類を想定している。中心ルートではメッセージの議論に対する入念な処理がなされ，その過程でメッセージの内容に対しどのような認知的反応をどの程度したかによって態度変化の方向が決まる。一方，周辺ルートでは議論の本質とは関係がない周辺的手がかりに基づいて短絡的に判断がされる。

ヒューリスティック－システマティックモデルでは，情報の中身を十分に吟味して熟考する処理をシステマティック処理，迅速だか最も安直な情報処理をヒューリスティック処理という（Chaiken, 1980; Chaiken et al., 1989）。情報の中身が十分に吟味されて態度が決定されるのは動機づけが高く十分な処理容量がある場合だけであって，人は多くの場合は迅速だが最も安直な情報処理に基づいて態度を決定する。例えば「専門家の話だから正しいのだろう」と深く考えることなく受け入れてしまうのである。

4. 説得の規定因

説得効果を規定する要因には，送り手要因，メッセージ要因，状況要因，受け手要因の4つがある（深田，2002；McGuire, 1985）。例えば，送り手の要因としては，専門性や魅力度がある。送り手の専門性は重要度の低いトピックにおいて，また送り手の魅力度は当該問題についての受け手の知識が低いときにそれぞれ強い説得効果をもつ。メッセージ要因としては，その重要性や論拠の強さがある。精緻化見込みモデルから予想されるように，メッセージ内容が重要なものであるときそれについて受け手はよく考えようとするため，論拠が十分に強ければ説得されやすくなるが，逆に論拠が弱ければ説得されにくい。また，一般にメッセージが受け手に恐怖を感じさせるものであれば態度や行動に変化が生じやすいが，喚起される恐怖が強すぎると説得効果は低減する。状況要因として，受け手の思考を妨害するような環境が挙げられる。メッセージを与えるときに受け手の思考を妨害するような措置がとられると，内容に対して入念な吟味ができず強力な論拠でも効果は弱い。また，説得を行う前にそれを予告すると，説得効果は低減する。事前予告は受け手に反論を考える機会を与えるため説得への抵抗が増すと考えられている。受け手要因としては，知識の程度がある。当該事項についての十分な知識をもつ者は，メッセージをより入念に精査することができるため周辺的手がかりには頼らない傾向がある。

4節 ステレオタイプ

1. ステレオタイプ，偏見，差別

私たちは，性別，人種，年齢など，様々なカテゴリーに基づいて人を認知している。このようなカテゴリーに基づいた，ある集団やその所属成員に対する過度に一般化された観念をステレオタイプという。これに，好き・嫌い，良い・悪い等の評価的な感情が加わったものが偏見である。そして，ステレオタイプや偏見に基づき，それが行動に現れたものを差別という。

2. ステレオタイプが生じる認知過程

ステレオタイプは私たち人間の一般的な認知傾向によって生じるものである。以下では，ステレオタイプが生じる認知過程について紹介する。

1）カテゴリー化

私たちは，外界の事象に対してカテゴリーに基づいた情報処理を行っており，これをカテゴリー化という。私たちの認知システムはお互いに似ているものを分類することによって効率よく情報を処理できるようになっている。「あれは椅子である」，「あれは猫である」というのと同じように人間に対してもカテゴリーで捉えているのである。他者をその年齢や性別，人種などで区別することでおおよその推測ができ，カテゴリー化は人間の認知機能として必要なものではあるが，その弊害もある。自分が所属する集団（内集団）とそれ以外の集団（外集団）を分けて認知することで，外集団を自分たちとは異なるものとして捉えたり，内集団をひいきしたり，集団間の葛藤が生じたりするのである。

2）外集団均質性効果

内集団・外集団という区別によって集団成員に対する認知の変化が生じる。外集団の成員に対しては同質性を高く知覚する現象を外集団均質性効果という（Judd & Park, 1988）。内集団成員に対しては様々な人がいると思えるが，外集団成員に対しては皆同じような人たちで典型的な特徴をもっていると思ってしまうのである。この現象が生じる原因として，内集団成員に比べ外集団成員に対しては接触頻度や知識量が少ないことが挙げられる。接触頻度や知識が少ないと多様な人がいることを知ることは難しい。また，内集団の成員に比べ外集団の成員に対しては所属している集団がどのような集団であるかが対人判断のよりどころにされやすいため個人差が軽視されやすくなると考えられている。こうした現象は，外集団に対してステレオタイプを抱きやすいことを示している。

3）サブタイプ化

ステレオタイプに反する特徴をもった集団成員と接しても，その人が例外的だと認知されると集団全体に対する印象は変わらない。このようなある集団成員の一群を例外だとみなすことをサブタイプ化という。例えば，女性は数学が苦手というステレオタイプをもった人が，女性の数学者に出会ったとき，女性集団全体のステレオタイプは変わることはなく，この人は例外的な女性であると女性のサブタイプとして処理する場合などが挙げられる。

4）錯誤相関

目立つ事例や記憶に残りやすい事例は，実際に起こっているよりも頻繁に数多く生起していると錯覚しがちである。このため，単に少数派であるというだけの理由で人目を引きやすい集団の成員が，少しでも通常と異なる行動を示すと，「あの人たちは○○する人が多い」と知覚されてしまう。この現象は錯誤相関と呼ばれている（Hamilton & Gifford, 1976）。ある集団の成員であることと，特定の性格や行動傾向をもつこととは本当は関係がないのに，あたかも相関関係が存在するように思えてしまう錯覚を示している。少数事例と少数派成員は共に目立ち

やすく，この両者の同時生起が記憶されやすく想起されやすいために，実際より大勢に感じられると考えられている。

5）仮説確証型の情報処理

人は，ある信念をもつとそれと一致する事象が生じると予期し，その予期に従って新しい情報を検索し解釈する傾向がある。このような情報処理傾向を仮説確証型の情報処理という。この情報処理傾向はステレオタイプの場合も同様に用いられる。ステレオタイプという形で特定の集団やカテゴリーの成員がもつ特性に関する仮説（予期）が形成されると，それを確認する方向で対人情報処理が促進される。

ダーリーとグロス（Darley & Gross, 1983）は家庭環境と学力に関するステレオタイプを用いて次のような実験を行った。実験では，小学生の女の子の様子を記録した映像を実験参加者に呈示し，学力の推定を求めた。映像の前半部分には，女の子が遊んでいる様子が描かれており家庭環境が分かる情報が含まれていた。この映像は2種類あり，1つは女の子が貧しいことを示す情報が含まれた映像であり，低い学力が予期されると仮定されるものであった（ネガティブ予期条件）。もう1つは，女の子が裕福であることを示す情報が含まれた映像であり，高い学力が予期されると仮定されるものであった（ポジティブ予期条件）。参加者は，ネガティブ予期条件とポジティブ予期条件に分けられ，それぞれの映像を呈示された。映像の後半部分では，女の子が問題を解く学力テストの様子が描かれていた。この映像では，女の子の学力が高いことを示す情報と学力が低いことを示す情報の両方が含まれており，ネガティブ予期条件もポジティブ予期条件も同様の内容であった。各条件の参加者のうちの半分は，前半の遊び場面のみを見て女の子の学力を推定し，残りの半分は後半の学力テスト場面も見てから同様に推定した。学力は，どの学年レベルに相当するかで評価された。その結果，前半の映像しか見ていない参加者では，ネガティブ予期条件とポジティブ予期条件で推定された学力に差がみられなかったが，後半の映像まで見た参加者ではポジティブ予期条件の参加者は学力を高く，ネガティブ予期条件の参加者は低く評価した（図2-4）。ネガティブ予期条件の参加者は，女の子に対して学力が低いというステレオタイプをもち，一方，ポジティブ予期条件の参加者は女の子に対して学力が高いというステレオタイプをもち，学力テスト場面の映像では，それぞれのステレオタイプに一致した情報に注意が向けられたと考えられる。

このように，人は他者に関する判断を行う際に，知覚された情報の全てを取り入れるのではなく，自分がもっているステレオタイプや偏見に合致した情報を選択的に重視して取り入れ，「自分が思っていたことはやっぱり正しかったのだ」という確証的な判断を行いやすいことが示されている。このような現象は仮説確証バイアスと呼ばれる。

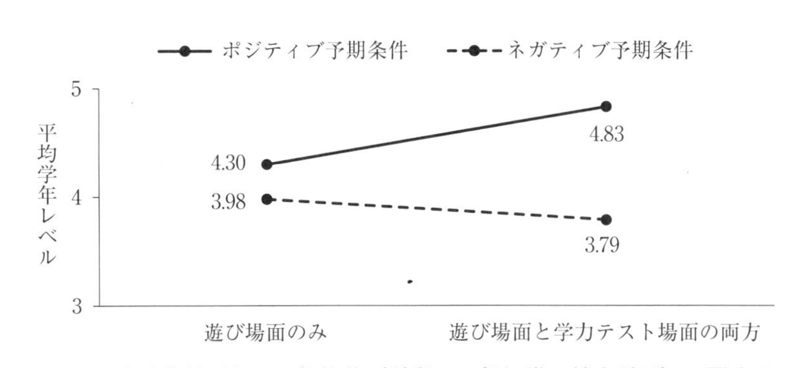

図2-4　実験条件ごとの一般教養（科学，一般知識，社会科目）に関する評価された学年レベルの平均（Darlwy & Gross, 1983を基に作成）

5節　偏見

ステレオタイプの中には否定的評価や感情をともなったものがあり，これが偏見となる。以下では，特に偏見が生じる心理過程を紹介し，最後に偏見の低減や解消に関する研究を紹介する。

1. 現実的葛藤理論

現実に存在する争いの背景には，対立する集団間で一方が利益を得ればもう一方が損失を被るという葛藤が存在する場合が多くある。自分たちの集団が外集団によって脅威にさらされると，人は内集団に対するアイデンティティ意識を高め，連帯感を高めていき，外集団に対しては嫌悪や敵意が生じていく。このように，集団間の葛藤は現実の希少資源をめぐる集団間の結果であると仮定する理論を現実的葛藤理論という。現実の社会にある集団の多くは，その１つが目標を達成すれば他はこれを手に入れることができないという競争的な相互依存関係におかれる。つまり外集団の存在が，自分たちの内集団の目標達成にとって邪魔になるという状況である。こうした競争的な相互依存関係の集団間では外集団に対する敵意や嫌悪感が生じ，それが偏見や差別を生むと考えられている。シェリフら（Sherif et al., 1961）は，サマーキャンプに参加した少年たちを対象に行った古典的実験で，競争関係の導入が集団間葛藤を生じさせることを示している。

2. 社会的アイデンティティ理論

前節の現実的葛藤理論では，現実の希少な資源をめぐり集団間の葛藤が生じると説明したが，現実の競争がなくても偏見や差別が生じる場合がある。タジフェルとターナー（Tajfel & Turner, 1979）による社会的アイデンティティー理論によると，自分がどのような集団の一員であるかという認知は，社会的アイデンティティと呼ばれ自己概念の一側面を形作っている。人は一般により望ましい自己評価を得るように動機づけられているため，ポジティブな社会的アイデンティティを獲得するために自分が所属する内集団を良く思いたいという欲求があると考えられている。内集団の外集団に対する優位性を確認し，外集団を自分たちよりも低い者とみなすことによって望ましい社会的アイデンティティを維持し自己評価を高めていると考えられている。このように，自己を高揚させようとする動機が，偏見や差別につながる場合がある。

3. 象徴的偏見，現代的偏見

現代では，偏見や差別はよくないという規範が広く普及しているが，偏見や差別がなくなっているわけではない。現代に特有の差別的態度として，ある対象に対してすでに偏見や差別の問題は解決しており，彼らが不平を訴えることは不当で，正当化されるべきではないといった態度がある。このように，一見では偏見とわからない微妙なかたちでの偏見が潜んでいることもあり，公然な形で表現される古典的偏見と区別し，象徴的偏見や現代的偏見と呼ばれる（Sears, 1993）。また，自分が偏見をもっていることを知られたくないため，知らず知らずのうちに相手集団との接触を避けるような傾向が偏見や差別的行動を助長することもある（Dovidio & Gaetner, 2004）。

4. ステレオタイプ・偏見の変容や低減

1）接触仮説

対立している集団間で接触することによって偏見を低減しようとする考え方は接触仮説と呼ばれ，古くはオルポートによって提唱されている（Allport, 1954）。しかし，実際には敵対する集団同士が接触すると，かえって偏見が強まる場合もあるため，ただ接触すればよいというわけではない。接触によって偏見が低減するためには，地位の対等性，協力的関係，反ステレオタイプ的な情報などの条件がそろう必要があることが知られている。

偏見を低減するためには，集団間の接触が敵対的ではなく友好的な雰囲気で行われる必要がある。しかし，現実に対立している集団成員同士で実際に接触する際には不安などのネガティブな感情が生じることが予想され友好的な雰囲気を作ることは容易ではない。そこで，実際に自分が相手集団の成員と直接会わなくても間接的な接触で偏見が低減される可能性が検討されている。例えば，自分の友人の中に，仲の良い外集団の知り合いをもつ者がいることを知るだけでもその外集団に対する印象が良くなることがある。このような間接的接触の効果は拡張型接触効果と呼ばれている。さらに，仮想接触仮説では，外集団の一員と良好な相互関係を築けている場面を想像することによって外集団への態度が好転するという可能性も示されている。

2）カテゴリー化の変容

カテゴリー化の変容によって集団間バイアスが低減されることが示されている。私たちは同時に複数の集団に属しており，状況によってどの集団のカテゴリーが意識されやすいかは異なる。また，状況や相手によってはカテゴリーではなく個別に他者をみることもある。このような人のカテゴリー認知の変容により偏見の解消を目指したモデルとして，脱カテゴリー化，再カテゴリー化，交差カテゴリー化を紹介する（図2-5）。脱カテゴリー化は，対象人物を集団の成員としてではなく，個人の特徴に注意を向けて個人として捉えようとする試みである（Brewer & Miller, 1984）。再カテゴリー化は，各集団を包括するような上位のカテゴリーに注目させる接触状況を構成することで，偏見の低減を試みるものである。例えば，対立していた2つの集団に，協力して解決しなければならない共通の目標ができたことにより一致団結して1つになるというような場合である。交差カテゴリー化は，あるカテゴリーと交差する別のカテゴリーを強調することで，元は外集団であった集団が内集団として知覚されるようになるものである。例えば，男性ばかりの中に女性が1人だけいるという状況では性別というカテゴリーが顕現化する可能性が高いが，職業，年齢，出身地，趣味など交差するカテゴリー情報が与えられると個々のカテゴリーの情報的価値が希薄化され，様々な次元で他者をみることができるようになり，ステレオタイプや偏見は軽減されると考えらえる。現実場面の状況では，どのモデルが主張する過程にも制約条件があるため，それぞれの集団がおかれた個別の状況を理解し，その状況に合った実効性の高い解決策を適応する必要がある。

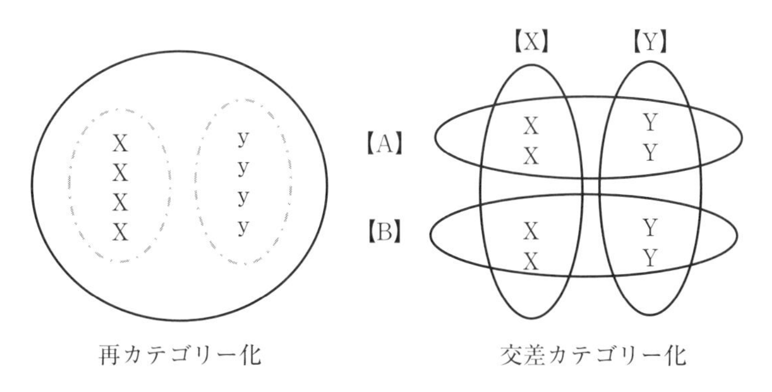

図2-5　再カテゴリー化と交差カテゴリー化の例（上瀬，2002を基に作成）

第3章　知覚と認知

1節　生理学的・生物学的知見と心理学

心理学の様々な視点を理解する上で，心理学的事実について神経系のどのような働きが対応していること（一意対応は難しい可能性はあるが）を知ることは人間が生命体であることを考えると大切な意味があると考えらえる。古くは，外科的な手段を用いることが神経系を理解する上で重要な手段であったため，心を扱う心理学と生理学・生物学的な考え方は近接領域としての理解にとどまっていた。現在では，非侵襲的な方法を用いて，生命を維持しながら神経系の働きを明らかにすることが可能になってきていることから，心理学の生物学的基礎についての知識を知ることは今後より重要になってくると予想される。この節では現在の状況を踏まえながら，より基礎的な部分を記述する。

1. 神経系の構成

神経系は中枢神経系と末梢神経系に大別される（表 3-1）。中枢神経系と末梢神経系はそれぞれ異なった役割があり，その役割に関連する神経系が属している。中枢神経系に属しているのは脳・脊髄である（図 3-1）。

表 3-1　中枢神経・構造的な分類（松尾，2022）

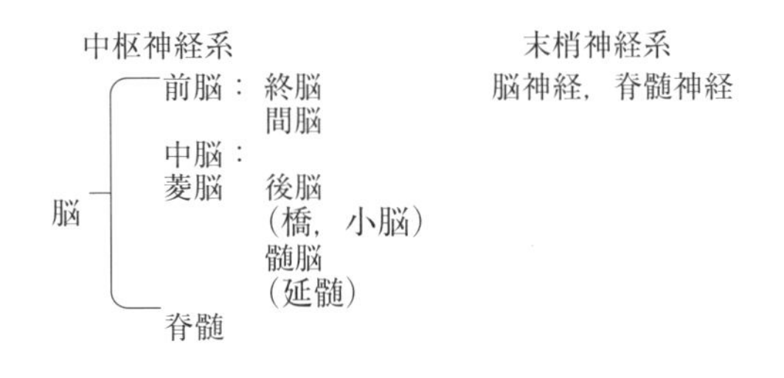

脳は発生学的な区分や機能的な区分，位置的な区分などいくつかのわかりやすい区分・分類が考えられているが，位置的な区分をもとに記述すると，脊髄に近い部分から脳の後ろ部分を後脳，脳の中心部分を中脳，脳の前方部分を前頭，として表現される。区分に従って各部位の働きの概略を以下に記す。

後脳は，延髄，橋，網様体，小脳からなる部分である。脊髄と接続部である延髄は，呼吸と姿勢維持のための反射を統御する。延髄の上部にある橋は，睡眠・注意をコントロールする役割がある。網様体は，覚醒・注意をコントロールし感覚受容器と神経線維で接続されている。小脳は，運動協調を統御することや運動の新しい学習にも関連する。

中脳は，橋の上部に位置し，前脳の内部の組織の上丘と下丘，黒質からなる部分である。上丘・下丘は感覚を各中枢に伝達することと，運動制御を行う働きを持つ。黒質は報酬系に関連する経路として働く。

前脳は，視床，視床下部，下垂体，辺縁系，大脳からなる。視床は，睡眠，覚醒の統御，感覚受容器からの様々な情報を伝達する働きを行う。視床下部は，恒常性維持に関して大きな働きを行い，摂取（食物・水分），性行動などの調整を行う働きがあり，下垂体と連携してホルモンや内分泌系の調節を行う働きもある。下垂体は，内分泌腺と呼ばれる神経系とは異なった経路を持つホルモンと内分泌系の調節を行う。

辺縁系は，本能的な行動を統御する働きを行う。またその中で，記憶に関して大きな働きを担う海馬，情動行動に大きな影響を持つ偏桃体も辺縁系として機能している。大脳の皮質部分

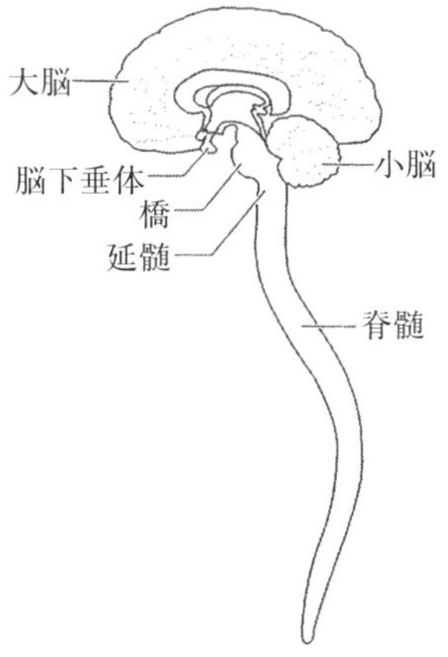

大脳
脳下垂体
橋
延髄
小脳
脊髄

図 3-1　神経系の概要
（松尾，2022）

は，感覚野，運動野といった反応に特化した部分と連合野に大きく分かれて機能している。連合野は脳の中で部分としては最も大きい。思考，言語，記憶といった人間の行動を支える大切な働きを行う部分である。この大脳皮質は，脳梁でつながれており左半球と右半球という対称形の部分に分かれる。左半球，右半球はそれぞれ前頭葉，頭頂葉，後頭葉，側頭葉に大きく分かれ，それぞれの異なった働きを行う。以上中枢神経系の働きになる（図 3-2）。

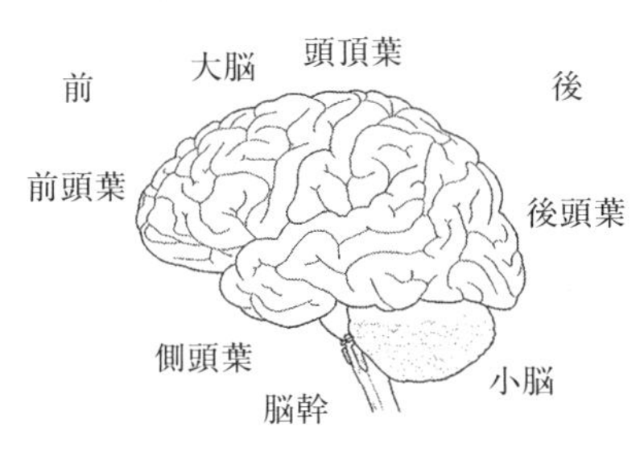

図 3-2　脳の領域（松尾，2022）

末梢神経系の構成は体性神経系と自律神経系からなる。体制神経系は感覚機能の中で意識的に制御可能な部分，随意的運動についてその情報の伝達を感覚受容器や体表面や筋肉などと行う働きがある。一方自律神経系は，不随意機能を持つ器官や自動的運動を繰り返すような器官や内分泌末腺との情報の伝達が行われている。また，自律神経系は内臓器官との間の情報伝達を担っており，私たちの呼吸，心拍といった不随意な体の働きや消化活動などの調節といった部分で機能している。

2. 神経系の基本的構成要素と情報伝達

神経系の構成はその基本的な単位としては，樹状突起と軸索・細胞体（神経細胞体）とから構成されているニューロンと呼ばれている細胞である。これらのニューロンは情報を伝達する役割を担っている細胞である。軸索はその終端のシナプス終末とされる部分で，情報を伝達するために近隣のニューロンの細胞体とその樹状突起に接合するが，シナプスと呼ばれるそれらの接合部分には隙間があり，その隙間の信号伝達には神経伝達物質が用いられて次のニューロンを刺激する物質が分泌され，結果的に信号が順次つぎのニューロンに伝達される（図 3-3，図 3-4）。情報の伝達は，神経系を介して行われる部分と，ホルモンを介して行われる部分がある。この内分泌系の統御は，視床下部と下垂体前葉・後葉において行われる。この情報伝達は神経系に比較すると間接的・比較的緩徐な伝達の働きである。ホルモンは科学物質であり血管を通じて身体に運ばれ，ホルモンの受容体を持つ細胞に働きかけることによってそれぞれ必要な働きが行われる。

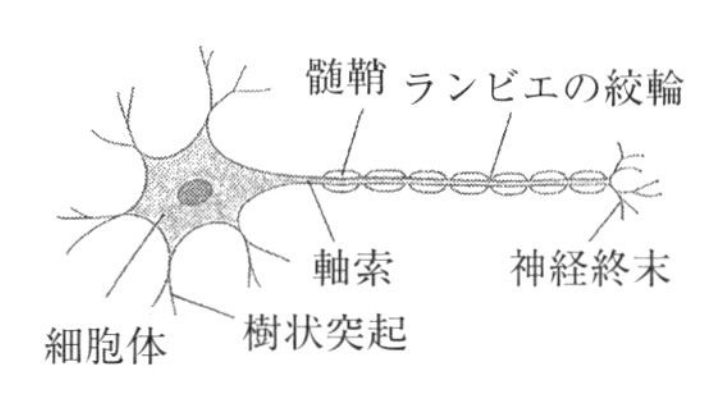

図 3-3　神経細胞（ニューロン）**の形態**（貴邑・根来，2021）

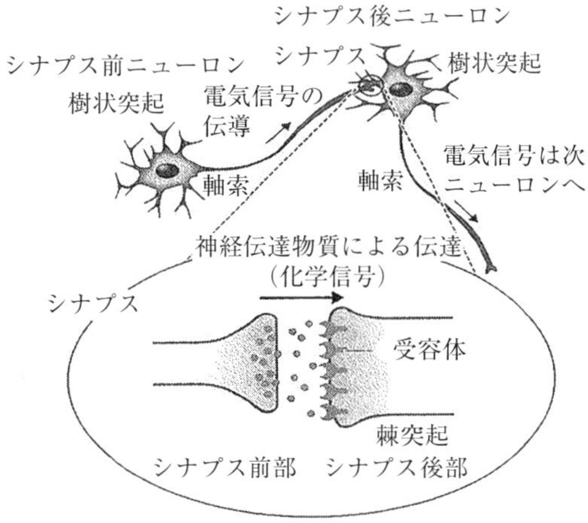

シナプス後ニューロン
シナプス
樹状突起
シナプス前ニューロン
樹状突起
電気信号の伝導
軸索
軸索
電気信号は次のニューロンへ
神経伝達物質による伝達（化学信号）
シナプス
受容体
棘突起
シナプス前部
シナプス後部

図 3-4　シナプスと神経伝達物質
（幸田，2014／松尾，2022）

2節　感覚

1. 感覚とは

私たちは，外界の刺激を受容器によって受容する。受容器は，例えば目・耳といった器官の中に存在する。それらの受容器にはそれぞれ刺激を受容する受容器の特性にあわせた細胞が存在する。それらの受容器細胞は1節で取り上げたような，神経系の働きに従って反応する。そのためにも心理学の基礎を考えるときに人体の生理的な機能を知ることも必要となる。

2. 刺激と感覚の関係

心理学で感覚は，広い意味で私たちの素朴な経験として受け取られる。その受容した刺激がどのような刺激であっても，受容した受容器からの神経の興奮を当該の感覚として認識され，(特殊神経エネルギー説；ミューラー，1837) 感覚が生じる。つまり，感覚は刺激の種類ではなく，受容器の種類とその受容器に対する刺激によって異なっていると考えられている。一方で，受容器が効果的に受容できる刺激の種類は限られるため，受容器に対して適刺激・不適刺激が生じることになる。つまり受容器に適切な信号が入力されれば，刺激として感じられるが，不適切な信号は例え入力されても当該の刺激は生じないことが明らかになっている。

人間の感覚は複数にわたっており，受容器の種類とその活動によって，視覚・聴覚・嗅覚・味覚・触覚を基本的な5つの感覚として感じとることができる。

視覚は，眼球を受容器として，視神経から脳（視覚野）に情報を伝達する（図3-5)。聴覚は鼓膜を受容器として，聴神経から聴覚野に情報を伝達する（図3-6)。嗅覚は鼻腔粘膜上部に嗅細胞があり（嗅球）嗅覚野に情報を伝達する。味覚は舌乳頭上に味蕾を受容器として味覚野に情報を伝達する。触覚は，触覚・圧覚・痛覚・温覚・冷覚の4種類に細分化されてそれぞれ受容器が皮下にあり一次感覚野に情報を伝達する。これらの5感の中で，刺激と受容器の距離を考えてみると，視覚と聴覚は比較的刺激と受容器の距離は遠いことが多い，味覚と触覚は刺激と受容器の距離が非常に近接しており，場合によっては，刺激と受容器が直接触れ合う距離の場合も考えられる。また，それらに比較すると嗅覚は刺激と受容器の距離が視覚と聴覚程距離が離れておらず，味覚や嗅覚程近接しているわけではない。これらの特徴から視覚と聴覚を遠感覚，味覚と触覚を近感覚，嗅覚については近傍感覚と区分される。これらの5感に加えて，自己受容感覚，平衡感覚，内臓感覚などが私たちの感じられる感覚として明らかになっている。

3. 感覚としての生じ方

感覚として生ずるためにはそれぞれの刺激を受容する受容器・受容器細胞が適刺激によって刺激される必要がある。それぞれの感覚にそれぞれの受容器・受容器細胞が割り当てられるが，受容器細胞にそれぞれ限界が存在する，例えば視覚では，赤外線は人間の視覚には感じられないし（波長が長い)，紫外線も同様（可視光線より波長が短い）であるが，これは受容器の受け取ることの範囲を超えて刺激としては存在することが示されているともいえる。その一方で，

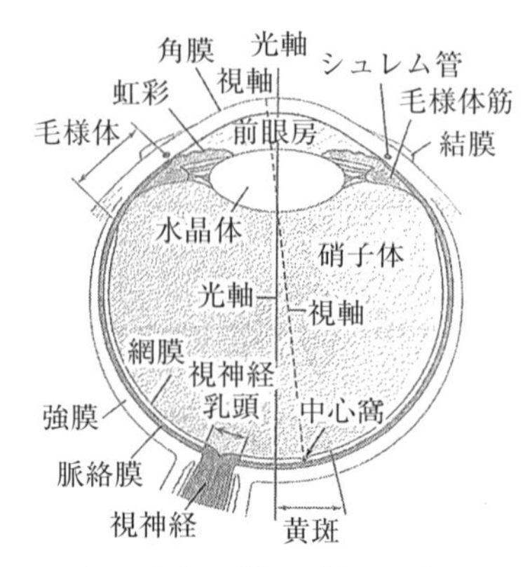

図3-5　右眼球水平断面（貫邑・根来，2021）

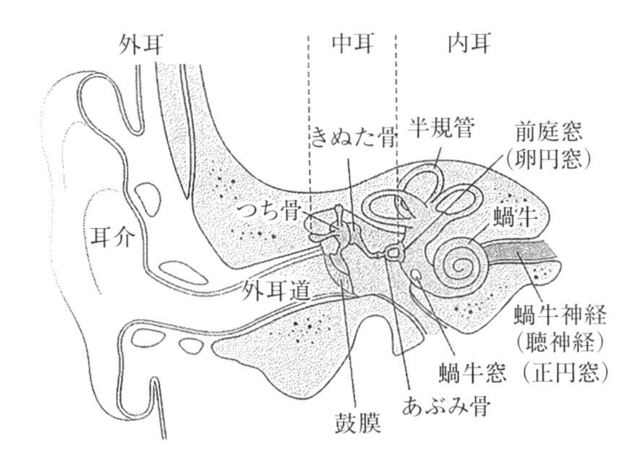

図 3-6　ヒトの耳の構造（貴邑・根来，2021）

感覚として感じられる可視範囲の範疇にあっても，刺としてあまりにも弱い光は感じることができないばかりではなく，刺激として強すぎる光は視覚としては感じることはできず，痛みをともなって感じることもある。

4. 感覚が機能する範囲

感覚が生じるためには，刺激が受容器に受容されることが必要であるが，2. で示したように，刺激が受容器の受容可能な範囲内でないと，たとえ刺激が存在しても私たちはそれを感覚としてとらえることはできない。刺激がある一定の範囲内であることは刺激を感覚としてとらえる場合に重要なことである。またたとえ一定の範囲内に収まっていたとしても，その強度が強すぎても，弱すぎても刺激として感じることはできない。刺激がある一定の強さを超えてしまう（刺激頂）と，いずれの感覚でもそれを感覚とは受け止めることはできず，場合によっては痛覚として感じることとなる。一方刺激の強さが弱い場合，刺激として感じることのできる最小の強度（刺激閾）を下回ると例え刺激が存在したとしても，それを刺激として感じることはできない。また刺激が適切な強度であったとしても（刺激閾以上刺激頂以下），刺激として受容器が反応する適切な範囲の外の刺激は刺激として受け取ることはできない。例えば，赤外線は自然界に存在するが，私たちがそれを感じることはできない，同じ理由で紫外線もそれ自体を感覚としてとらえることはできない。

刺激の強さ（強度）が異なった刺激が提示された場合，私たちはそれを１つの刺激としてではなく，異なった刺激として感じることができるかどうかは，その強度の差によることが分かっている。私たちが感じることのできる最小の刺激強度の差を弁別閾と称する。この弁別閾の閾値は一定ではなく，刺激の強度に比較して変化することが明らかになっている。基本的に弁別閾はその基本となる刺激強度に比例して上昇する。一方で弁別閾として，その比率を求めると比の値は一定であることが知られている。このような関係をウエーバーの法則（ウエーバ比）と称する。ウエーバー比の値は比較的安定性が良いことが知られており，同一人物で同一の刺激条件の場合，刺激強度が変化してもウエーバーの法則が近似的に成立することが明らかになっている。

ウエーバーの法則を基にして刺激の強度についてその特徴を観察してみると，刺激強度の変化は，閾値付近の感覚が生じるか否かの部分，例えば聴覚刺激である音が聞こえるか聞こえないかの境目付近や，刺激頂付近の感覚，例えば音が大きすぎ，もはや痛みに感じて聴覚刺激としては感じられないくらい刺激強度が高い部分の変化は，刺激強度が一定に増加していく部分と比較すると，その変化は異なっている。

フェヒナーはこのような変化をとらえ，感覚の大きさは，刺激強度増加に単純に正比例せず，感覚の大きさは刺激強度の対数に比例するというフェヒナーの法則を考案した（図 3-7）。

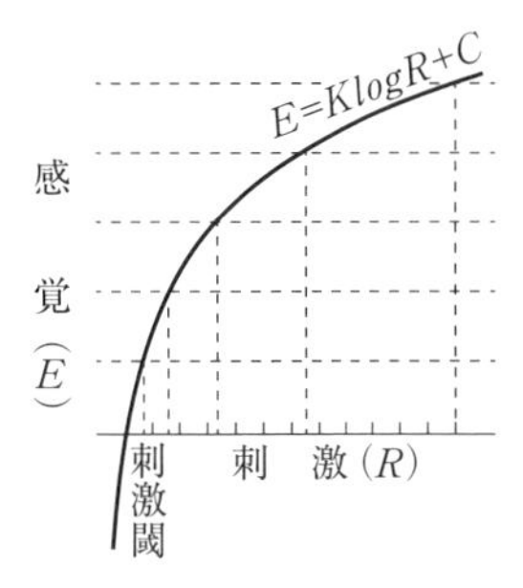

図 3-7　フェヒナーの法則（梅本ら，2014）

3節　種々の感覚

1. 視覚

刺激としては，波動（波・振動）であり，電磁波の中で波長が，約 380 ～ 780 nm（ナノメートル：1 m の 10 億分の 1 m）間の波であり，この範囲の電磁波が，受容器として自身の光彩・眼球を通過して網膜に到達し受容器細胞としての錐体と杆体を刺激する。その刺激が，視神経を通じて電気的な興奮として大脳の視覚野に伝達される。視覚野で刺激処理が行われて刺激を色や明るさといった私たちが感じる感覚が形成される（図 3-8）。

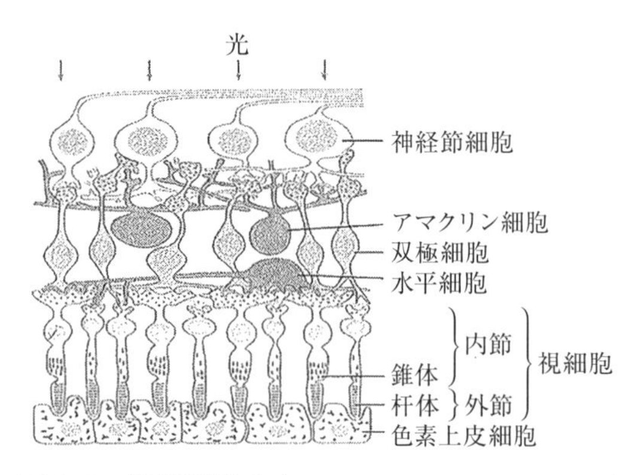

図 3-8　網膜模型図（Boycutt & Dowing, 1966 ／貴邑・根来，2021）

2. 聴覚

刺激としては，波動（波・振動）である音波は約 20 ～ 20000Hz（ヘルツ：1 秒間に 1 回の周波数＝ 1 Hz（周波数））が，私たちの耳介を通過して，鼓膜に到達する。鼓膜は振動を受け止め，受容器・受容器細胞としては蝸牛の中のコルチ器官にある有毛細胞（内有毛細胞と外有毛細胞）を刺激する。その刺激は聴神経を通じて電気的な興奮として大脳の聴覚野に伝達される。聴覚野で刺激処理が行われて，音の高さ・大きさなどが知覚される（図 3-9A・図 3-9B）。

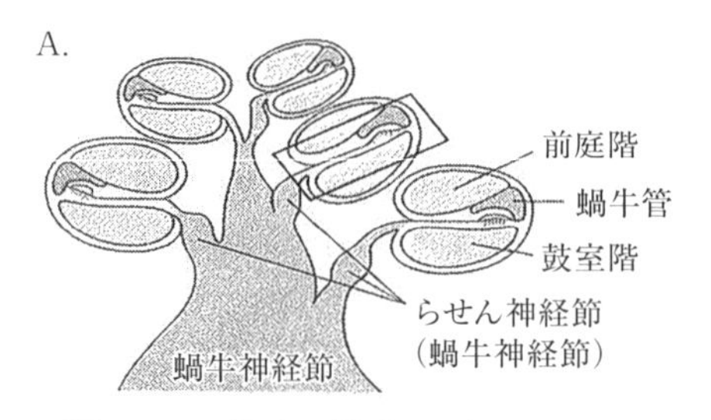

図 3-9A　蝸牛の模式図（貴邑・根来，2021）

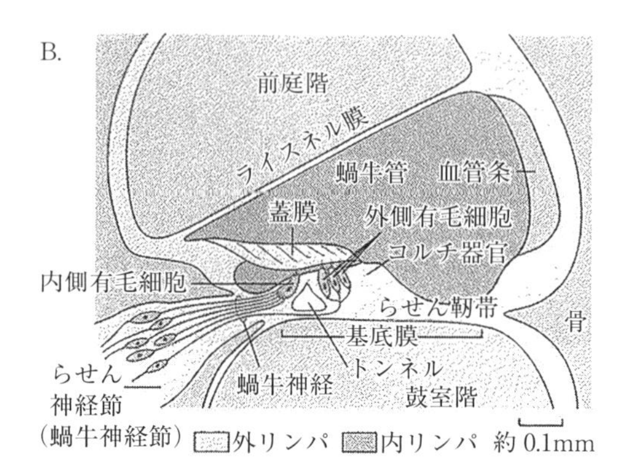

図 3-9B　蝸牛管の基底膜上にあるコルチ器官の断面模式図（貴邑・根来，2021）

3. 嗅覚

刺激としては，刺激源を起源とする気体・微粒子が，私たちの鼻孔から鼻腔内の嗅上皮に受容器として嗅細胞を刺激する。その刺激が脳に伝達・処理されて匂いが生じる（図 3-10）。

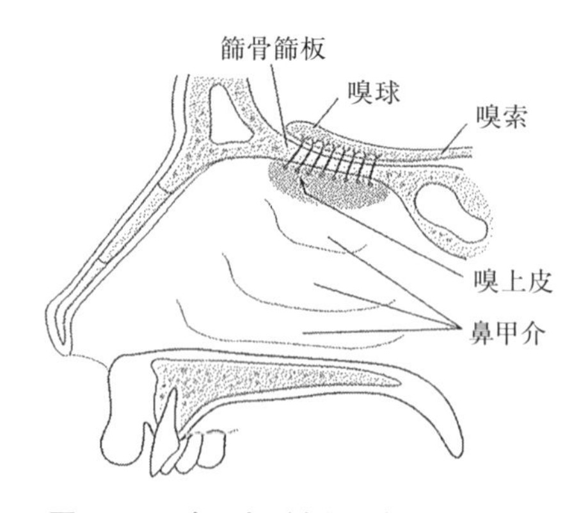

図 3-10　嗅上皮（貴邑・根来，2021）

4. 味覚

刺激としては，水溶性化学物質であり唾液に溶けて受容器である味蕾の中にある味細胞を刺

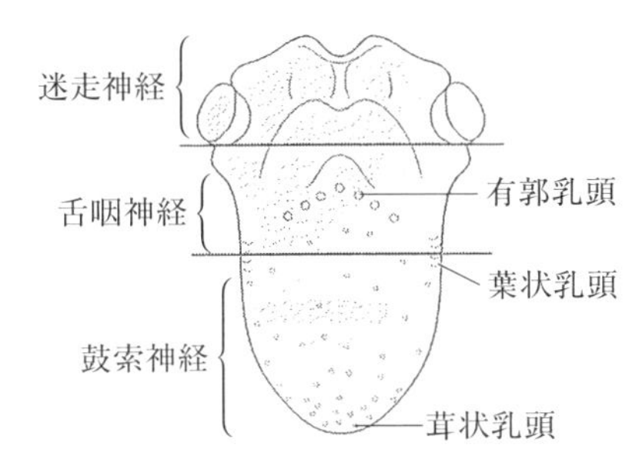

図 3-11　舌表面の神経支配と舌乳頭
（貴邑・根来，2021）

激する。その刺激が脳の一次味覚野に伝達・処理されて味の感覚が生じる（日下部・和田，2011）（図 3-11）。

5. 触覚（皮膚感覚）

刺激としては，皮膚に加えられる圧であり，皮膚下の細胞の小体である，ルフィニ小体，パチニ小体，マイスナール小体などが受容器として刺激され，その刺激が脳に伝達・処理されて触感・圧感を生じる（図 3-12）。

6. 温覚・冷感（皮膚感覚）

温度刺激・電磁波の一部が刺激となり，皮膚下のルフィニ小体（温感）・クルーズ小体（冷感）が受容器として刺激され，脳に伝達・処理されて，温かさ・冷たさ（温度感覚）が生じる（図 3-12）。

7. 痛覚（皮膚感覚）

刺激としては，圧（強力）・化学物質・電流などが，受容器である皮膚下の自由神経終末などを刺激し，脳に伝達・処理されて痛みが生じる（図 3-12）。

8. 自己受容感覚

刺激としては，筋・腱・関節等の緊張と弛緩等が，それぞれの筋・腱の中にある受容器を通じて，脳に伝達・処理され，身体運動における体・手足の位置変化や身体の緊張・弛緩等が生

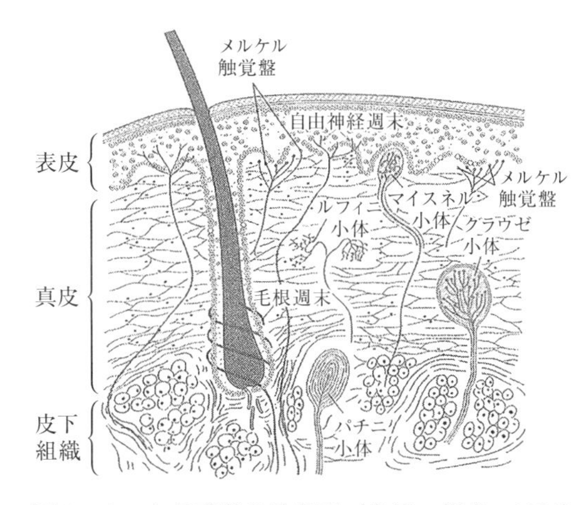

図 3-12　皮膚感覚の受容器（貴邑・根来，2021）

ずる。

9. 平衡感覚

刺激としては，身体の傾きや全身の加速度運動など体の動きが内耳に到達する。受容器としては内耳前庭器官がその刺激を受け取り脳に伝達・処理されて身体の位置，重力との関連が感じられる体の運動感覚が生じる。

10. 内臓感覚

刺激としては，それぞれの内臓器官内部の生理的均衡・不均衡の程度が明らかになっている。受容器については特定の受容器の存在については現在のところ明らかになってはいない。その一方で内臓器官のそれぞれの状態，身体内部の痛みについては知覚される（図 3-13）。

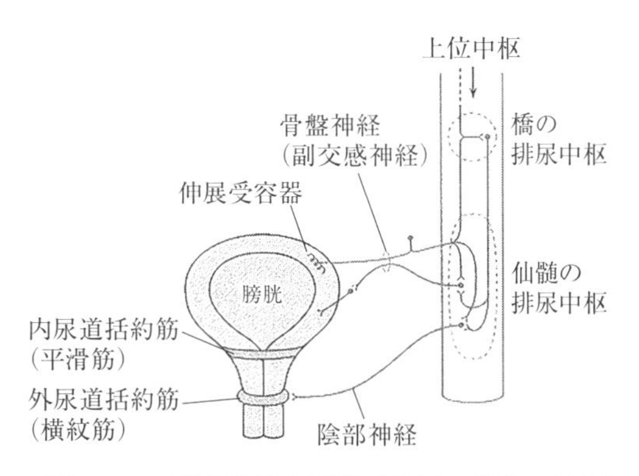

図 3-13　排尿反射の経路（貴邑・根来，2021）

4節　知覚

1．感覚と知覚

感覚として受け取った外界の刺激は多数存在する。受け取った情報にどのような意味があるのかまでは，感覚では扱わない。その情報に意味を与えるのが知覚という働きになる。情報に意味をもたせることはそれをどのように解釈することにつながり，外界の理解につながっていく。例えば自身の着用している衣服について考えると，衣服には色がついている可能性は高い。私たちはその色を単独に感じることはできるが，色を単独に認識することにとどまらず衣服の色として理解している。感覚1つ1つはそれぞれを感じることができるが，その感じることを通じて1つのまとまった意味を受け取ることができる。このことが知覚として考えられている。いいかえれば知覚として感じられるということは，単に感覚が感じられるということではない。例えば，楽曲が聞こえてくることを考えてみると1つ1つの音を知覚するだけでは，楽曲としては認識することができない。音のまとまりとしての旋律を感じることが知覚と感覚の関係を表している。

2. 知覚の特徴――「図」と「地」

私たちの生活している世界は，感覚を通じて集まった情報を基に形作られてはいるが，その形成過程においていくつかの特徴を持つことが明らかになっている。その1つの特徴として，私たちは感覚を通じて収集されるすべての情報を同一感覚であったとしても平等に扱うことはできない，という特徴がある。具体的には「図」と「地」と考えられている現象を挙げることができる。私たちは，ある一定のまとまりをもつ形（「図」と称する）とその背景要素（「地」と称する）に区別して情報をえり分けていることが指摘された（ルビン，1921）。私たちが対象物を形としてとらえるためにはどのようなことが必要であるか考えると，対象が一様な状態ではどのような対象がどこにあるか判別できないであろう。対象のある一部を形として認識するためには形として認識されたそれ以外の部分は，背景として認識することになる。そこでルビンは，形として認識した部分を「図」，背景として認識した部分を「地」と称し，この図と地が適切に認識しているのが私たちの日々の知覚の中で行われると考えた。この「図」と「地」の特徴として，「図」は形を持ち「地」は形を持たない，また両方が同時に形を持って見えることはない，「図」と「地」を仕切る境界線は「図」の方に属して見える，「図」は手前に浮き出して見えて「地」は背景に広がっているように見え，「図」はものらしく「地」は素材的に見えることが明らかになっている（野口，1974）。私たちが通常知覚している場面では，一度「図」に見えた部分は継続して「図」の特徴を持って見えており，一度「地」に見えた部分はそののちも「地」の特徴を持ったまま継続して知覚されることがほとんどである。

しかし，この安定した状態が継続しない見え方を生じる知覚的な刺激が存在している。これが図地反転図形といわれている図形である（図3-14）。また，図と地が分かれて知覚されるとそこに直接記されていない情報を得ることもある（図3-15）。

図3-14 ルビンの杯
ルビン（1921）

図3-15　主観的輪郭
カニッツア（1979）

3. 知覚の特徴——群化

私たちの視覚世界は通常，図に相当する部分が1つということはあまり考えられず，いくつかの図が集まって構成されているが，それらは全く関連がなく見えることは少なく，何らかの関連（まとまり）が見いだされることが多くある。そのような関連（まとまり）をウェルトハイマーは群化と呼んだ（図3-16）。群化にはいくつかの規定要因があることが研究されている（ウェルトハイマー，1923）。代表的な既定因の1つは「近接の要因」と呼ばれる要因で，条件が同一な条件を持つもの同士がまとまって見える性質である。また，条件が同一ならば類似のもの同士がまとまって見えやす場合が「類洞のいという要因」である。また，閉じた領域を作るもの同士がまとまりやすいという「閉合の要因」。連続性のある滑らかなものがまとまりやすいという「よい連続の要因」などがあげられる（図3-16）。

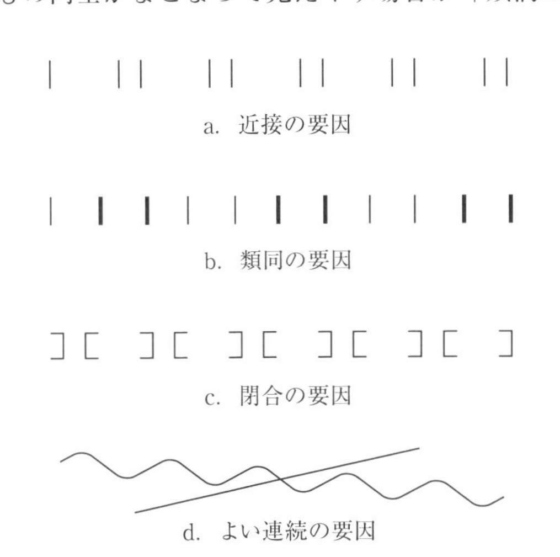

図3-16　群化の諸要因（梅本ら，2014）
ウェルトハイマー（1923）

4. 知覚の特徴——錯視

私たちの視覚世界は，外界の情報のすべてを処理することは難しく，さらに外界の情報そのものが時間の経過に従って変化していく。そのため処理の過程で推測が行われ，その推測のために私たちの経験やその経験の時に利用した手掛かりなどを知覚に反映することが行われる。その場合実際の見え方についてそのまま再現するわけではないので，状況によって情報を誤って受け取るといったことも生じる。

視覚情報を基に，知覚している事物を知覚情報と異なった形で知覚することを錯視と称する（図3-17）。錯視は私たちの思い込みや想像とは成り立ちは異なっていて，私たちが得ている知覚情報に即して生じる。そのなかでも，幾何学的特徴，視覚情報として線分の長さ，角度，形や図形の大きさについて，実際とは異なって知覚されることを幾何学的錯視と称する。線分の長さについて錯視が生じるミュラー＝リヤー錯視，フリック錯視が知られている（図3-18，図3-19）。

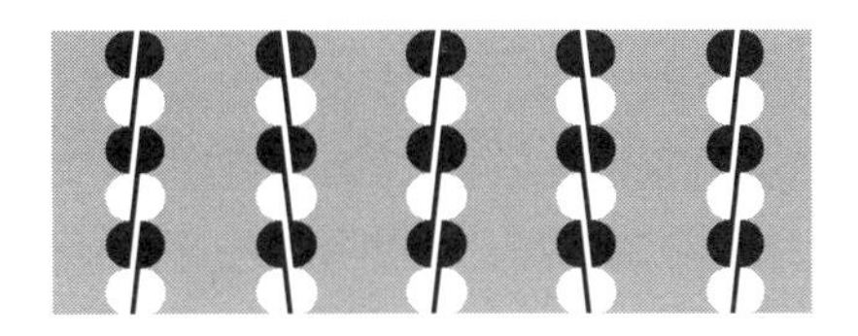

図3-17　団子30兄弟（北岡，2007）

錯視は幾何学的な特徴にのみに起こるのではなく，異なっているが類似している複数の色，異なっている明るさを複数提示すると，実際とは異なった明るさや色を知覚するという対比という知覚現象を起こす（図3-17）。

錯視のように同一の事物（長さが同じ線分）を異なった長さであると知覚することではなく，同一の事物が異なって見えているが，それらの対象の同一を認めることができる（図3-18，図3-19）。

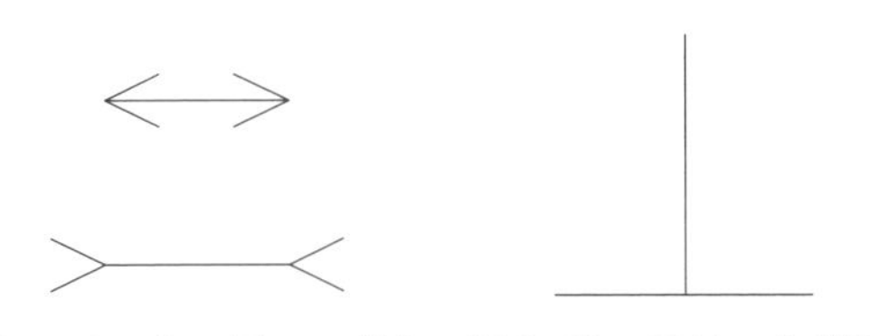

図3-18　ミュラー＝リヤー錯視（北岡，2011）　**図3-19　フリック錯視**（北岡，2011）

5節　環境の知覚

1. 奥行を知覚する

私たちが周囲の環境を知覚する場合，平面の世界を知覚すわけではなく，3次元の世界であることを知覚することができる。しかし，私たちの眼球についてその状態を観察してみると，形状は球面ではあるが刺激を受容する場所である網膜は平面である。つまり2次元の情報源を基に3次元的世界を感じることが可能である。またこのような情報は私たちの経験によって視覚的情報だけではなく，体の動きなどの情報を複合的に組み合わせて知覚していることが明らかになっている。このような3次元的視覚世界を成立させている手掛かりとしては，眼球運動的手掛かり，絵画的手掛かり，単眼性手掛かりがあると考えられている。

1）眼球運動的手掛かり・調節

眼球のレンズ（水晶体）は筋肉収縮によって調節を行っている。その時の筋肉からの刺激を手掛かりとして奥行きを感じる。

2）眼球運動的手掛かり・輻輳（ふくそう）

両眼でものを見るとき，遠方を見るときは並行しているが，近くを見るとき，眼球は筋肉収縮で内転し，注視点で交差する。その交差する角度（輻輳角）時点の筋肉からの刺激を手掛かりとして奥行きを感じる。

3）絵画的手掛かり・両眼視差

人間の両眼は約6cm離れている。その状態で，奥行のある対象物をみると左右の眼球の網膜像の位置は，ずれることになる。しかし，私たちはこの2つの対象物を別々に知覚するのではなく1つの対象物として知覚（立体像）する。

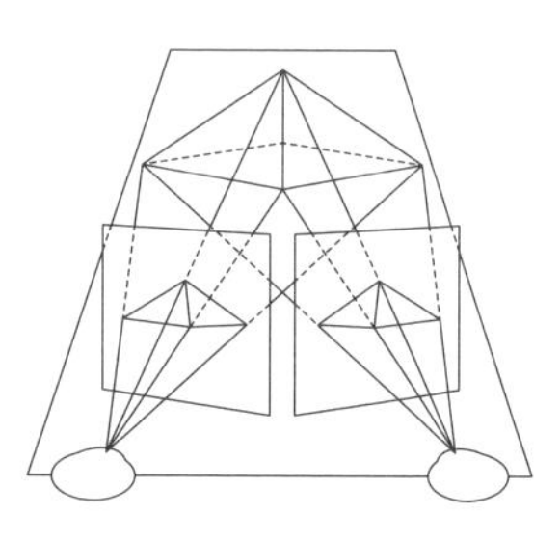

図3-20　両眼による見え方の違い（Gibson, 1955）

この両眼視差は奥行き知覚の手掛かりとしては強力なものであると考えられている。この状況を積極的・複合的に使っていくことがアミューズメントパークなどで応用されているアトラクションなどに多く見られる（図3-20）。

4）単眼性・動きのない手掛かり

相対的位置をもとに奥行きを判断することは容易に行われている。また物体の大きさを比較することや，物体間の重なりの程度や陰影のつき方などから，私たちは奥行きを判断する手掛かりとすることが可能である。さらにそれを組織的・絵画的に記録すれば遠近法（線・大気）としての私たちの目に触れている。

5）単眼性・動きのある手掛かり

単眼であっても観察者あるいは対象物が移動すると視差が経時的に生じる。例えば動いている自動車の窓から外の景色を観察すると近くの景色は運動方向と反対に早く移動するのに対して，遠くの形式は運動方向と同方向にゆっくり動き，さらに遠くの形式は全く動かないといった違いから奥行きを判断することが可能となる。

このような特性を持っている私たちの視覚は，2次元の物体を（図形）を観察することが可能であるが，それがリアルな世界（3次元）での存在の可能性を見極めることは限界があると考えられている（図3-21）。

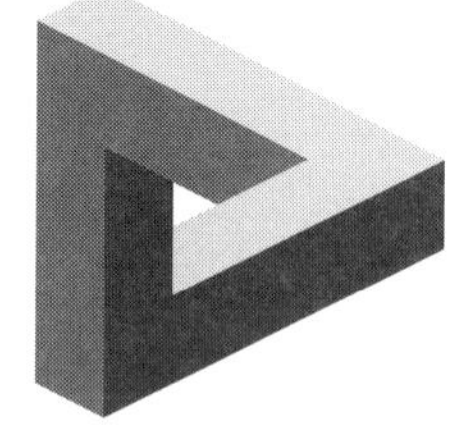

図3-21　ペンローズの三角形（北岡，2011）

2. 知覚の恒常性

事物を私たちが知覚するときに，例えば視覚的情報であれば，網膜上では事物の条件はかなり変化しているが，それらの情報をそのままの形で知覚するとその一方で私たちは事物が比較的一定のものとして知覚される。これを知覚の恒常性と呼ぶ。

1）大きさの恒常性

視覚を考えた場合私たちがある距離から2倍の距離に遠ざかると，網膜像の大きさは1/2の大きさになるが，私たちの知覚ではその事物が半分に知覚されるわけではない。

2）形の恒常性

網膜像の形は，体の動きなどに従ってその形が変化することがしばしばおこるが，形の認識は，その体の動きがあったとしても，元の形から変化をしないことを形の恒常性と称する。

3）色・明るさの恒常性

明るさの恒常性とは，同じ物体は照明の明るさが変化したとしてもその影響を受けずに物体として認識されることを明るさの恒常性，照明の色味（例えば蛍光灯・白熱電球）が変化したとしても同じ色に見えることを色の恒常性と称する。

3. 運動を知覚する

私たちが，実際に生活を過ごす中で私たちは，多くの場合，絶えず動き続けているといってもよい。当然，知覚（感覚）は静止している物体だけに働くことはなく，私たち自身が動けば，対象物を反映する網膜像も動くことになり，そこに動きを感じることが経験される。このような場合は，実際運動とよばれており，私たちは，実際に運動している物体に対してその運動を感じることができる（図3-22）。

しかし，実際に運動していても，あまりにも運動する速さが遅すぎたり（刺激閾との関連），また早すぎたり（刺激頂との関連）する場合は，実際に運動が起こっていてもその運動については私たちは感じることができない。

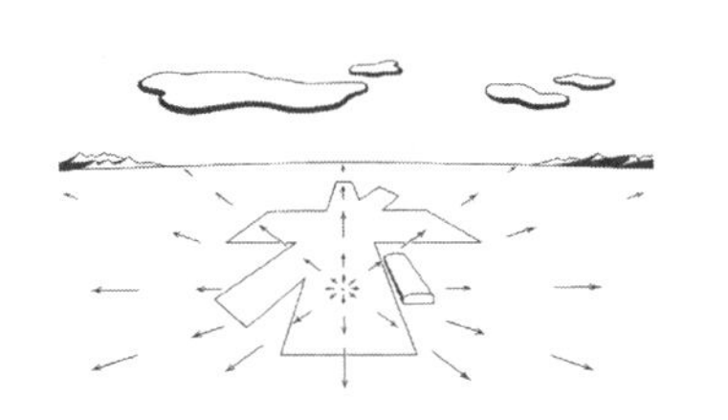

図3-22　着陸滑空時の変形勾配
(Gibson, 1950)

では，物体が全く動いていない事態では，私たちは運動を感じないのであろうか。例えばアニメーションについては，1つ1つのセル画と呼ばれる静止画には運動を感じることはないが，一定の速度でその静止画を動かすことによって，運動が知覚できるようなる。このような運動の知覚を仮現運動と称する。また，実際には運動がなく静止している物体があたかも運動しているようにみえる現象を誘導運動と称する。雲間に見える月は私たちには，雲の動きと反対の方向に月が動くと感じられるが，実際は月がそのような雲が動く速度で動くことはない。また，暗闇の中で光点を見つめているとその光点が初めは動きがなく一点にみえていたのが，揺れるように，あたかも運動しているように感じられる（見える）自動運動のような現象も観察される。

4. 環境を知覚する意味

知覚は，私たちが物理的な環境を正確にとらえることをだけを目的としているだけではない。ギブソンによれば，動物が視覚のために利用している光は，線や点のようなものではなく，それ以上のこと（包括光）であるとギブソンは考えたとされている（佐々木，2003）。私たちが，物理的な刺激（光）を受けとることは，刺激を構成している環境が私たちに何らかの意味を投げかけて，その意味を受け取ることであると考えることも可能であろう。例えば，山にある岩に座るという状況を考えてみると，岩は椅子ではないが，座ることが可能であるという環境からの情報（意味を含む）を座る者に向かって発信することを行っており（アフォード），その意味を私たちは受けるとること（アフォーダンス）を行為として行っている（その岩に座る）と考えることもできる。このように考えると，知覚情報を受け取るということは，そこに関係性が表現されているという可能性も考えることが可能であろう。

第4章　記憶と思考

1節　記憶の過程

1. 記憶の過程

知覚，認知された刺激の一部は記憶される。文字や言葉，かたち，香りや味，行為やその手順，知識，経験など，私たちは，あらゆる情報を蓄積し，必要に応じて引き出して，行動に活用するのである。この一連の過程は3つの段階から成り立っている。最初の符号化（記銘）の段階は，入力された情報を内的に処理可能な形式に変換する過程である。コンピュータは入力された情報をすべて0と1の2進法のデータに変換するが，私たちは，情報を文字や視覚的イメージに置き換えたり，行為として刻印したりする。そして，貯蔵（保持）の段階を経て，検索（想起）に至る。検索のしかたには再生と再認がある。前者は，たとえば試験問題として提示された文章から適切な言葉を回答したり，記憶にある人物の特徴を挙げたりするように，当該情報に直接的にアクセスして想起しようとすることであり，後者は，選択式の試験問題のように，提示されている選択肢の項目を保持内容と照合したり，記憶にある犯人像に合致する人物を写真から選び出したりするように，提示された情報が記銘対象か否か判断することである。

2. 忘却

記憶の古典的な実験のひとつに，エビングハウス（Ebbinghaus, 1885）が何年もかけて実施したものがある。彼は，既知度が記憶に影響することがないように，単語ではなく無意味綴りを実験で用いた。膨大な無意味綴りの中から何個かをランダムに抽出してリストを作成し，リストに含まれる無意味綴りをすべて暗唱することで記憶の測定を試みた。すなわち，リストを初めて学習した時と，任意の時間をおいて再学習した時にそれぞれ所要時間を測れば，どのくらい学習内容が記憶に残り，学習時間が節約されたかという詳細な過程を明らかにできるのである（エビングハウスの保持曲線（忘却曲線））（図4-1）。その結果，忘却は記銘直後から始まっており，学習初期ほどそれが急激であること，また，初学習から1ヶ月を経ても保持率は0%にならず，初学習時の記憶の痕跡が残されていることが示された。すなわち，学習した内容の多くは忘却されてしまうが，残存する記憶の「かけら」を頼りに再学習を繰り返すことによって，記憶は定着していくのである。

それでは，なぜ私たちは忘却するのだろうか。諸説あるが，忘却を情報自体が失われることと理解するならば，時間とともに自然に消失する場合もあれば（減衰説），ほかの記憶によって妨害される場合もあるだろう（干渉説）。忘却と情報の消失とは異なると考えるならば，まるで「喉から出かかっている」のに思い出せないように，検索の失敗によって情報が行方不明になっただけのこともある（検索失敗説）。

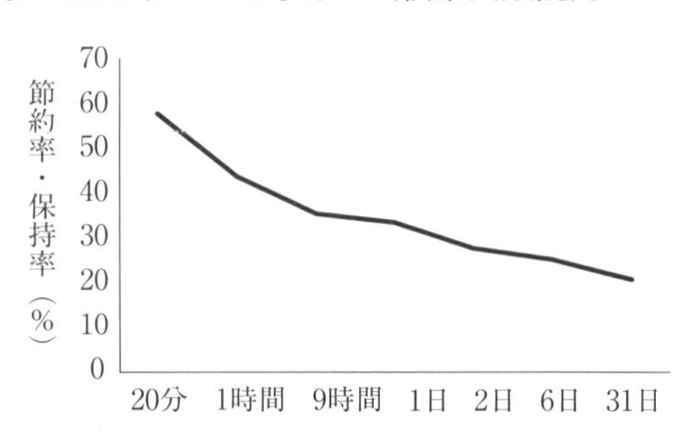

図4-1　エビングハウスの忘却曲線

なお，さまざまな原因によって脳機能に障害が生じる場合があるが，その中でも脳の器質的な疾患によって，記憶の機能のみが特異的に失われる状態が健忘症であり，記憶だけでなく，注意，言語，思考など諸認知機能が失われていくことが認知症である。

3. 系列位置曲線（系列位置効果）

一定の速度で学習した刺激リストを記銘順とは関係なく再生すると，系列の最初のほうと最後のほうにある刺激の再生率がそれぞれ高くなる。この時に，冒頭部の記憶成績の高さを初頭効果，終末部のそれを新近性効果という。このU字曲線は記憶実験で全般的に生じるものの，学習後に一定時間を置いたり，別課題を行ってリハーサル（内的に反復すること）を妨害したりすると，新近性効果のみ消失し，その反対に，1刺激あたりの学習時間を制限すると，終末部以外の再生率が低下する。すなわち，初頭効果と新近性効果は独立したものであり，前者はリハーサル頻度によるもの，後者はリハーサル回数の不足を直後再生によって補った結果と考えられている。

なお，系列位置曲線は，刺激を新たに学習しようとする場合だけでなく，長期的に保有している知識を検索する際にも生じる。たとえば，アメリカ人大学生に歴代大統領の名前を挙げてもらうと，リンカーンのように非常に有名な大統領を除けば，初期と近年の大統領の名前を思い出しやすい。

4. 二重貯蔵モデルと処理水準モデル

感覚器をとおして受容した情報は，いったん，そのままの状態で保持されると考えられている（感覚記憶）。たとえば，手で感じた冷たさや握手のぬくもりは，少しの間，手に残るし，嗅いだにおいが，鼻について離れないような気さえする。しかし，このような感覚記憶は急激に消失していく。スパーリング（Sperling, 1960）によれば，視覚の感覚記憶（アイコニック・メモリ）の保持時間は1秒にも満たないとされる。

さて，アトキンソンとシフリン（Atkinson & Shifflin, 1971）の二重貯蔵モデルによれば，感覚貯蔵庫に保持された感覚記憶のうち，選択的に注意を向けられた情報だけが符号化されて短期貯蔵庫に収められる。これは，数十秒程度の一時的な保管庫である。そして，短期記憶のうちの一部の情報のみ，何らかの符号化処理によって長期貯蔵庫に転送されるのである（図4-2）。

一方，クレイクとロックハート（Craik & Lockhart, 1972）は，段階的な貯蔵庫の代わりに複数の情報処理過程を想定した処理水準モデルを提案した。たとえば単語を記憶する場合には，かたちや画像的イメージにもとづく形態的処理，音や読みの側面による音韻的処理，言葉の意味やカテゴリに着目した意味処理など，さまざまな水準で処理を行うことが可能である。そして、浅い処理水準よりも深い処理水準で符号化することによって，記憶痕跡が残りやすくなるとされている。

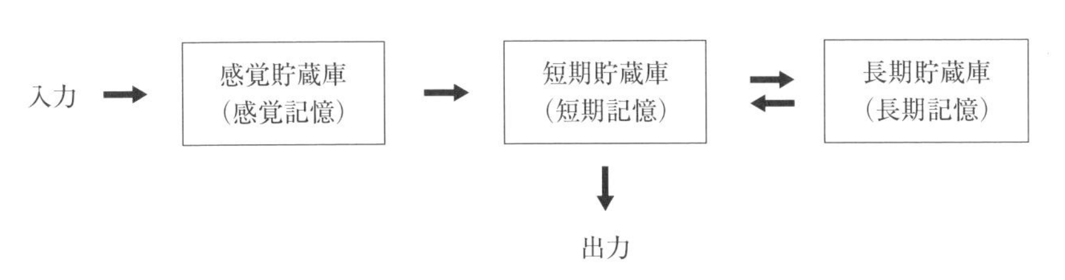

図4-2　アトキンソンとシフリンの二重貯蔵モデル

2節　短期記憶およびワーキング・メモリ

1. マジカル・ナンバー7±2

短期記憶は，保持時間も保持容量も限定的であり，リハーサルを行わないと，すぐに消失してしまう。たとえば，「2・9・8・3」「イ・オ・コ・テ・ネ・マ・モ・ヤ・リ」のようなランダムな数字や無意味な文字の羅列を１つずつ順番に記銘すると，一度に覚えられる量は７±２字にすぎない。しかし，「090」や「イリオモテヤマネコ」のような意味のある数字や言葉であれば，一度に覚えられる情報量が７±２語へと拡大する。実は，短期記憶として保持できる容量の単位は，情報のひとまとまりを意味する「チャンク」であり，いくつかの数字や文字，音のまとまりに対して，何らかの意味をもたせたり，語呂合わせを行ったりするチャンキングを行うかどうかによって，短期記憶の保持の「総量」が変動する。このことを表すために，ミラー（Miller, 1956）は７±２に「マジカル」を冠したのである。

2. ワーキング・メモリ

二重貯蔵モデルでは，情報は受動的に保存されるのみと考えられた。しかし，短期記憶は実際には，情報の一時的な保存だけでなく，貯蔵している情報に対して能動的な処理を実行している。たとえば，暗算を行う場合，符号化した数字を加減乗除によって変換し，その都度，記銘情報を書き換えていくことが必要であり，会話場面の応答では，会話に出てきた言葉の意味処理を進めて，これまでの会話の流れの中で内容を整理しながら，それと同時に，適切な応答の言葉を長期記憶の中から呼び出すことで，会話のキャッチボールを成立させている。そこでバドリー（Baddeley, 2018）はワーキング・メモリを仮定した（図4-3）。このシステムは，従来の短期貯蔵庫に代わるものだが，機能上，４つのサブシステムで成り立っているとされる。すなわち「音韻ループ」は言語的なリハーサルを，「視空間スケッチパッド」は視覚的なイメージの内的操作を，「エピソード・バッファ」はエピソード記憶からの検索をそれぞれ担っている。そして「中央実行系」は，この３つのサブシステムを制御して処理を割り振るだけでなく，注意，暗算，推理，言語理解などの高次の認知活動とその結果の一時的貯蔵，行動スキーマの調整や監視などを実行しているのである。

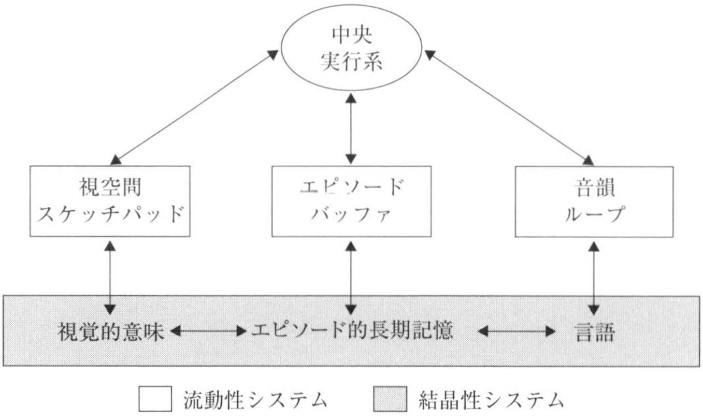

中央実行系
視空間スケッチパッド
エピソードバッファ
音韻ループ
視覚的意味 ←→ エピソード的長期記憶 ←→ 言語
□ 流動性システム　■ 結晶性システム

図4-3　ワーキング・メモリの構造（Baddeley, 2018）

3. 視覚的イメージ

シェパードとメツラー（Shepard & Metzler, 1971）は，立体的に見える図形対が同一のものかどうか判断させる実験を行った（図4-4）。その結果，図形対の角度の差が大きいほど，反応時間が長くなっていた。つまり，実験参加者が実際に視覚的イメージを思い描いていたこと，さらに，判断のために，そのイメージを内的に回転させていたことを初めて明らかにしたのである（心的回転）。

コスリンの実験（Kosslyn, 1975）で実験参加者は，任意の大

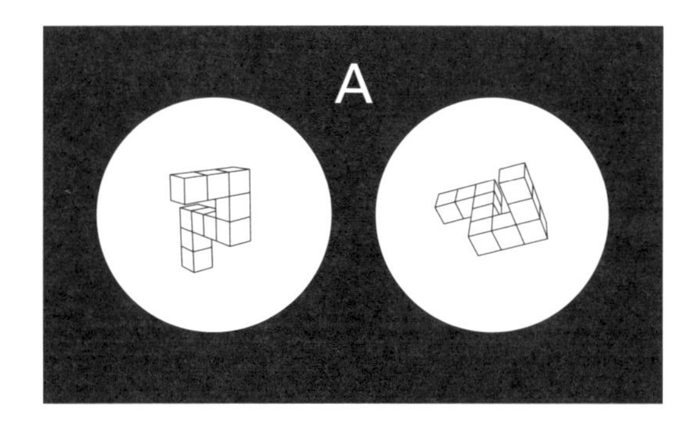

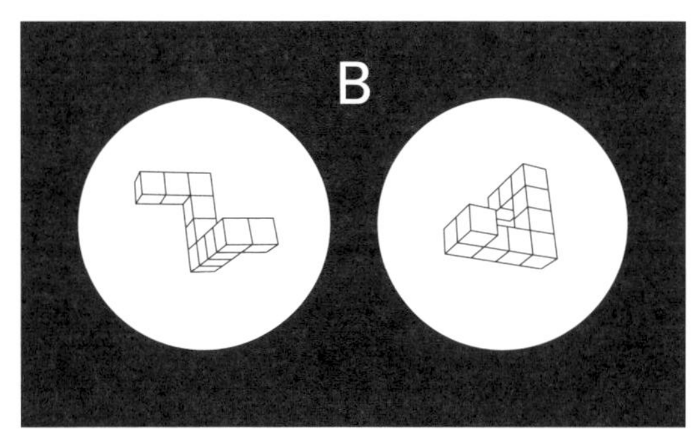

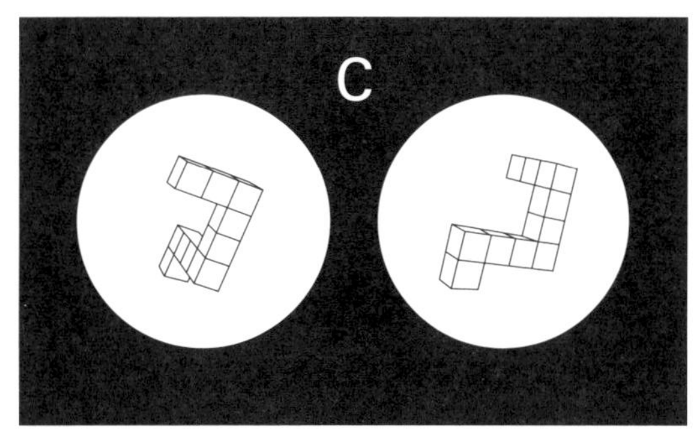

図 4-4　心的回転の実験で用いられた図形対の例
(Shepard & Metzler, 1971)

きさの正方形の中に動物をイメージしてから，その動物の特徴を判断した。すると，イメージするために使った正方形のサイズが大きいほど，反応時間が速かった。イメージしたサイズが大きいほうが分析が容易であり，この実験結果は，特徴判断のために視覚的に思い描いたイメージに対して内的に走査を行っていたことを示している。

これらの心的イメージに関する実験は，視空間スケッチパッドを用いた情報処理過程において，内的な視覚情報が用いられていること，そして，その情報に対して能動的な走査や分析が実行されていることを示唆している。

4. ワーキング・メモリにおける選択的干渉

ワーキング・メモリは内的処理を行う作業台にたとえられることがある。そして，その作業台の中で各サブシステムは互いに独立しているが，作業スペースは限られていると考えられている。したがって，複数のサブシステムを同時並行的に稼働させることは可能だが，どれかひとつのサブシステムに負荷がかかると，その分だけ作業スペースの幅をとり，その結果，他のサブシステムに割ける処理容量が減ったり，また，同じサブシステムでの処理が重なると，作業が競合し相互に干渉しあったりしてしまう。

たとえば，ブルックス (Brooks, 1968) は，そのような選択的干渉を生じさせた。実験に用いられた課題は2つであり，一方の図形記憶課題は，記憶した図形をイメージしながら，その図形の輪郭線を内的にたどって Yes/No 判断を行うものであった。もう一方の文章記憶課題は，暗記した文章に含まれる1つ1つの単語について Yes/No 判断を行うものであった。さて，実験参加者は用紙にランダムに書かれた「Y」または「N」のアルファベットを指し示したり，口頭で反応したりした。その結果，図形記憶課題は指差し，文章記憶課題は口頭の時に，それぞれ反応時間が長かった。すなわち，視空間的にコード化する課題に対して視覚的反応，音声的なリハーサルによって符号化されているものに対して言語的反応は，処理を相互的に干渉させることになり，その結果，時間を費やさざるを得なくなったのである。それに比べて，視空間スケッチパッドを用いた課題に対して言語的反応を行う場合や，音韻ループを使って保持した情報に対して視覚的反応が求められた場合は，処理が競合することなく，作業台の上で処理がスムーズに実行されたのである。

3節　長期記憶

1. 長期記憶とその特徴

必ずしも厳密な区分ではないが，長期記憶には，さまざまな種類がある。事実や一般的知識，対象の名前，言葉やその意味等の「意味記憶」，時空間内で定位された自己の経験に関する「エピソード記憶」，自己の経験や自己の知識が保持された「自伝的記憶」，記憶についての知識や自己の記憶活動をモニタリングした「メタ記憶」，ケネディ大統領暗殺事件やロシアによるウクライナ侵攻など，衝撃的であるがゆえに，年月を経ても忘却されにくい社会的出来事に関する「フラッシュバルブ記憶」，未来に行う行動や予定が蓄積される「展望記憶」，自転車の乗り方やパソコンのタッチ・タイピングなど技能や動作として行動に組み込まれている「手続き記憶」など，保存されている情報は，非常に広範囲で多岐にわたり，中には一生涯，忘却されないものさえ存在する。

同じ時間をかけて記憶する場合，休憩を入れない集中練習よりも，学習に間隔をおいたり，他の情報を間に入れたりする分散練習のほうが記憶成績が高い（分散効果）。また，記銘材料を積極的に覚える意図学習と，実験参加者に記憶実験であることを悟らせない偶発学習課題では，再生率は前者のほうが高いが，再認率は同程度である。そして，文脈は記憶に強い影響を及ぼし，たとえば陸上と水中でそれぞれ記憶実験を行うと，記銘と想起の場所が一致していたときに再生成績が優れる（ただし再認は同程度）。ロキ法（場所法）は場所を記憶の手がかりにした記憶術の一種で，本人にとってなじみ深い場所をイメージし，その1つ1つに対して新たに記憶すべき刺激のイメージを貼り付けていく方法である。なお，想起の鮮明性と正確性は別物だが，記憶がありありとよみがえるという感覚ゆえに，思い出された内容は正しいと信じられやすいことも知られている。

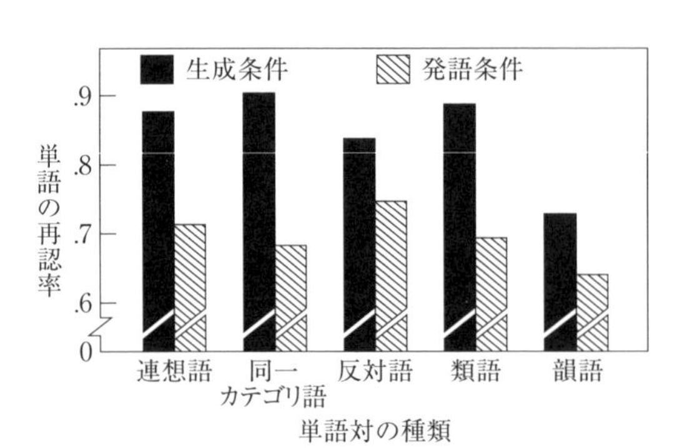

図 4-5　生成効果（Slamecka & Graf, 1978）

単語を実験参加者に学習してもらうと，どのような符号化方略を用いるよりも，自己に関連づけるほうが記憶成績が高くなる（自己参照効果）が，さらに，自己の主体的な行為も記憶を促進することが知られている。たとえば，単語の対連合学習実験において，あらかじめ刺激語と反応語との対が決められている条件よりも，実験参加者自身が反応語を選択できる条件のほうが，後の記憶に対する効果が高く（自己選択効果），また，刺激語に対して提示された反応語を単純に読み上げるよりも，反応語の先頭文字だけが示されて，刺激語に対応するような言葉を考えるほうが記憶成績が向上する（生成効果）（図 4-5）。

2. プライミング効果

プライミング効果とは，先行刺激（プライミング刺激）が後続の刺激の処理を促進したり，抑制したりすることである。たとえば，単語完成課題で「タ__キ」の空白部分に語をあてはめる場合，「タスキ」や「タヌキ」「タンキ」などが回答の候補になるが，課題に先行して「タヌキ」という単語が提示されると，実験参加者は，より「タヌキ」と回答しやすくなる。

なお，プライミング刺激には，上記の「タヌキ」のように直接的に促進する「直接プライミング」と，「キツネ」のように，刺激そのものは異なるが意味的に後続刺激を促進する「間接プライミング」がある。プライミング効果は，自分自身で思い出しているという意識がないものの，行動に影響を与える潜在記憶現象のひとつである。

3. 長期記憶の変容

長期記憶は保持されるうちに，徐々に変容していくが，目撃証言研究はそれを如実に示している。たとえばロフタス（Loftus & Palmer, 1974）が行った実験で，実験参加者は車両同士の衝突事故映像を見て，その時の速度を推定したが，「激突」や「衝突」などの言葉で質問されると，「当たり」や「接触」の場合よりもスピードを速く見積もる傾向があり，また，1週間後の再認テストで，割れたガラスを見たと誤再認しやすかった（映像では窓ガラスは割れていなかったにもかかわらず）。このように，エピソードに関連する情報が，オリジナルのエピソードの想起に影響を及ぼすのである（事後情報効果）。

また，ローディガーら(Roediger & McDermott, 1995）は，実際には経験していない事象を想起する虚記憶を単語の学習実験で明らかにした。実験参加者は最初に，「音楽」「昆虫」「果物」「家具」などのリストごとに単語を学習，次に再生テストと受けた。そして最後に再認テストが実施され，学習済みの単語，ルアー語（学習していないものの，リストから想像されやすい単語），未学習語について，最初に学習した単語かどうか判断を行った。再生テストの結果からは，系列位置曲線が認められたが，系列中間部の正再生率よりも，ルアー語の誤再生率のほうが高かった。さらに，再生された単語は再認成績も高かったが，それと同様に，誤再生されたルアー語も再認されやすく，誤再生によって誤再認が強化されたのである。すなわち，実際に記憶した事象も，そうでないものも同等に想起され，両者の識別は困難なことを，この実験は示唆しているのである。

ハイマンら（Hyman et al., 1995）は，このような虚記憶が自伝的記憶でも生じるのかどうか検証を行った。実験参加者の大学生には，幼少期の思い出を語ってもらったが，本人が想起できない場合は，あらかじめ実験参加者の家族から聞き取っておいたエピソードについて，思い出すためのヒントを面接者が与えた。面接を重ねるほど，また，エピソードについてイメージするよう促すほど，自伝的記憶はよみがえっていったが，ヒントの中に作り話を混入させたところ，虚偽の自伝的記憶も誤再生されていったのである。それほどまでに，長期記憶は汚染に脆弱であり，また，語り直された記憶が自分自身のオリジナルの出来事と同一なのか，厳密に確かめる術を私たちは持たないのである。

犯罪捜査場面において，被害者や目撃者からの情報提供，容疑者による供述（自白）は，すべて記憶に基づくものである。そのため，善意の情報提供が真実と異なっていたり，供述するうちに，その内容が歪んでいったりすることは起こりえないことではない（浜田, 2017）。たとえばコットン裁判（Thompson-Cannino et al., 2009）のように，犯罪被害者の記憶が，写真面割り（数枚の写真の中から該当する人物を選び出す捜査手法）や面通し（対面で該当する人物を選び出す捜査手法）の過程で，本人の意図しないうちに変わっていき，逮捕された人物は真犯人でなかったことが十年以上後に判明した事例も報告されている。もちろん，すべての証言が誤りなのではないが，より科学的な捜査が求められるし，また，尋問する側に暗示や誘導の意図がなかったとしても，その可能性を後で検証できるようにしておくことも必要なのである。

4節　知識，概念

1. 知識の活用

そもそもなぜ私たちは知識を蓄積していくのだろうか。シュミットらの行った医学的な知識に関する記憶実験から考えてみたい（Schmidt & Boshuizen, 1993)。この実験では，医師，医学部の大学生，健康科学分野の大学生に症例を提示して，病名を診断してもらった。当然のことながら，現役の医師は圧倒的に診断が正確であり，また，症例の理解力に優れ，要約再生成績も高かった。ところが，文章そのものに対する単純な再生成績は医学部生のほうが高く，また，文章から推測されうる症状や病理上の特徴等の記述数も多かった。ただし，医学部生は記述だけが多く，その反対に医師は記述数こそ少なかったものの，医学上の標準的な事実との一致率は高かった。すなわち，医学部生は膨大な医学的知識を丸暗記的に蓄積して，それを単に想起していただけである。一方，医師は保持している知識を的確に検索し，それをうまく応用しながら全体を把握して，正確な判断をくだすことが可能だった。知識を吸収していくことと，それを利用することは本質的に異なるが，知識は，私たちが社会の中で適応的に行動し，生活していくために欠かせないものなのである。

2. 知識の構造

意味記憶は，関連する概念や知識同士が連結されたネットワーク構造によって保持されているという考え方がある。コリンズとキリアンによる階層的意味ネットワークモデル（Collins & Quillian, 1969）（図 4-6）は，その初期の理論のひとつであり，ノード（概念）にいくつかのポインタ（特徴）が接続され，ノードはカテゴリによって階層的に構築されていると考える。彼らは，カテゴリや概念に関する文章の真偽判断を行って，このモデルの心理的妥当性を検討した。その結果，カテゴリ判断では「カナリアはカナリアである」「カナリアは鳥である」の順で，特徴判断では「カナリアは歌う」「カナリアは飛ぶ」「カナリアは皮膚がある」の順で，それぞれ反応時間を要した。これは，真偽判断のために階層を越えて検索を行っていた証拠と考えられる。したがって，「ネコ」というノードには，「気まぐれ」「魚をくわえる」「災難に遭う」などのポインタが結びついており，「ネコ」の上位ノードには「哺乳類」，下位ノードには「三毛猫」がそれぞれ接続され，三毛猫のタマを飼えば，「三毛猫」の下位に新しくノードが接続されて知識が豊かになっていくはずである。

しかし，「犬は動物である」と「犬は哺乳動物である」という文章の場合，「犬」「哺乳動物」「動物」の順での階層に反して，後者の文章のほうが判断が遅かった。また，同じ階層水準であるはずの「カナリアは鳥である」と「ダチョウは鳥である」では反応時間が異なっていた。このような実験結果を，階層的意味ネットワークモデルでは説明できない。元来，このモデルは，コンピュータの言語理解モデルをベースに考案

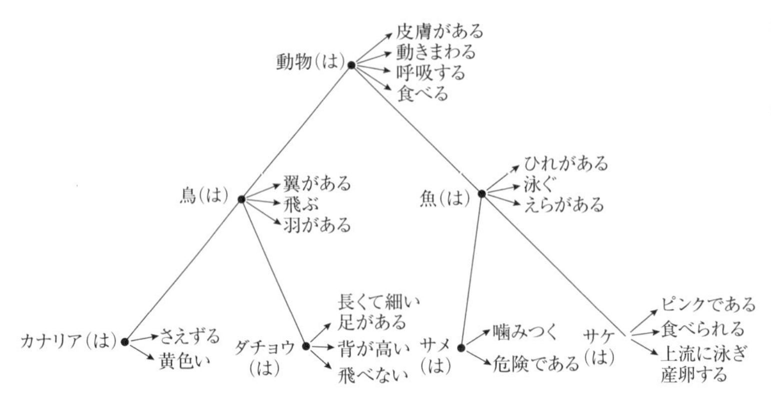

図 4-6　階層的意味ネットワークモデル（Collins & Quillian,1969）

されたものであり，人間はコンピュータのように整然と階層的に知識を構築するとは限らない。

そこで，コリンズとロフタス（Collins & Loftus, 1975）は，階層性の代わりに意味的距離の概念を導入して，活性化拡散モデルを提案した（図4-7）。この理論では，概念間の関係性や方向性を示すリンクがノード同士を結んでおり，ノード同士の関連性が高いほどリンクが短くなっている。そして，特定の概念を思い出すとノードが活性化され，リンクに沿って連想が拡散していく。まったく無関係なノード同士は，階層的意味ネットワークモデルでは接続されないが，活性化拡散モデルならば，この両者が密接に結びついたかたちで知識を構築することも可能である。「三毛猫」のイメージから推理小説が思い出される人もいれば，駅舎が連想される場合もあり，意味記憶の構造は個人によって多様である。

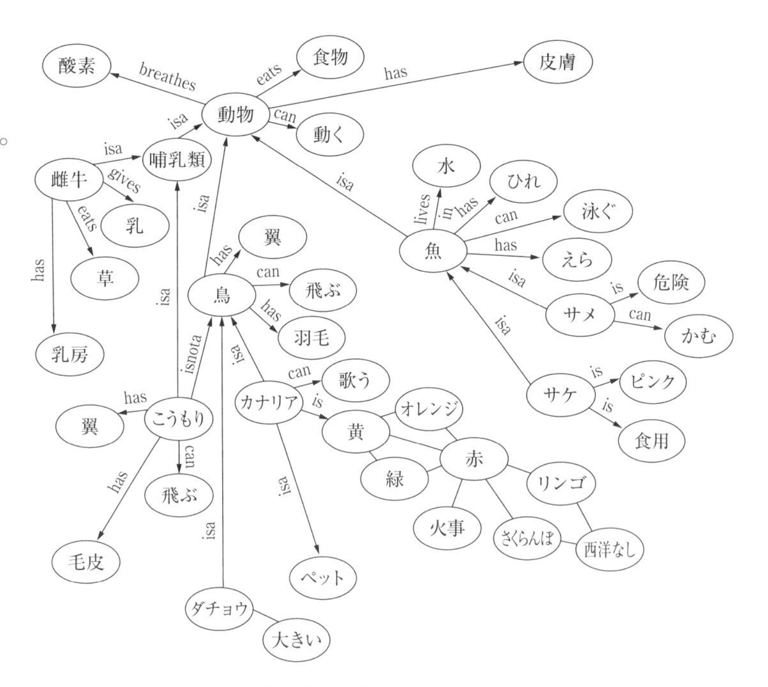

図4-7　活性化拡散モデル（Lachman et al., 1979）

3. スキーマ理論

意味ネットワークモデルで表現されたものは，一般的な概念に関する知識表象だが，私たちは，より広範な知識を保持しているはずである。たとえば「ネコ」などの具体的なものから「愛」という抽象的なものまで，また，一般的な知識から世の中の出来事や事象，知恵，日常的な行動に至るまで，さまざまな程度やレベルの，ありとあらゆる広範な知識体系を記憶している。そこで，より包括的な集合体やモジュールとして知識表象を理解しようとするのが，バートレット（Bartlett, 1932）に始まるスキーマ理論である。

中でも日常的な行動に関する知識モデルが，シャンクとエイベルソンによる「スクリプト」である（Schank & Abelson, 1977）。この理論では，「レストランに行く」「講義に出席する」など特定の状況でとるべき一般的な行動が，成立順序で蓄積されていると考える。たとえば電車に乗る時には，そのスクリプトである「交通系ICカードを手許に用意する」「改札を通過する」「ホームで電車が入線するのを待つ」「自動ドアが開いたら電車に乗り込む」などの一連の行動が順序にしたがって想起されていく。そのため，乗り慣れた電車だけでなく，初めて利用する路線でも，このスクリプトが応用されて，比較的スムースに行動できる。しかし，スクリプトは日常的な行動のなかで成立するからこそ，いったん出来上がった台本の修正は容易でない。自動ドアに慣れていると，手動ドアの車両に戸惑うし，改札を通る習慣があるからこそ，海外で改札のない駅で不安になるのである。

5節　思考と推論，問題解決

1. 4枚カード問題

ここに4枚のカードがある。片面にはアルファベットが，もう片面には数字が書いてあり，「もし一方の面に母音が書かれているならば，その裏面は偶数である」という条件件が成立するかどうか確かめる場合，どれを裏返せばよいだろうか。これは，ウェイソン（Wason, 1966）が考案した，論理的思考に関する命題である（図4-8）。4枚カード問題の正解率は10%程度にすぎず，条件文に示された内容を反対の側面から推論することが，いかに難しいかを如実に物語っている（正解は「A」と「7」である）。ところが，ジョンソン=レアードら（Johnson-Laird et al., 1972）は，「開封」，「密封」，「50リラ切手添付」，「40リラ切手添付」の4種類の封筒があった時に，密封の封筒には50リラ切手が必要というルールが守られているか郵便局員の目で確認するという問題を示して，オリジナルの4枚カードと問題構造が同様なのにもかかわらず，この場合は正解率が80%以上になることを報告した。そして，現実的な内容に置き換えたことで，推論が容易になったと考察したのである（主題化効果）。

一方，チェンら（Cheng & Holyoak, 1985）は，抽象か具体かという単純な枠組みではなく，実用的な判断基準を用いて推論しているのではないかと考えた。封筒問題の場合，このような郵便規則になじみのない国の人々とでは正解率が低かったためである。それでは，空港で入国審査に携わっている職員として検疫情報を確認していると仮定しよう。図4-8のように4枚の入国審査カードがあった時に，「入国」ならば，その裏に「コレラ」の項目が含まれていることを確かめなければならないというのが，この命題の条件である。この場合の正解率は60%程度であった。しかし，「裏面は乗客が受けた予防接種リストであり，入国するにはコレラの予防接種を済ませていなければならない」と確認の根拠が示されると，正解率は90%以上に上昇したのである。オリジナルの4枚カード問題は，規則の真偽を推論すれば済むが，封筒問題や入管問題は，真偽よりもむしろ，ルールに則っているかどうか発見することが求められる。その場合には，義務に関する実用的なスキーマが発動して，論理的な判断が可能になると結論づけられたのである。

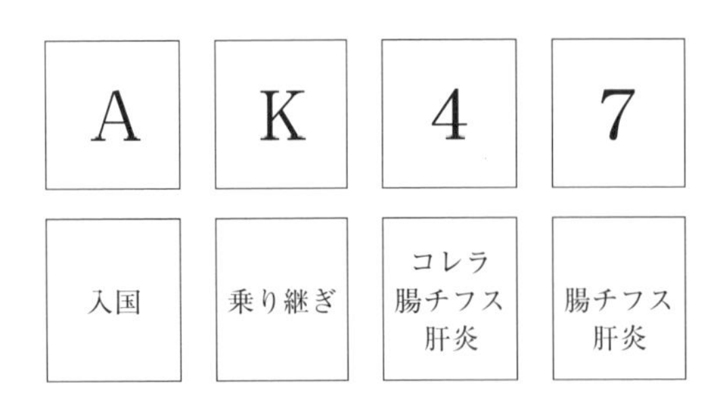

図4-8　4枚カード問題
（上はオリジナルの問題、下は入管問題）

2. 問題解決における手段ー目的分析

目的地に到着するには，どの電車に乗っていけばよいだろうか。料理を作るのに，何を準備し，どのように調理すればいいのだろうか。このような問題解決の認知的なプロセスを理解するのに，「ハノイの塔」（図4-9）というパズルは好例である。このパズルは3本の杭と複数のディスクで構成されている。その中の1本の杭に，より大きいディスクが下になるように指し込まれているので，同じ状態なるように，別の杭にディスクを移動させるのである。ただし，ディスクを一度に1枚ずつしか動かせず，また小さいディスクの上に大きいものを載せられない。このゲームをクリアするには，最終的な目標（すべてのディスクの移動が完了した状態）と現在の状態との差を検出し，それに応じてデ

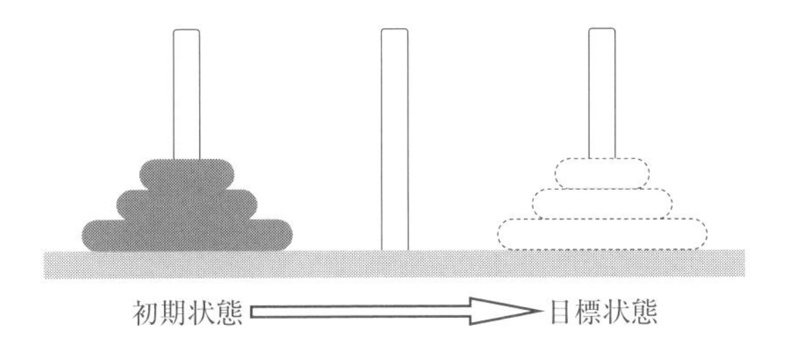

図 4-9　ハノイの塔

ィスクを移動し，最終目標との差を縮めていくということを積み重ねなければならないのである。

すなわち，問題解決とは，最終目標を見据えながら1つ1つ手段（オペレータ）を講じてその度に問題の構造を変え，下位目標を設定していくという過程の繰り返しである。私たちは，ただ闇雲にスクリプトにしたがって電車に乗っているのではなく，少しでも目的とする駅に近づけるようにルートを探索しながら，複数の路線を乗り継いでいくし，また，食材を切る，炒める，煮るなどの作業によって状態を変化させながら，料理を完成させていく。ニューウェルとサイモン（Newell & Simon, 1972）は，このような「手段－目的分析」を用いた一般問題解決型プログラムを考案し，コンピュータに実装させた。このアルゴリズムはその後，人工知能の設計に引き継がれていったのである。

3. ヒューリスティック

カーネマンとトヴェルスキー（Kahneman & Tversky, 1979）はプロスペクト理論を提唱し，意思決定の確率に主観的な評価関数を想定することを説いた。この考え方は，「合理的経済人」観を前提とした伝統的な経済学に強い衝撃を与えて，行動経済学の嚆矢（こうし）となり，カーネマンに心理学者として初めてのノーベル賞（経済学賞）をもたらした。彼らが指摘するように，人間はおおよそ合理的に思考できるものの，効率的な思考のために，しばしば非合理的な判断を行う場合があり，その代表例がヒューリスティックである。これは，確実に正解が導き出されるアルゴリズムと異なり，思考や問題解決を効率化するために簡便な近似解を求める方略である。たとえば，計量器具を使って食材や調味料を厳密に量り，料理本のとおりの手間と時間をかければ，おいしさの約束された料理が仕上がるが，私たちは手間を省こうとするため，料理に質やおいしさが安定しないのである。

よく知られているヒューリスティックのひとつに「利用可能性（入手容易性）ヒューリスティック」がある。これは，入手しやすい事象ほど生起頻度も高く見積もる傾向のことである。たとえば，飛行機事故よりも自動車事故に遭遇するほうが確率的には高いのだが，自動車事故に関する報道や情報を入手する機会は，飛行機事故のニュースに比べて少ないために，自動車事故に遭うリスクを低く評価しがちである。また，「代表性ヒューリスティック」は，典型例や類似する事例を引き合いに出して確率判断を行うことである。ネコが魚をくわえて逃げる場面は実際には稀だが，ネコのもっともらしい行動として漫画やアニメ，落語などで繰り返し描かれるほどである。

さて，シューの実験で（Hsee, 1996）実験参加者は，状態と内容量の異なる2冊の古書の価格評価を行った。両者とも提示された条件では合理的な判断が行われたが，いずれか一方しか提示されないと評価が逆転したのである。このように，「係留（アンカー）ヒューリスティック」は，特定の情報（係留点）に過度に依存する傾向である。ただし，商品を購入する前ならば複数の商品を比較検討できるが，購入後は個別評価しかできない状態になるため，実際には，購入前ほど商品の違いに気がつかなくなる。真に合理的，論理的な意思決定というのは，私たちの思う以上に難しいのである。

第5章　学　　習

1節　学習と行動

1. 学習とは

心理学における学習は勉強という一般的な意味と異なり，“経験を通じて生じる比較的永続的な行動変容”のことをいう（実森・中島，2019）。心理学における学習の定義を理解するために，“経験を通じて生じる行動変容”と“比較的永続的な行動変容”に分け，それぞれどのような行動変容かまずは考えていく。

たとえば，パソコンを使い始めた当初，誰もがキーボードを見ながら文字入力を行っていただろう。しかし，文書作成ソフトを用いてレポートを繰り返し作成しているうちに，いつの間にかタッチタイプができるようになっていたというケースは多いのではないだろうか。これはキーボードを用いて文字を入力する場面に繰り返しさらされることで，手元を見なくても正確に文字を入力できるようになったという行動変容の例である。このように，同じあるいは類似した場面に繰り返しさらされることで生じる行動変容が，学習の定義に含まれる“経験を通じて生じる行動変容”である。

では，比較的永続的な行動変容とはどういう意味なのだろうか。ここで次の2つの行動変容の例を比較してみよう。ひとつは繰り返し文字入力をすることでタッチタイプができるようになった先述の例，もうひとつはこれまでまっすぐ歩けていたのに，お酒を大量に飲んだことでふらふらしながら歩く（いわゆる千鳥足）という変容の例である。前者のタッチタイプは一度習得すると，たとえば5分後に急にできなくなるといったことはない。つまり，一度起きた行動変容が長く続くということである。一方，後者の千鳥足の例は，体内のアルコールが分解され，酔いがさめるとまたまっすぐ歩けるようになる。つまり，一時的な行動変容である。このうちどちらの例が学習によるものかというと，前者のタッチタイプになる。すなわち比較的永続的とは一時的ではなく，長く続くという意味になる。

これらのことからわかるように，心理学の学習とは，同じあるいは類似した環境に繰り返しさらされて生じる行動変容で，かつ長く続く変容ということになる。つまり，ヒトの日常でみられる行動の変容であっても，疲労により歩く速度が普段よりも遅くなったり，年を取るにつれて細かい作業が正確にできなくなるなど，疲労や加齢，薬物などにより引きおこるものは学習には含まれない。

2. 行動の定義

行動は“生体が環境の中で行うこと”，“身体変化”のことをいう（小野，2016）。つまり，行動と聞いてイメージするような，ボタン押しやペダル踏みなど，自身の意志で制御でき，目に見える骨格筋の動きがあるものだけなく，“寒くて鳥肌がたつ”といった生理的な反応や，“好きな人の名前を見てその人を思い出す”といった意識上の変化も行動に含まれる。

行動か否かを判断する方法については，死人テストと呼ばれる簡単な識別方法が考案されている（杉山ら，1995）。このテストは死人にもできるかどうかをもとに行動か否かを判断する方法で，“有名な絵を思い出す”など，死人にできないものは行動と判断し，“母親を無視する”など，死人にできるものは行動ではないと判断するテストである。

これら死人テストをパスする行動は，レスポンデント行動とオペラント行動の2種に大別される。このレスポンデントとオペラントという語は，それぞれ“応答する”という意味のrespondと，“働きかける”という意味のoperateという語に由来している。この2種の行動はそれぞれ独立して生起することもあれば，同時に生起することもある。

3. レスポンデント行動

暑いとき，ヒトは汗をかき，強い風が吹いたときに目を閉じる。このように暑さや強風など，特定の刺激によって生起する行動は，レスポンデント行動と呼ばれている。このレスポンデント行動は，刺激が与えられると，その刺激に対応する反応が自動的に生起するという特徴や，反応の生起を意識的にコントロールできないという特徴を持つ。

さて，このレスポンデント行動のひとつに唾液分泌がある。この唾液分泌は，成人であれ，生まれて間もない赤ちゃんであれ，口の中に何か食べ物が入ることで生起する。また，この唾液分泌は，ヒトによっては梅干しの画像をみただけでも生起することがある。前者のように生まれて間もない赤ちゃんにもみられる反応は，生まれたときから備わっているレスポンデント行動であり，生得性レスポンデント行動と呼ばれている。一方，後者の画像をみて唾液が分泌するレスポンデント行動は，梅干しを見た後に箸や手で梅干しをつまみ，口に入れることを繰り返し行ったことで生じるようになった行動である。このように経験を通じて獲得されるレスポンデント行動を，学習性レスポンデント行動という。生得性のものと，学習性のものがあるのもレスポンデント行動のもうひとつの特徴といえる。

4. オペラント行動

たとえば四角形が描かれたボタンを押した後にお金が出てきた場合，多くのヒトはこのボタンを繰り返し押すだろう。一方，円が描かれたボタンを押した後に嫌悪的な音が鳴った場合，多くのヒトはこのボタンを押さなくなる。このように行動後の結果（行動後の環境変化）により，直前にとっていた行動の自発頻度が変化する行動をオペラント行動という（図5-1）。このオペラント行動は骨格筋の動きがともなう行動で，すべて経験を通じて獲得される学習性の行動である。またレスポンデント行動と異なり，刺激に対して必ず行動は生起せず，意識的に行動を制御できる。

さてここで，先述の四角形が描かれたボタンを押す行動について考えてみよう。この四角形が描かれたボタンを押す行動は，四角形が描かれたボタンという刺激がきっかけとなり，自発される。そしてこのボタン押し行動の後にお金が出現するという環境変化，すなわち結果がともなっている。このようにオペラント行動は，行動のきっかけとなる刺激である弁別刺激，行動，行動後の結果という3つの基本要素で成り立っている。この3つの基本要素は総称して三項随伴性と呼ばれている。

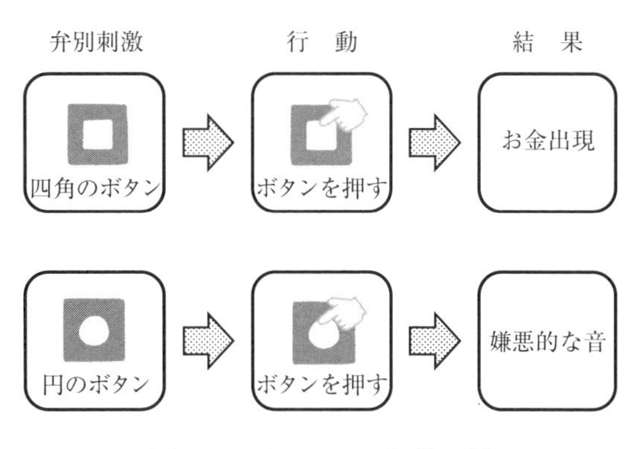

図5-1 オペラント行動の例

2節　レスポンデント条件づけ

1. レスポンデント条件づけ

あるCMの曲を聞きいてそのCMの製品を思い出す，テレビに映ったラーメンの映像をみて唾液がでるなど，日常でみられる学習性レスポンデント行動は多い。これらの学習性レスポンデント行動は，どのように獲得されるのだろうか。

学習性レスポンデント行動が獲得される仕組みは，ロシアの生理学者であるパブロフの実験的研究により発見された（Pavlov, 1927）。この実験はイヌを対象に実施され，刺激としてエサとメトロノームの音が用いられた。メトロノームの音は，実験前，何ら反応は引き起こさない刺激であり，エサは唾液分泌という生得性のレスポンデント行動を生起させる刺激であった。メトロノームの音のように何ら反応を引き起こさない刺激は中性刺激（NS）と呼ばれ，エサのように生得性レスポンデント行動を生起させる刺激は無条件刺激（US）と呼ばれている。また，唾液分泌のように無条件刺激により生起する生得性の反応は無条件反応（UR）という。

パブロフはイヌに対し，メトロームの音を提示した後にエサを提示するという，2つの刺激を時間的に前後させて提示する対提示を繰り返し行った（図5-2）。その後，メトロノームの音だけを単独で提示したところ，メトロノームの音を聞いただけでイヌは唾液を分泌した。このように中性刺激と無条件刺激の対提示により，唾液分泌を生起させるようになったメトロノームの音は条件刺激（CS）といい，条件刺激により生起する反応を条件反応（CR）という。

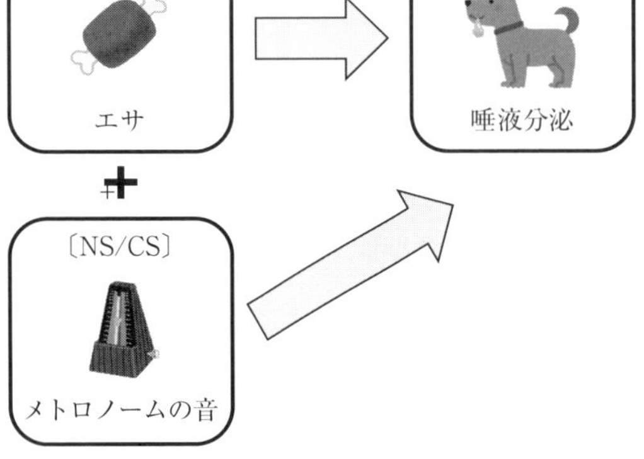

〔U S〕
エサ
＋
〔NS/CS〕
メトロノームの音
〔UR/CR〕
唾液分泌

図5-2　パブロフの実験パラダイム

学習性レスポンデント行動は，パブロフの実験のように，2つの刺激を時間的に前後して提示するレスポンデント条件づけを通じて獲得され，生体はこの条件づけを通じて2つの刺激の時間的関係を学習する。パブロフの実験では，イヌはメトロノームの音の後にエサが提示されるという2つの刺激の時間的関係を学習し，メトロノームの音がなった時点で，音の後に提示されるエサに対する唾液分泌を生起させていたということになる。

2. 情動反応の条件づけ

レスポンデント条件づけは，唾液分泌反応などの身体反応だけではなく，喜びや恐怖などの情動反応も条件づけることができる。ここで古典的な実験を1つ紹介しよう。

ワトソンとレイナー（1920）は，アルバートという赤ちゃんが白ネズミに触ろうとしたとき，背後で大きな音を立てるという操作を何度か繰り返し実施した。アルバートはこの操作前，白ネズミを見ても泣くことはなかったが，この操作後には白ネズミを見ただけで泣くようになった。さらに大きな音と一度も対提示しておらず，実験前に恐怖反応が起きないことが確認されていたウサギやイヌに対しても，白ネズミと同様，アルバートは恐怖反応を示すようになった（後述の般化が原因）。この実験は，中性刺激である白ネズミと無条件刺激として恐怖反応を引き起こす大きな音を対提示することで，白ネズミが恐怖反応を引き起こす条件刺激としての機能を獲得したことを示している。また同時に，恐怖症やPTSDがレスポンデント条件づけを通じて形成されることも示唆している。

このような情動反応の条件づけは日常でもみられる。たとえば，歯医者の待合室でドリルの音を聞いた際，怖いという情動反応が生起する人もいるだろう。この恐怖反応は，治療時に生じる痛みという無条件刺激とドリルの音が対提示された結果生じた条件反応である。

3. 消去

教場で教員に怒られた後，その教場にいくだけで冷や汗をかく，心拍数が上がるなどの恐怖反応が生起することがある。しかしこの反応は，その後，その教場で怒られることが1度もなければ，いつの間にか生起しなくなる。これは叱責（US）と教場（NS）の対提示により，条件刺激となった教場の単独提示が繰り返しなされ，条件反応が消失した日常例である。このように条件反応は条件刺激の単独提示を繰り返すことで消失する。条件刺激の単独提示を行い，条件反応を消失する手続きは消去手続きと呼ばれ，条件反応が消失した状態を消去という。

条件反応は1度消去されても，一定期間経過した後に条件刺激を再度提示すると復活する。この現象を自発的回復という。この自発的回復により復活した条件反応は，再度消去手続きを行うことにより消失する。そして，一定期間後に再び条件刺激を提示すると，1度目よりも条件反応の復活の程度が小さい自発的回復がみられる。条件反応は，このような自発的回復と消去手続きを繰り返し行うことにより，最終的に完全に消失する。

4. レスポンデント条件づけの諸現象

たとえば視覚刺激として円を提示した後に，エサを提示する操作を繰り返しイヌに行う。当然，円は条件刺激としての機能を獲得し，円が提示されただけでイヌは唾液を分泌するようになる。またこの条件づけが成立した後に，円に近い楕円を提示した場合，エサと一度も対提示していないにもかかわらず，唾液が分泌されることがある。このように条件刺激と類似した刺激に対しても条件反応が生起する現象を般化といい，条件性刺激との類似性が高いほど条件反応が強く現れる。

さて，先ほどの実験例は，円とエサの対提示のみを行っていた。では，円を提示した後にはエサを提示し，八角形を提示した後にはエサを提示しないという操作を繰り返し行い，その後，各図形を単独で提示した場合，イヌはどのような反応をするだろうか。この場合，イヌは円が提示されたときだけ唾液を分泌するようになる（図5-3）。このように，ある特定の刺激に対してのみ無条件刺激をともなわせ，別の類似した刺激は単独で提示する分化条件づけを行うと，特定の刺激に対してのみ条件反応が生じ，類似した別の刺激には反応が生じない弁別がみられる。

これら般化や弁別は日常でもみられる。たとえば，好きな相手の名前（CS）と似た名前を名簿でみかけた際に心拍数があがるのは般化の日常例といえる。また，年齢がほぼ同じで，さらに背格好が似たA先生とB先生のうち，授業中に何度も怒られたことのあるA先生を見かけた場合にだけ，冷や汗をかくなどの恐怖反応が見られるのは，弁別の日常例といえる。

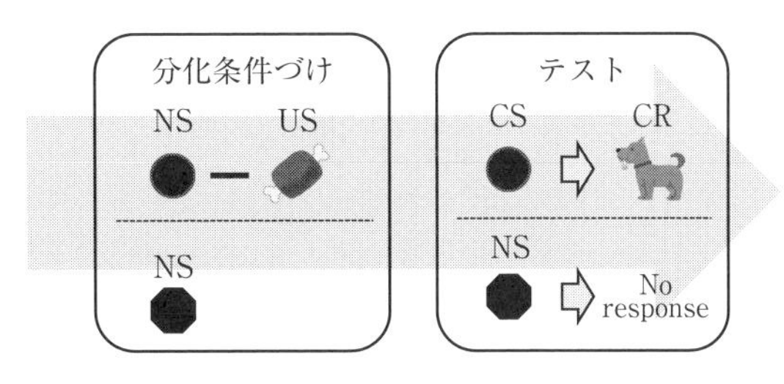

図5-3　レスポンデント条件づけにおける弁別形成過程の例

3節　オペラント条件づけ

1. オペラント条件づけ

日常においてヒトは，板書を書き写す，自販機で飲み物を買う，メールを送るなど，さまざまなオペラント行動を自発している。これら日常でみられるオペラント行動は，すべて経験を通じて獲得される学習性の行動であり，スキナーにより体系化されたオペラント条件づけを通じて獲得，維持される。

オペラント条件づけは特定の刺激のもとで自発される行動の結果を操作し，その行動の生起頻度を変化させる仕組みである。たとえば，赤いボタンが提示されたときに，ある人が赤いボタンを押したとする。このボタン押し行動の直後にお金を提示すると，その人の赤いボタンを押す頻度は高くなる。このように赤いボタンを押す行動の生起頻度が高まったのは，赤いボタンという刺激のもとでボタン押し行動が自発されたときに，お金の出現という環境変化（結果）を行動後にともなわせる操作を行ったためである。

2. 行動随伴性

母親の手伝いをした後にお小遣いがもらえた場合，母親の手伝いをする行動は増える。一方，怖い話が嫌いな人の前で怪談話をし，その人に怒られるという経験をしたヒトは，その人の前で怪談話をしなくなる。このようにオペラント行動の生起頻度は，自発した行動後にともなう結果（環境変化）により変化する。

行動後の環境変化と行動の自発頻度の関係は行動随伴性によりあらわされ，強化随伴性と弱化随伴性に大きく分けられる。前者の強化随伴性は，行動後の環境変化により，自発頻度が増加する行動伴性で，後者の弱化随伴性は，行動後の環境変化により，自発頻度が減少する随伴性である。強化随伴性では，生体はあえて行動を自発し，行動後の環境変化を生起させる。他方，弱化随伴性では行動の自発頻度を減少させることで，行動後の環境変化が起きないようにしている。これらのことから強化随伴性における行動後の環境変化は生体にとっては好ましい環境変化であり，弱化随伴性における行動後の環境変化は生体にとって好ましくない（嫌悪的な）環境変化であると推測できる。

強化，弱化とも，行動後の環境変化として行動の自発頻度を変化させるような刺激が提示されることがある。お金や誉め言葉のように，行動の生起頻度を高めるような刺激は強化子と呼ばれ，叱責や電気ショックなどのように，行動後に提示されることで行動の生起頻度を減少させる機能をもつ刺激は弱化子と呼ばれている。

さてここで，強化と弱化における行動後の環境変化について今一度考えてみよう。強化の日常例としては，アンケートの入力作業を１件行うたびに５円もらえる出来高払いの仕事や，頭痛のときに頭痛薬を飲む行動などがあげられる。また弱化の日常例としては授業中，私語をしている学生が教員に怒られ，おしゃべりをやめることや，駐車違反により罰金が取られるといった例があげられる。強化随伴性の２つの日常例における行動後の環境変化は，どちらも生体にとって好ましい環境変化である。しかし，出来高払いの仕事の例では行動後に刺激（お金）が出現し，頭痛薬を飲むという例では，刺激（頭痛）が消失するという点が異なっている。また，弱化の日常例も強化の日常例と同様，行動後の環境変化はどちらも生体にとって嫌悪的な環境変化であるが，授業中の私語の例は刺激（先生の注意）が出現し，駐車違反の例では刺激（財布にあるお金）が消失している。

このように強化随伴性における行動後の環境変化には，好ましい刺激が出現する場合と嫌悪的な刺激が消失する場合の２種がある。また，

表5-1　4種類の行動随伴性と各随伴性の日常例

行動随伴性	行動	行動後の環境変化	行動の自発頻度
正の強化	出来高払いの仕事	お金の出現（好ましい刺激出現）	↑ 増加
負の強化	頭痛薬を飲む	頭痛なし（嫌悪的な刺激消失）	↑ 増加
正の弱化	授業中の私語	叱責の出現（嫌悪的な刺激出現）	↓ 減少
負の弱化	駐車違反	お金の消失（好ましい刺激消失）	↓ 減少

弱化随伴性における行動後の環境変化も，嫌悪的な刺激が出現する場合と好ましい刺激が消失する場合がある。そのため，行動随伴性における強化および弱化は，行動後の環境変化において刺激が出現するのか，あるいは刺激が消失するのかにより，表5-1のように正の強化，負の強化，正の弱化，負の弱化の4つに分類される。

3. 消去

ノートパソコンでレポートなどを作成する際，誤って入力した文字をバックスペースキーで削除したという経験はあるだろう。このバックスペースキーを押す行動は，誤って入力した文字の消失という環境変化がともなうことで自発頻度が高くなっている。

ノートパソコンを新調した場合，次のようなことがしばしば起きる（図5-4）。たとえばこれまで使っていたノートパソコンのバックスペースキーの位置はキーボードの最上段の一番右に位置していたが，新調したノートパソコンでは上から2段目の一番右に位置していたとする。ノートパソコンを新調した直後では，バックスペースキーを押そうとしたとき，これまで使っていたパソコンと同様，最上段の右上のキーを押してしまうことがある。しかし，この行動は，しばらく使用していくうちに消失する。これは最上段の右上のキーを押しても，もはや誤って入力した文字が削除されるという強化的な出来事が付随しなくなったためである。このようにオペラント条件づけにより獲得，維持されているオペラント行動は，強化子の提示や強化的な出来事の随伴が中止される消去手続きが適用されると，徐々に行動が減少し，最終的に消失する。この消去手続きによりオペラント行動が消失した状態を消去といい，消去に要する時間は，過去，その行動がどのように強化されていたかにより大きく変化する。

一度消去されたオペラント行動は再び現れることがある。たとえば先述のノートパソコンの例であれば，2段目の一番右に位置するキーを押して文字を削除する行動が定着した後でも，ふとした瞬間に以前使用していたノートパソコンのバックスペースキーの位置を押してしまうことがある。このように消去後，一定期間経過した際に，これまで強化されていた状況に生体がおかれると，消去されたはずの反応が生起する。この現象を自発的回復いう。

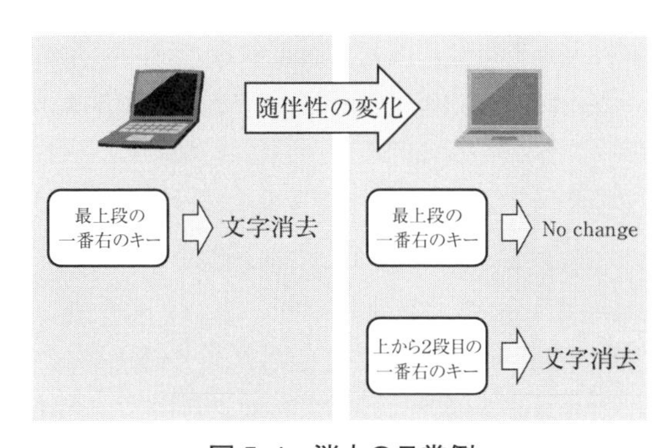

図5-4　消去の日常例

4節　強化と弱化

1. 行動の維持

飲み物の自販機にお金を入れ，ボタンを押せば毎回飲み物がでてくる。また，釣り糸を何回か海に垂らせば魚が釣れる。このように日常におけるオペラント行動はさまざま形で強化される。行動がどのように強化されるのか，その規則を記述したものを強化スケジュールという。また，自販機の例のように，反応する度に強化子が毎回随伴するスケジュールは連続強化スケジュールといい，魚釣りの例のように，何回か反応した後にときどき強化子が提示されるスケジュールは部分強化スケジュールという。

通常，消去手続きが適用された場合，部分強化スケジュールにより維持されている行動の方が，連続強化スケジュールで維持されている行動よりも消去されにくい。この現象は，部分強化効果と呼ばれている。ギャンブルは部分強化スケジュールにより強化されている。このことから，ギャンブルがなかなかやめられない原因のひとつにこの部分強化効果が関連しているといえる。

2. 行動を分ける

電車を利用する際，多くの人は，交通系ICカードを利用しているだろう。この交通系ICカードを利用して改札を通る場合，自動改札機のカードの読み取り部分の約10 cmの通信範囲内にカードがはいると通過できる。すなわち図5-5のように，読み取り部分から10 cm以内の範囲にカードをかざす行動は強化され，10cm以上離れた範囲にカードをかざす行動は強化されないということである。このように，一定の条件を満たした行動のみを強化し，それ以外の行動を強化しないことを分化強化という。この分化強化を繰り返し生体が経験すると，最終的に強化された行動のみが生起するようになる。

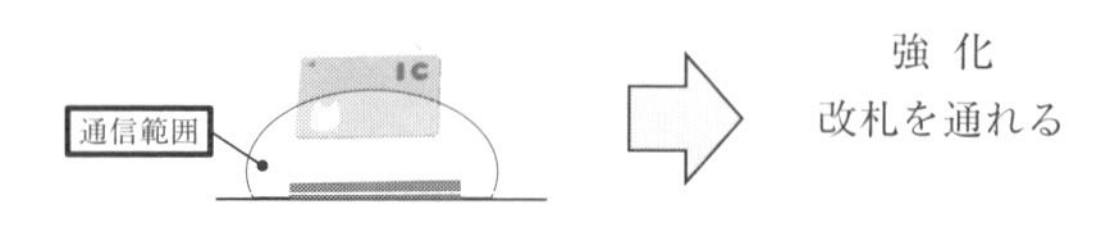

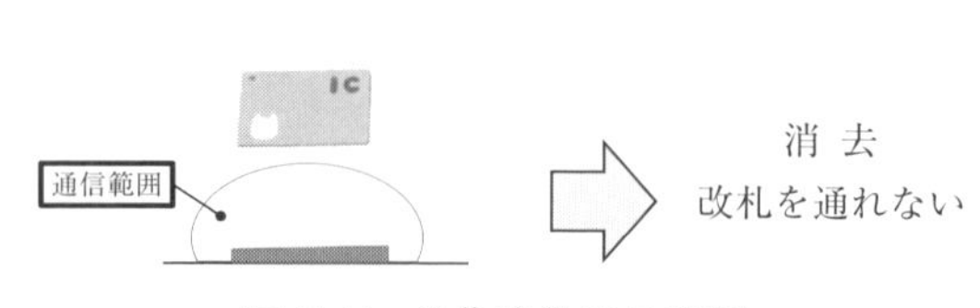

図5-5　分化強化の日常例

3. 逃避行動と回避行動

日常においてヒトは，寒いと感じたときに上着を羽織る。また，外出する際，空き巣被害に遭わないよう玄関にカギをかける。これらの行動は行動後に嫌悪的な刺激や物が消失し，その直前にとっていた行動の自発頻度が増加する負の強化随伴性により，獲得，維持されている行動である。

嫌悪的な刺激や出来事の消失は，2種類ある。ひとつは，寒いときに上着を羽織るという例のように，これまであった嫌悪的な刺激や出来事がなくなる場合である。もうひとつは，外出時にカギをかけるという例のように，嫌悪的な刺激や出来事が出現しなくなる非出現である。負の強化随伴性により維持されている行動のうち，嫌悪的な刺激の消失が行動後の結果としてともなうものは逃避行動と呼ばれ，嫌悪的な刺激の非出現が行動後の結果としてともなうものは回避行動と呼ばれる。

回避行動は日常のさまざまな場面でみられる。たとえば電車の発車ベルが鳴った後にあわてて乗車する行動や，一定時間経過するとお湯が止まる自動停止式のシャワー使用時に，お湯が止まらぬよう，適度にレバーを押す行動などがあげられる。さて，この2つの例はいずれも回避行動の日常例である。前者は回避行動のきっかけとなるような刺激（発車ベル）が存在するが，後者のシャワーの例ではこのような刺激は存在しない。このように回避行動については，嫌悪刺激や嫌悪的な出来事の到来を予告する刺激が存在する信号つき回避と予告する刺激が存在しない信号なし回避の２つのタイプが存在する。

4. 新しい行動の獲得

卓上ベルを押してエサをもらうネコの動画をみたことがあるだろう。もし，自宅で飼っているネコが卓上ベルを押す行動をしばしばみせているのであれば，強化随伴性を用いてこの行動の自発頻度を高めれば簡単に同じ動画をとることができる。では，ネコが卓上ベルを押すという行動をみせたことがない場合はどうすればよいだろうか。

生体が１度も自発したことのない行動は，強化を用いて獲得させることができる。強化随伴性を用いて，新しい行動を獲得させる技法をシェイピングといい，行動を強化する基準を変更し，目標行動に近づけていく逐次接近法が主に用いられる。

この逐次接近法とは次のような形で行われる。たとえば卓上ベルを押す行動をネコに捕獲させる場合，図5-6のようなプロセスで進める。まず，ベルに少しでもネコの前足が近づいたら強化子としてエサを提示することを繰り返し行う。前足をベルに近づける行動が安定して出現するようになったら，次は卓上ベルに前足が触れたら強化していく。そして，ベルに前足が触れる行動が安定して出現するようになったら，卓上ベルの上部に前足が触れたら強化する。このように逐次接近方法では，スモールステップで目標行動に近づけていく方法がとられる。

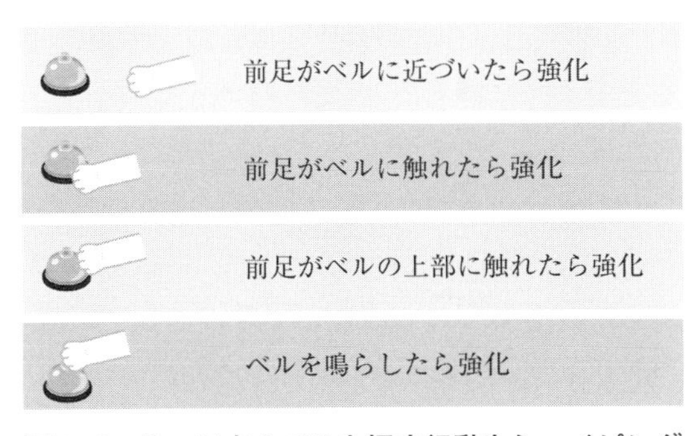

図5-6　ネコに卓上ベルを押す行動をシェイピングする場合の過程

5. 行動の頻度を減らす

行動後の環境変化により，自発頻度が減少することは日常でも多々ある。たとえばカレーうどんを豪快にすすった際に，白いシャツに染みができたという経験をした人は，その後，豪快にすするという行動はとらなくなる。また，あるイヌを撫でようと手を出したときにかまれた経験がある人は，そのイヌを撫でることはしなくなる。このように弱化は現実場面の人の行動と深い関連をもつ随伴性である。

不適切な行動の頻度を減らすために，負の弱化の手続きを用いることがある。ひとつは，行動した後に好ましいものや出来事を除去する反応コストと呼ばれる手続きで，もうひとつは，好ましい刺激や出来事を獲得するための反応機会を除去するタイムアウトと呼ばれる手続である。これらの手続きは日常でも使用されている。たとえばスピード違反をした際の罰金（お金という好ましい刺激の消失）は反応コストを用いた例で，図書館で借りた本を期日までに返却しなかった場合に本が１週間借りれなくなる（本を借りるための反応機会が除去される）のはタイムアウトを用いた例である。

日常では問題行動を減少させるために，正の弱化をはじめとする罰的方法を多用している。しかしこれらの方法には，生体の行動全般を抑制するなど，副次的な問題が付随する（日本行動分析学会, 2014)。そのため罰的方法を使用場合，罰的方法以外の手段がないかを十分に検討する必要がある。

5節　先行刺激による オペラント行動の制御

1. 刺激性制御

オペラント行動の自発頻度は行動後の結果だけでなく，行動に先行する弁別刺激によっても変化する。たとえば，歩行者用の信号が青のとき，横断歩道を渡るという行動が生起する確率は高い。しかし，赤信号のとき（青信号という刺激がない場合），横断歩道を渡るという行動が生起する確率は低くなる。このように行動に先行する刺激が特定の行動の生起確率を変化させる制御を刺激性制御という（図 5-7）。

ここで注意してもらいたいのは，刺激性制御は，弁別刺激の有無によって特定の行動の生起が決まるという仕組みではなく，特定の行動の生起確率が変化するという点である。この点は，歩行者用の信号が青になるたびに横断歩道を渡る人がいないこと，赤信号でも横断歩道を渡る行動が自発される場合があることを考えてもらえれば分かりやすいだろう。

この刺激性制御は，ある刺激のもとで特定の反応が自発され，その反応が強化される分化強化を通じて確立する。たとえば，イヌにお手を教える場合，“お手”という音声が提示されたときに，犬がお手をしたら強化子としてエサを提示し，“お手”という音声がないとき，イヌがお手をしてもエサを与えない訓練を行う。この訓練を繰り返し行うと“お手”という音声が弁別刺激として機能し，この音声が提示された場合に，イヌはお手を自発するようになる。

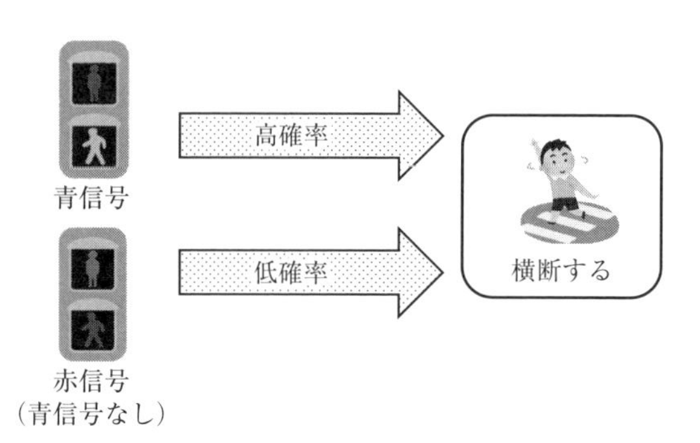

図 5-7　刺激性制御の日常例

2. 弁別

“お手”という音声が提示されたときにお手をし，“伏せ”という音声が提示されたときに伏せをするイヌをみたことがあるだろう。これは“お手”という音声刺激と，“伏せ”という音声刺激のもとで異なる刺激性制御が確立し，各刺激のもとで異なる行動が生起している状態である。このように異なる刺激のもとで，生体が異なる行動を生起させる現象を弁別という。

この弁別はヒトの日常でもみられる。たとえば，スマートフォンに入っている天気予報のアプリを使用する場合，複数のアプリのアイコンが表示されている画面の中から天気予報のアプリを探し，そのアイコンにタッチする。また，複数の行先のバスが止まる停留所において，行き先がＡのバスに乗りたい場合，行き先表示がＢやＣのバスが来た場合は乗車せず，行き先表示がＡの場合のみ乗車する。これらはいずれも日常でみられる弁別の例になる。前者のアプリの例のように，複数の刺激が提示される場面の弁別は同時弁別といい，後者のバスの例のように１つの刺激のみが継時的に提示される場面の弁別を継時弁別という。

3. 般化

“お手”という音声が提示されたときにお手をするイヌに対し，“おせ”という音声を提示した場合，このイヌはお手をすることがある。このように弁別刺激のもとで生起する行動が，弁別刺激と類似した刺激においてもみられる現象を般化という。この般化でみられる反応は，弁別刺激との類似性が高いほどその出現が多くなる。つまり“おせ”という音声の方が“あて”という音声よりもお手という行動が出現する可能性は高いということである。

4. 条件性弁別

たとえば，テーブルの上にケチャップのはいった容器とマヨネーズのはいった容器があるとしよう。食事中に友人が“ケチャップとって”と言ったら，ケチャップのはいった容器をとって友人に渡すだろう。また，その後，“マヨネーズをとって”と友人に言われたら今度はマヨネーズのはいった容器をとって友人に渡すだろう。

この事例では，友人の発話内容により，マヨネーズを渡す行動とケチャップを渡す行動のどちらが強化されるかが逆転している（図5-8)。このようにそのときどきの条件により，強化される弁別反応が逆転する弁別を条件性弁別という。この条件性弁別では，“ケチャップとって”や“マヨネーズとって”という友人の発話のように，弁別刺激の前に提示される条件性弁別刺激に応じてその後の弁別刺激が変化する。

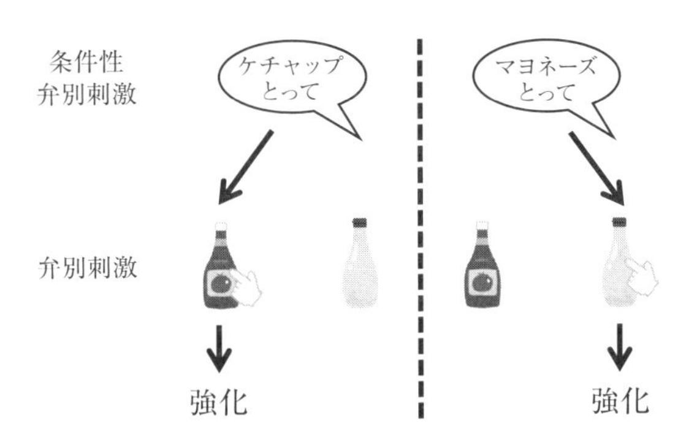

図5-8 条件性弁別の日常例

5. 複数の刺激による行動の制御

イスの形状はさまざまである。パイプイスのように背もたれがあるものあれば，回転スツールのように背もたれがないものもある。しかし，どのような形状であれ，ヒトはイスに腰かけるという行動を自発する。このように日常でみられる行動は，単一の刺激だけでなく，複数の刺激により制御されることがある。回転スツールやパイプイスといった刺激のように，特定の行動を引き起こす複数の刺激の集合を刺激クラスという。

ある特定の刺激クラスに属する刺激は，パイプイスや回転スツールのように共通する特徴（例：座面がある）が備わっていることもあれば，次のように共通する特徴が全く備わっていないこともある。たとえば，Aボタンを押す行動が，“Aボタン”という音声，文字のどちらの刺激でも生じたとする。この場合，この音声と文字は同じ行動を制御する刺激クラスの成員であるが，音刺激と視覚刺激のため共通する刺激特徴はない。このように，刺激クラスに属する刺激間に共通する物理的，化学的特徴が存在しない場合でも複数の刺激が同一の行動を制御することがある。

単一刺激の弁別と同様，分化強化を通じて刺激クラス間の弁別を形成することができる。渡辺（Watanabe, 2010）はハトを対象に次の実験を行った。まず訓練において，成人が上手いと判定した児童の絵と拙いと判定した児童の絵を複数枚使用し，上手い絵と拙い絵の弁別をハトに学習させた。この弁別が完成した後，訓練では提示していない上手い絵と拙い絵をハトに提示した。その結果，初めてみるこれらの絵に対してもハトは訓練と同様の弁別を行った。これは訓練を通じ，ハトが“上手い絵”と“拙い絵”の2つの刺激クラスを形成したことを示しており，ヒトの保持する“美”という概念の形成に弁別強化が関わっていることを示唆している。しかし，この実験の結果はあくまで上手い絵，あるいは拙い絵に共通する特性にもとづいて刺激クラス間の弁別をしただけであり，ヒトと同様にハトが絵を見て上手いかどうかを判断したことを意味しているわけではない。

第6章　発　　達

1節　発達の理論

1. 発達とは

人は生を受けてから死に至るまで，心身ともに一生変化し続ける。その変化には誕生から成人に至るまでの進化的変化だけでなく，成人から死ぬまでの退化的変化も含まれている。発達とは「人間の誕生（受精）から死にいたるまでの心身の変化」といえるが，とくに，成人期以降の退化的変化をも含めて，この心身の変化を捉えていこうという考え方を生涯発達という。生涯発達という考え方を提起したバルテスは，発達を「全生涯を通じて常に獲得（成長）と喪失（衰退）とが結びついて起こる過程である」と定義している。つまり赤ちゃんであっても，他言語の音の聞き分けなどのように失うものもあるし，高齢者であっても，これまでの経験からくる生活の知恵のように，獲得するものもあるように，赤ちゃんは獲得ばかり，高齢者は喪失ばかり，というわけではないのである。

公園でよちよち歩きの子をみかけたとき「赤ちゃんらしい（乳児らしい）」と思うし，進路に悩む大学生に目を向ければ「青年らしい」と感じる。人間の一生を，この「らしさ」，特徴にもとづいて，いくつかの段階に区分したものを発達段階という。今日の発達心理学では，一般的には胎児期，新生児期，乳児期，幼児期，児童期，青年期，成人期，高齢期の8段階に区分している。このほか，ピアジェ，ハヴィガースト，エリクソン，ボウルビィといった発達の研究者たちは，異なる視点から独自の発達段階を提唱している。

2. 発達の諸理論

1）ピアジェ

児童心理学の分野で多くの研究をおこなったピアジェは，子どもがどのようにして思考を発達させていくのかを，4段階からなる認知発達理論により明らかにしている。

最初の段階は，感覚運動期（0～2歳頃）と呼ばれる。この段階の子どもは，見たり，聞いたり，触ったり，なめたりといった感覚や運動，すなわち外的運動によって外界を知っていく。第2段階は前操作期（2～7歳頃）である。ここでいう操作とは論理的な操作，つまり論理的な思考ができるかどうかということで，前操作期はこれができる前の段階といえる。この段階の子どもたちは頭の中にあるイメージを，活動や思考に利用する。これによりごっこ遊びができるようになるのである。自分の立場からみた関係であれば理解できる（自己中心性）が特徴としてあげられる。第3段階は具体的操作期（7～11歳頃）といわれる段階で，具体的なものがあれば論理的な思考ができるようになる段階である。この時期，保存の概念が獲得される。最終段階は形式的操作期（11歳以降）である。目に見えるものでなくても抽象的な概念を用いて，論理的に物事が考えられるようになってくるのである。

2）ハヴィガースト

アメリカの教育学者であるハヴィガーストは，乳幼児から高齢期までを6段階に分け，各段階で達成すべき発達課題を設定した。発達課題とは「人生の各段階の時期に生じる課題のことで，その課題を立派に成就すれば個人は幸福になり，その後の課題も成功するが，失敗すれば個人は不幸になり，社会から承認されず，その後の課題の達成も困難になってくる」と定義される。発達課題を最初に学術用語として使用したのはハヴィガーストである。ハヴィガーストは，①身体的成熟や技能に関するもの，②社会の文化的要請，③個人の価値観や要望といった３つの領域に分けて発達課題を設定している。例えば第１段階の乳幼児期には，歩行を学ぶ，正・不正を区別することを学び良心を発達させるなどがあげられている。

3）エリクソン

アメリカの発達心理学者・精神分析家のエリクソンは，生物的視点に社会とのかかわりという視点を加えた心理・社会的発達理論を提唱した。人生を乳児期から高齢期まで８段階に分けたこの理論はライフサイクル論とも呼ばれるが，この理論では健康な自我の発達について各段階で獲得・克服しなければならない課題としての心理・社会的危機を想定している。乳児期の「信頼 対 不信」，青年期の「同一性 対 同一性拡散」のように，前者が後者を上回る，つまり課題を克服することで，段階ごとの活力例えば乳児期では「希望」が得られるとされている。

4）ボウルビィ

イギリスの小児科医ボウルビィは，今日の愛着理論の基礎となる重要な理論を提唱した。ボウルビィによれば愛着（アタッチメント）とは，「人が生まれてから数か月の間に特定の人とのあいだに結ぶ情愛的なきずな」のことであるが，乳児には他のどの生物種よりも，この愛着が発達的に重要なのである。また愛着は段階的に形成されるとして，発達理論を提唱した。愛着の発達段階は，４段階からなるとされる。

表 6-1　各研究者の発達段階説（軽部，2023 より転載）

年齢	ピアジェ	ハヴィガースト	エリクソン	ボウルビィ
乳児期　誕生 6か月	1：感覚運動期	第１段階 乳幼児期	1：信頼 対 不信	1：無差別な反応 2：特定の相手への愛着反応 3：積極的な接近の追求
幼児期　1歳 2歳 3歳	2：前操作期		2：自律 対 恥・疑い 3：自主性 対 罪悪感	4：心の中にできる特定の相手とのきずな
児童期　6歳 （学童期）	3：具体的操作期 4：形式的操作期	第２段階 児童期	4 勤勉性 対 劣等感	
青年期　12歳 20歳		第３段階 青年期	5：同一性 対 同一性拡散	
成人前期 30歳		第４段階 壮年初期	6：親密性 対 孤独	
成人後期		第５段階 中年期	7：生殖性 対 停滞	
老年期　65歳 （高齢期）		第６段階 老年期	8：統合 対 絶望	

2節　胎児期から乳児期

1.　胎児期

赤ちゃんがお母さんのおなかの中にいる期間，受精後9週目ころから出生までの約10か月を胎児期（胎生期）という。胎児期が始まるころには身長はまだ数センチ程度，体重は3～5g程度ではあるが，ヒトらしい形をし，身体をびくっとさせたりする動きがみられる。胎児は子宮内で臍帯を通じて胎盤につながり，羊水の中で成長していく。6か月を過ぎた頃には，羊水を飲み排尿する。その他には胎盤の出っ張りを吸ったり，羊水の中で足を動かして歩くようなしぐさを見せたりする。出産間近になると，丸みのある身体つきになり，身長約50cm，体重約3000gまでに成長し，それまでに肺の機能も完成している。このことからヒトの発達は生まれた時から始まるのではなく，お母さんのおなかの中にいるときから始まっていることがわかるだろう。

2.　乳児期

出生直後の4週間を新生児期，その後1歳6か月までを乳児期という。乳児期はおすわり，ハイハイ，歩行というように身体運動が大きく発達してくるだけでなく，「ママ」「パパ」「マンマ」などのことば（初語）がでてくる。つまり歩行と言語の準備期といえるが，新生児期はその前の植物的機能を整える時期といえ，乳児期と区別してよんでいるのである。

生まれて間もない赤ちゃんに対してどのような印象をもっているだろうか。長い間寝て，起きたかと思えば泣き，ミルクをもらい，また泣いて寝る。このように赤ちゃんは受け身の存在であると捉えられがちだが，じつは赤ちゃんはたくさんの能力をもって生まれてきているのである。

1）視覚

生まれてすぐの新生児の視力は0.02ぐらいといわれていて，1歳くらいで明瞭になる。ピント調節の機能はなく20～30cmの距離でピントが合うが，この距離は抱っこされたときの赤ちゃんから，養育者の顔の距離とおおよそ同じである。また赤ちゃんがどのような図形を好むかというファンツが行った選好注視の実験によれば，赤ちゃんは人の顔を長い時間見ることがわかっている。つまり生まれつき人の顔を好むということである。

2）原始反射

生まれてすぐの新生児は，どのようにして哺乳瓶からミルクを飲むことを知っているのだろう。これは考えて行動に移されるのではなく，反射にもとづいて行われているのである。ミルクを飲むことを可能にしているのは，ルーティング反射（くちびるやそのまわりに乳首や指などが触れると，顔をその方向に向けようとする反射のこと）と吸てつ反射（唇に何かが触れると吸いつく反射のこと）であるが，これは原始反射とよばれている。ある刺激に対して，神経系のみを通して起きる動きのことであるが，ほかに把握反射，バビンスキー反射，モロー反射，原始歩行反射，緊張性頸反射などがある。ほとんどの原始反射は生後数か月のうちに消えてしまうのだが，これは大脳皮質の発達により自発的な運動（随意運動）ができるようになるからだと考えられている。原始反射の特徴から，ヒトが自分の力で生きていくための機能をしっか

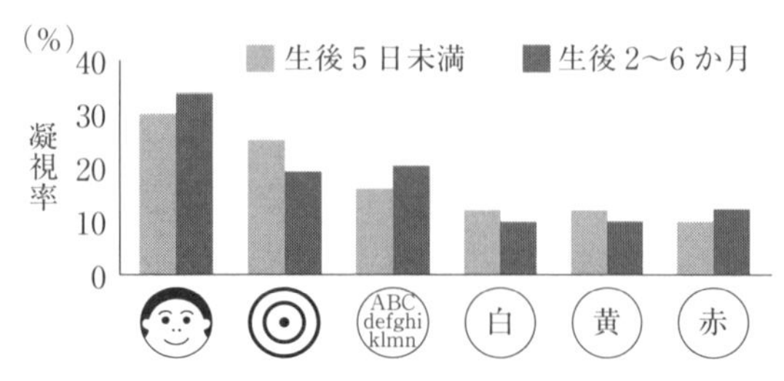

図6-1　新生児・乳児の注視時間からみた図柄の好み（ファンツ，1961）

りもって生まれてきていることがわかる。

3）ベビーシェマ

街中や電車内で赤ちゃんをみかけると，かわいいと感じ，思わず目を細める人も多いだろう。赤ちゃんをみてかわいいと感じるのは，赤ちゃんがある特徴をもっているからである。①大きな頭，②ほほが丸い，③目と目が離れている，④顔のパーツが低い位置にある，⑤丸くずんぐりとした体型，これらの特徴を動物学者のローレンツはベビーシェマとよんでいる。こうした特徴をもったものに接したとき，ほとんどの人は「弱いものは守らなければ」という気持ちを抱く。結果として，ひとりではまだ生きられない赤ちゃんは，大人からの養育行動を引き出しているのである。

4）愛着

赤ちゃんは，身近にいる養育者に対して泣く，ほほ笑む，みつめる，後追いをするなど多くの働きかけをする。こうした赤ちゃんが送ってくるシグナルを養育者がきちんと受け止め応答することで，赤ちゃんと養育者の間に愛着が形成されていくとボウルビィは考えた。

ボウルビィの発達段階の第1段階（誕生～2，3か月頃）は無差別的な反応を見せる段階である。この段階では誰に対しても同じように，ほほ笑んだり，じっとみつめたりといった反応を示す。第2段階（3か月頃～6か月頃）は，特定の相手への愛着反応がみられる段階である。特定の相手（母親や父親）に対して，他の人よりもほほ笑んだり，反応したりする。特定の相手以外の人に対しては人見知りがみられる。第3段階（6か月頃～2，3歳頃）は積極的な接近の追求の段階である。特定の相手（母親や父親）が目の前からいなくなると泣き出したり，しがみついて追いかけたりするなどの行動がみられる。愛着対象者を「安全基地」として探索行動をするようにもなる。第4段階（3歳頃～）は，愛着形成の最終段階である。特定の相手とのきずなが心の中にできてくるため，離れていても，姿が見えなくても泣かなくなる。これは離れていてもいざという時には必ず助けに来てくれる，必ず戻ってくることがわかっていることの表われといえる。この確信により，養育者から離れていても安心して過ごすことができるのである。

愛着には4つのタイプがある。エインズワースは実験室内で，子どもが親と離れる場面，再会する場面を設定し，その時の子どもが母親に見せる接近行動，反抗などを観察した。これはストレンジシチュエーション法というものである。そこからエインズワースはA～Cの3つの群に分類した。その後メインとソロモンによりD群が加えられた。

A群（回避群・不安定群）：親との分離時にほとんど泣かないし，再会時には母親を避けようとする。母親には拒否的で強制的な振る舞いが多い。

B群（安定群）：母親と一緒の時には安心して探索行動をするが，分離時には多少の不安を示し，泣く。再会時には積極的に身体接触を求め，すぐに落ち着く。母親は肯定的で応答的な対応が多い。

C群（アンビバレント群・不安定群）：探索行動をしない。分離時に強い不安を示し，再会時には身体接触を強く求めるのと同時に，怒りを表す。母親の対応に一貫性がなく，応答性が低い。

D群（無秩序・無方向群）：子どもは不自然でぎこちない動きをみせ，おびえたり，突然すくんだりする。母親は精神的に不安定で，突然表情が変わったりするので，子どもは恐怖心を抱く。

このような乳児期の子どもたちだが，エリクソンは基本的な信頼感を母親との関係を通じて獲得する時期であるといっている。母親との関係が非常に重要な時期なのである。

3節　幼児期から児童期

1. 幼児期

1歳6か月から就学までを幼児期とよぶ。ことばを使ってコミュニケーションをしたり，歩いたり走ったりと体を動かしたり，遊び方がダイナミックになってきたりする。基本的な運動技能を獲得し，知的行動が形成される時期であり，生活習慣の主なものができあがる。情緒的に興奮しやすい傾向がみられ，第一次反抗期（イヤイヤ期）もこの頃（2～3歳頃）である。

幼児期の初めの頃には，ものに名前があることがわかってくる。そしてものの名前に興味を示し，周りの大人に質問を繰り返しては語彙を増やしていく。やがて二語文を話し，多語文を話すようになる過程を経て，幼児期が終わる頃には，多くのことばを使って，自由に意思の伝達をするようになる。

エリクソンは幼児期を幼児前期（1歳から3歳頃）と遊戯期（幼児後期，3歳から6歳頃）の2つの段階に分け説明している。前者の心理社会的危機は「自律 対 恥・疑い」で，自分でコントロールできる自律性をもつことを課題としている。自分の意思で行動し，成功すれば自信をもつが，失敗すると恥ずかしさや自分自身に対する疑惑感をもつこととなる。後者の心理社会的危機は「自主性 対 罪悪感」で，活動範囲が広がることにより自主性が高まることを課題としている。しかし行動を制限されたり，大人にむやみに叱られたりすると罪の感情も生まれてしまう。

ピアジェは2歳頃から7歳頃まで，おおよそ幼児期にあたる時期の思考の特徴を前操作期といっている。前操作期の前半では，子どもたちの概念は未熟であるが（前概念），目の前にないものを思い浮かべる表象能力，それをことばなど別のものに置き換える象徴機能が発達する。前操作期後半になると概念を獲得し，関連づけが可能になってくる。この他，前操作期の特徴として，自己中心性があげられる。これは他人の視点に立つことが難しく，自分の視点や経験を中心にしてものごとを捉える傾向のことである。前操作期の子どもの自己中心性を確かめる有名な実験に，3つの山問題というのがある。この実験では，高さや形が異なる3つの山の模型の周りを子どもに歩かせ，それぞれの角度から山々がどのように見えるのかを確認させたあと，ある面に座らせる。子どもとは別の場所，例えば反対側などに人形を座らせ，山の模型を様々な側面から描いた絵を見せ，人形から見えるであろう風景を選んでもらうというものである。このとき前操作期の子どもたちは，自分から見える風景と人形から見える風景は同じだと答える。自己中心性の表われである。その後，自己中心性から離れて（脱中心化という）他者の視点で物事を考えられるようになると，正しい風景はわからないものの，自分と人形の見える景色が違うことは理解できるようになる。前操作期の次の段階である具体的操作期後半の子どもたちは，人形から見える正しい風景を答えることができるようになってくる。

自己中心性のほかの特徴には，世の中のものはすべて人が作ったと考える人工論，ものにはすべて生命や心があると考えるアニミズム（生命論），考えたことや夢で見たことは実在すると考える実念論があげられるが，これらはすべて，この時期の子どもの未分化な思考の表われであるといえる。

子どもたちの心の理論の発達を評価するために，サリー・アンの課題が用いられる。心の理論とは，自分と他者は異なる存在であることを理解し，他者の気持ちになって想像することができる能力のことであるが，これは4歳～6歳頃に獲得されるといわれている。

サリー・アンの課題とは，①サリーとアンの

2人が部屋の中で遊んでいる，②サリーは自分のビー玉をかごの中に入れて部屋を出る，③サリーが出ていった後に，アンはかごの中のビー玉を自分の箱の中にかくす，④部屋に戻ってきたサリーはどこを探すだろうか？という問題である。サリーはビー玉をかごの中に入れて部屋を出ていて，アンがサリーの見ていないところで自分の箱に移したことは知らないのだから，「サリーはかごの中を探す」が正解となる。3歳児では過半数以上がアンの箱の中を探すと答える。アンがビー玉を箱に移したことを自分は知っているからである。4歳児では逆転して過半数がかごを探すと正答でき，6歳児の95％以上の子が正答できるようになる。

2. 児童期

小学校入学から卒業までの6年間を児童期（学童期）という。幼児期の子どもたちには親への心理的・身体的依存が強くみられるが，児童期に入ると親から離れ，友だちとのつき合いが優先されるようになってくる。特に児童期後半には，同性・同年齢で集団を作り，行動を共にする姿がみられる。これは特に男子に多くみられ，ギャンググループとよばれている。仲間同士の結束は強いが，排他的で大人の干渉から逃れようとする特徴がみられる。また，大人がよくないとすることを，一緒にすることで結束が高まる。この集団のなかで，子どもたちは社会の中で他者と上手に生きていくためのスキルを身につけていくのである。この他チャムグループという，特に女子にみられるグループがある。小学校高学年から中学生頃に多く見られるが，ギャンググループ同様に，同性同士で親密，排他的である。異なる点は，ギャンググループが行動を共にすることで結束を高めていくのに対し，チャムグループは同じ趣味をもち，価値観を共有することでグループを維持していく。例えば同じアイドルグループのファンで，お揃いのものをみんなでもち，教室移動の際には一緒に移動する，などの行動がみられる。価値観が異なる点があっても，そのことでグループから排除される恐れがあるため，自分の価値観とは関係なく他のメンバーに同調することがある。グループ内のこうした結びつきの強さにより，ストレスを感じることも少なくない。

エリクソンの心理社会的発達理論では，児童期（学童期，6歳から12歳頃）の心理社会的危機は「勤勉性 対 劣等感」である。勉強やスポーツなど，学校生活を通じて勤勉性を獲得することを課題としているが，必ずしも試みるすべてのものを習得できるわけではない。そのことを自覚したり，周囲から認められなかったりすると，劣等感を抱くことになる。劣等感という方向でこの時期の危機を解決するということは，自分が社会に対して何も貢献できないのではないかという感情を作り出すことになってしまう。

児童期のほとんどは，ピアジェの認知発達段階の第3段階，具体的操作期（7歳から11歳頃）にあたる。この段階の子どもたちにみられる特徴として，脱中心化の他に「保存の概念」の確立があげられる。もともと同量のジュースが入った同じ大きさのグラスのうちひとつを，形の違うグラスに入れ替えても量は変わらないことを，保存の理解が進むことにより理解できるのである。前操作期の子どもはジュースの高さにだまされてしまうが，具体的操作期の子どもは，見かけにはだまされなくなる。これは同一性（ジュースを増やしたり減らしたりしていない），補償（高さは高くなっても幅は細くなっている），可逆性（元に戻せば同じになる）が理解できるようになるからである。

そしてこの時期，見えている具体的なものに対しては論理的な思考ができるようになるが，見えていないものに関しては，まだ理解が難しい段階といえる。

4節　青年期

小学校を卒業して中学に入る頃から20代半ばくらいの時期を青年期という。急激な身体の発達と成熟がみられるだけでなく，思考力が発達し，物事を深く考えるようになる時期でもある。この他アイデンティティ（自我同一性）の模索は，青年期最大の特徴ともいえる。

1. 身体的発達

中学生になる前後から身長が急激に伸びる。この時期，性ホルモンの分泌が盛んになり，男子は筋肉や骨格が発達し，肩幅が広くなる。髭をはじめとする体毛の発達，咽頭の発達がみられ，声変わり，精通などがみられる。一方女子は，乳房や皮下脂肪が発達し，身体に丸みが出てくる。子宮や卵管の成長，骨盤の発達がみられ，初潮がみられる。この時期の身体的な発達と成熟を第二次性徴という。男子は大人の男性，女子は大人の女性の身体に変化していくのだが，自分の身体に生じたこの急激な身体的変化によって自己意識が呼び覚まされ，自分が他人にどうみられるか，特に異性の目にどのように映るかが気になってくる。そしてこの，自分ではコントロールできない身体的変化を受け入れられない子もいる。特に女子は，体重の増加や，丸みを帯びた身体を否定的に受け止める傾向がみられ，痩身願望を抱くようになってきたりする。体重や体型を上手にコントロールできないと，自尊感情の低下につながることがあるが，過剰なコントロールは，摂食障害へとつながる恐れもある。第二次性徴に代表される身体的成熟，また身体的な変化にともなった情緒的な変化がみられるこの時期を，一般的な発達の区分とは別に，思春期とよんでいる。

2. 思考力の発達

青年期は思考力が大きく発達する時期でもある。ピアジェの認知発達段階では，11歳以降は第4段階である形式的操作期の段階にあたる。認知発達の最終段階である。具体的な事柄だけでなく，目に見えない抽象的な事柄であっても論理的に考えることができるようになる。また，仮説や記号だけで説明される場面でも，論理的思考を働かせることができる。ある命題が与えられると，その内容が現実にあり得るか否かにかかわらず，与えられた条件に基づき，いかなることが生じうるかを考えることができるようになるのである。「AはBより大きい。BはCより大きい。それではAとCのどちらが大きいか。」といった記号のみの問題であっても，論理的に考え，答えを導き出すことができるということである。

3. アイデンティティの確立

エリクソンは青年期の心理社会的危機を「自我同一性（アイデンティティ）対 同一性拡散」としている。アイデンティティとは，過去・現在・未来という時間の流れのなかで，「自分は自分である。自分は自分のままである」という感覚のことをいう。「自分は何者か」「自分の人生の目的は何か」「自分の存在意義は何か」というような，自己を社会のなかに位置づける問いかけに対する答えを模索する時期であり，肯定的な答えをみいだすことが，「アイデンティティの確立」ということになる。

エリクソンが提唱した「アイデンティティ」の概念は，他の研究者により研究・発展されてきた。そのひとりマーシャは，「危機（crisis）」と「積極的関与（commitment）」という観点から研究し，4つのステイタスに分類した。危機とは，いくつかの可能性について迷いや葛藤を経験したかどうか，積極的関与とは，自分の考えや信念を表現し，それに沿って行動したか

老年期 Ⅷ								統合　対 絶望
成人後期 Ⅶ							生殖性 対 停滞	
成人前期 Ⅵ						親密性 対 孤独		
青年期 Ⅴ					同一性 対 同一性拡散			
児童期 Ⅳ				勤勉性 対 劣等感				
遊戯期 Ⅲ			自主性 対 罪悪感					
幼児前期 Ⅱ		自律　対 恥・疑い						
乳児期 Ⅰ	信頼 対 不信							
重要な 対人関係	母	両親	家族	近隣 学校	仲間 外集団	友情 性愛	分業と共 有の家族	人類
	1	2	3	4	5	6	7	8

図 6-2　エリクソンの心理・社会的発達課題と漸成的発達図（軽部，2023 より転載）

どうかを意味する。

①同一性達成（危機あり　積極的関与あり）：自分の生き方や価値観について真剣に悩み考え苦しむことで，導き出された自分なりの答えに責任をもち，現実的に物事を解決していこうとする。自分とはどのような人間なのか，自分の長所も短所も受けいれられている状態のことをいう。アイデンティティを確立した状態。

②早期完了（危機経験なし　積極的関与あり）：親の期待する生き方や価値観を受け入れ，迷いや葛藤がなくその道を歩んでいる。仕事など積極的に関与しており，一見アイデンティティを確立しているようだが，自分でいくつかの選択肢の中から選んだ道ではないため，価値観が通用しないと混乱も生じかねない。

③モラトリアム（危機の最中　積極的関与をしようとしている）：今の自分の生き方，自分がどうなりたいかなどについて模索し，迷いつつも，積極的な関与はあいまいな状態。モラトリアムという言葉はもともと「支払い猶予期間」という意味の経済用語である。つまり青年が社会で担うべき責任や義務を先延ばしにしている状況をさしている。最近はこの期間が長くなっているともいわれている。

④同一性拡散（危機なし　積極的関与なし）：自分自身を見失い，今の自分は本当の自分ではないような気がするという感覚がある。何に対しても積極的になれない，一貫性をもって目的に向かって生きていくことができない状態をさす。

アイデンティティを確立するかしないかは個人差があり，青年期に確立できなくても大人になれないことはないといわれている。そして中年期には，アイデンティティを再構築する時期がやってくるのである。

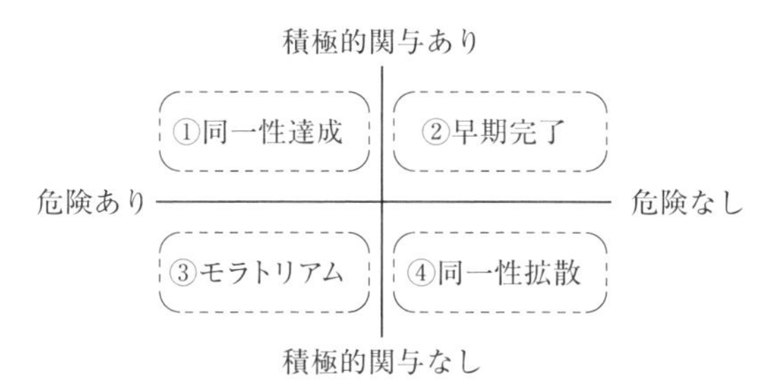

図 6-3　4つのアイデンティティ・ステイタス
（マーシャ，1964）

5節　成人期から老年期

1. 成人期

青年期が終わる20代半ば頃から老年期（高齢期）が始まる65歳頃までの約40年間を成人期という。仕事，家事・育児，親の介護など，さまざまな役割に責任をもって取り組むことが期待される時期である。さらにこの成人期を，エリクソンは「成人前期」と「成人後期」の2段階に，ハヴィガーストも「壮年初期」と「中年期」の2段階に分けてその特徴を捉えようとしている。

1）成人前期

成人期の前半では，就職し，キャリアをスタートさせるのと同時に，パートナーを選び，結婚して家庭を築き始める人もいる。ただし，近年では晩婚化や非婚化が進み，未婚の成人も4人に1人から2人に1人の割合でいるため，結婚や家庭を築くことから生じる責任に関しては，必ずしも一律ではない。例えば令和4年版　少子化社会対策白書によれば，2020年の未婚率を5歳階級の年齢別にみたところ，30～34歳では，男性はおよそ2人に1人（47.4％）女性はおよそ3人に1人（35.2％）が未婚であり，35～39歳では，男性はおよそ3人に1人（34.5％），女性はおよそ4人に1人（23.6％）が未婚である。

エリクソンは成人前期（20代半ばから30代頃）の心理社会的危機を「親密性 対 孤独」としている。パートナーとの親密な関係を得る段階である。親密性とは，親しみを増す過程において自分自身の同一性の喪失を恐れることなく，他者と支え合い，優しさに満ちた関係を得ることができる能力のことである。親密性を，自分自身の同一性の境界をあいまいなものにしてしまうと思い，そのような関係を確立させようとせず表面的で形式的な関係しか築けないと，孤立してしまう。

2）成人後期

仕事に家庭にと，成人期の多くは忙しい毎日を送っているが，40代に入った頃から身体的にも心理的にも，さまざまな変化を経験し始める。これは中年期の危機とよばれている。中年期になると，身体感覚や体力の衰え，体調の変化，白髪やシワなどの外見の変化などを経験し，自分の能力に限界を感じ始める。また子どもの独立に際し，空の巣症候群を経験することもあるだろう。空の巣症候群とは，親としての役割を失った母親にみられる心身の不調のことである。加えて中年期には，高齢の親の介護問題にも直面する。その中には子育てと親の介護を同時に担うダブルケアラーも含まれる。内閣府男女共同参画局による「平成27年度育児と介護のダブルケアの実態に関する調査」によれば，ダブルケアラーは全国で約25.3万人おり，30～40代が全年齢層の約8割を占めている。仕事をしながらのダブルケアは，肉体的，精神的，経済的負担感を生じさせる。中年期は，こうしたさまざまな変化によって，アイデンティティを再構築していく転換期なのである。

成人期後期（30代頃から60代頃）におけるエリクソンの心理社会的危機は「生殖性 対 停滞」である。人は永遠に存続し続けられない。自分の死後も持続していく社会へ，自分の資質，技能等を貢献させなければならないという義務感を抱くようになる。これが生殖性（世代性）である。また，社会への貢献により自分自身の成長にもつながるが，自分の欲求以外のもの，他者の世話をすることに対して満足感を得ず，無関心でいると，停滞感を味わうことになるのである。

レヴィンソンは，人生を四季に例えた発達段階を提起している。ここでレヴィンソンは，成人期の発達には，生活構造が安定している時期と変化する時期が交互にやってくることを明ら

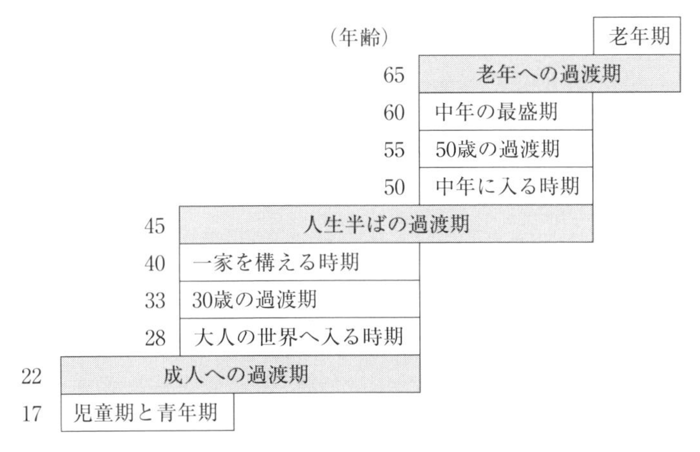

図 6-4　成人期の発達段階（レヴィンソン，1978）

かにしている。また，変化する時期から次の安定する時期への橋渡しの時期を過渡期と呼んでいる。

2. 老年期

老年期に入る頃には，心身の衰えを感じるようになる。年齢の増加にともない身体の形態の変化や機能の低下がみられる。加えてさまざまな役割の変化や喪失を体験し，新しい役割や人生の満足感を得ることが求められる時期でもある。

加齢にともない，男女とも数センチ程度身長が低くなる。これは椎間板が委縮し，直立姿勢を支える筋肉が萎縮するためである。皮膚の乾燥によりシワが増え，毛髪は薄くなる。また，筋力が低下し転倒しやすくなったり，細かい動作をするときに手の震えが起こったりする。骨のカルシウム含有量が低下し骨粗鬆症状態になることもあるため，転倒した際には骨折しやすくなる。

老視（老眼）や，水晶体の変色，または白濁により視覚機能の低下が起こる。水晶体の変色や白濁が起こると外界からの光量の取り入れが難しくなり，対象物をしっかりと認知するためには明かりが必要になってくる。聴覚も加齢の影響を強く受ける知覚機能のひとつである。年齢の増加による聴力の低下は，約30％程度の高齢者にみられるが，初期の頃の症状としては高音の聞きづらさがあげられる。これら知覚機能の低下は，日常生活に影響を与える。目や耳から入ってくる情報が制限されるため，日常生活を送るうえで必要な情報が十分伝わらなくなるのである。そればかりでなく，周囲の人々とのコミュニケーションが困難となり，高齢者自身のコミュニケーションを取ろうとする意欲の減退が起こり，周囲の世界から孤立してしまう。

老年期には知的能力の低下がみられるといわれることもあるが，果たしてすべての知的能力に一律に低下がみられるのだろうか。レイモンド・キャッテルは，知能を結晶性知能と流動性知能に分類したが，結晶性知能とは，的確な判断が必要とされる認知的場面で現れる，学校教育や社会での経験と関連する能力である。これは加齢の影響を受けにくいとされる。一方流動性知能とは，新しいことを学習する能力であるが，70 歳頃から急激に下降していく。

エリクソンは，これまでの人生を振り返りよい人生だったと受け入れ，死に対してあまり恐怖感をもたずに立ち向かうことができる能力（統合）を老齢期の発達課題としてあげている。もし自分の人生を受け入れられなければ，絶望のまま死を迎えることになるというのである。

このように心身の衰退や仕事からの引退，それにともなう収入の減少など，ネガティブにとらえられる要素が多い高齢者である。以前できていたことができなくなることからくる失望感やいらだち，周囲の理解不足に対する不満など，ネガティブな感情が強くなりやすい状態にある。そこで高齢者には，現在の自分に適した仕事をみつけること，年齢にふさわしい満足を得ることなどが求められる。

第7章　知　　能

1節　知能とは

1．知能の本質

私たちは，日ごろ「あの人は頭がよい」とか，「あの人は頭の回転が早い」という表現をする。ここでいう「頭」は知能を指すのであろうが，それでは知能とは何だろうか。知識や知恵と異なるのだろうか。アメリカのスタンバーグが，一般の人びとに「知能を特徴づける行動」について調査したところ，知能は問題解決能力，言語能力，社会的有能さの3つにまとめられるという。

人間には個性がある。その精神作用の要素について，哲学者カントは「知・情・意」の3つを考えた。「知」は知性のはたらき，「情」は感情のはたらき，「意」は意志のはたらきである。「知」のはたらきを「知能」と言い換えれば，それは単なる知的能力だけでなく，もっと広い社会的能力や適応力などを含めたものであるといえるのではないだろうか。

知能を表す英語である intelligence は，ラテン語の intelligentia が語源で，それは一般に「知覚あるいは理解する作用や能力」を意味することばである。他方で，intelligence は必ずしも知能だけを指すのではなく，それ以外に「選ぶ，識別する，事物の中を見抜く，本質に到達する，情報を得る，報道する」などの意義をもつものである。

2．動物と人間

動物や人間は，それぞれの環境にうまく適応しながら生きているが，その行動は生来的に獲得されたものであるといえる。本能を表す英語の instinct は，ラテン語の instinetus が語源である。これは「誘発」を意味し，それは「ある目的に向かっていながら，その目的に対応している意識もその目的をも意識せず，型通りの自動的に実現されるある種の行動を起こす内在的傾向」である。本能や走性，反射などの行動は，先天的に備わっている適応のメカニズムであるといえよう。

一方，高等動物のなかには，本能行動や学習行動などでは説明しきれない知的な行動をとる例も見られる。一例を紹介しよう。

19世紀末から20世紀の初頭，ドイツでクレバー・ハンス（賢馬ハンス）と呼ばれた1頭の馬が話題になった。ハンスは調教師のフォン・オステンが出したさまざまな問題に，蹄（ひづめ）で正しい数だけ地面を叩いて答えたのである。その問題は四則演算や分数の計算だけでなく，時計を見て時間を答えたり，音楽を聞き分けたり，スペルの正しい文章まで綴れるようになった。また，問題の出し方は口頭でも筆記でも違いはなかった。あまりにも評判が高くなったので，ドイツでは心理学者のシュトゥンプや他の専門家に調査を依頼した。しかし，さまざまな角度か

図7-1　クレバー・ハンスと調教師のフォン・オステン

らテストを試みたが，ハンスの誤謬は発見されなかったのである。

その後，同じく心理学者のフングストは，ハンスが何らの知的な行動をとっていたのではないことを証明してみせた。彼は，出題者（調教師でも他者の誰でもよい）や観客の誰もが正解を知らない場面をつくってテストを繰り返した。そうすると，ハンスは蹄でいつまでも地面を叩き続けたのである。ハンスは，出題者や観客が答えを知っているために出した無意識の合図（顔の表情や身振りなど）を読み取って，地面を叩くのを止めていただけなのである。

チンパンジーやボノボなどの霊長類では，問題解決に道具を使用したり，数字を記憶したり，色を識別したりする高度な能力を示す例が多い。

3. 知能の定義

知能の意味については，多くの心理学者がそれぞれの立場から研究しているが，現在，必ずしも統一的な見解が見出されているわけではない。知能そのものに実態があるのでもなく，また知能を視覚的にとらえることができないため，その実像を求めて多種多様な定義を試みているのである。ここで，代表的な知能の定義をあげてみよう。

(a) ターマンやサーストン：知能とは，抽象的思考能力である。

(b) ソーンダイク：知能とは，真理または事実の検知からみて，正しい反応をなし得る能力である。

(c) シュテルン：知能とは，生活の新しい課題と条件に対する一般的な精神的順応力である。

(d) ディアボーン：知能とは，学習する能力，あるいは経験によって獲得していく能力である。

(e) ピントナー：知能とは，生活の比較的新しい場面において個人を適応させていく能力である。

(f) ビネー：知能とは，一定の方向をとりそれを維持する傾向，望まし目標達成のために適応する能力，または自己批判力である。

(g) ウェクスラー：知能とは，個人が目的的に行動し，合理的に思考し，環境を効果的に処理する総合的または全体的な能力である。

(h) ボーリングやフリーマン：知能とは，知能検査で測られたものである。

以上のように，研究者によって知能観は異なるが，これらの定義は，次の3種類に分けることができる。

(a) 高等な抽象的思考能力：具体的に経験した事実から，共通点や相違点を見出したり，ことばや数字などの意味を知ったりしていく能力である。

(b) 学習能力：経験や洞察によって行動を変える能力である。

(c) 環境への適応能力：新しい環境（学校，職場，人間関係など）や，課題場面に対する適応性を重視する立場である。

このなかで，現在はウェクスラーの包括的な定義が広く受け入れられている。なお，アメリカのボーリングやフリーマンによる操作的な定義に対して，この定義はトートロジーであるという批判があるもの，実際の教育現場では，個人の知能が各種の知能検査の結果を根拠に評価され，論じられていることを忘れてはいけない。

4. 知能と就学支援

わが国では学校保健安全法に基づいて，各自治体の教育委員会が次年度に小学校へ入学予定の子どもに対し，就学時健康診断（内科，歯科，視力検査，聴力検査等）のなかで知能検査を実施している。この知能検査の結果によって，それぞれの子どもたちは，普通学級へ就学するのか，あるいは何らかの特別な支援を必要とするのかを判断される。子どもたちを適切にサポートするうえでも，知能検査の役割は大きい。

2節　知能の理論

知能は，どのような要因から構成されているのだろうか。この問題は，因子分析法などの統計的な方法を用いて研究がおこなわれている。これまでに研究されてきた理論を紹介しよう。

1．2因子説

イギリスのスピアマンは，1904年に知能が一般因子（g因子）と特殊因子（s因子）からなるという2因子説を発表した。図7-2のように，一般因子はすべての知的活動に共通の能力であり，いわゆる頭のよさはこのg因子のはたらきによるものである。特殊因子は特殊な知的活動（音楽的才能など）に関与している能力であり，この因子の有無が知的領域の差異に関係する。のちに，スピアマンは特殊因子のなかに重複する群因子の存在を認めている。スピアマンの理論は，多因子説の初期の考え方である。

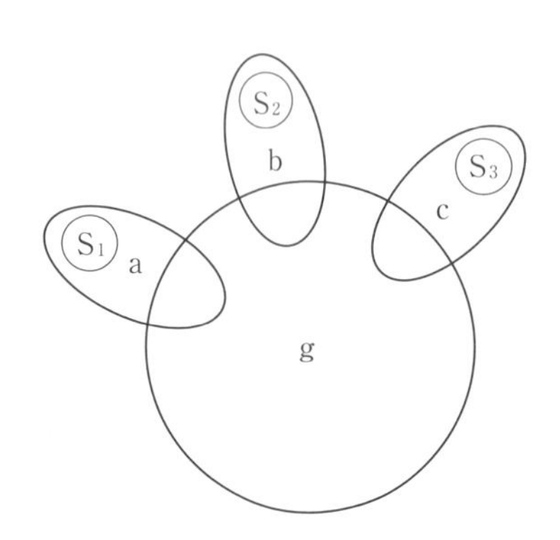

図7-2　スピアマンの2因子説

2. 多因子説

アメリカのソーンダイクは，知的活動が多数の独立的な因子の集合体と考え，2因子説に反対する立場をとった。知能にはもともと一般因子はなく，各種テスト間に相関関係が認められるのは，いくつかの因子が共通してはたらくからであるというものである。これを多因子説または特殊因子説という。

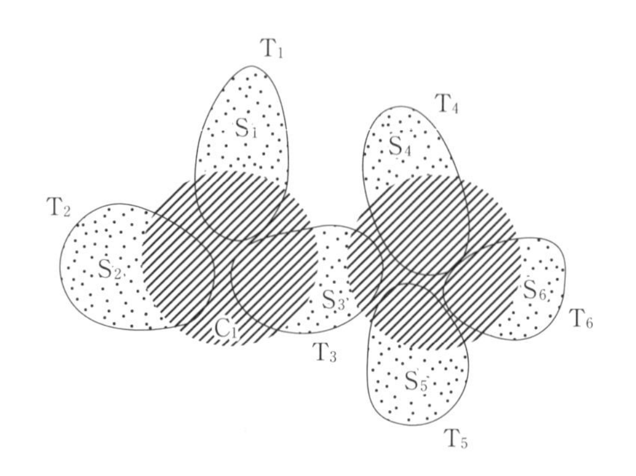

図7-3　ソーンダイクの多因子説

3. 見本説

イギリスのトムソンも一般因子の存在を否定し，知能は相互に独立した特殊因子から構成されるという見本説を主張した。図7-4に示したように，ある特定の知的活動（a, b, c, dなど）がおこなわれるためには，いくつかの特殊因子が群をつくって参加するというものである。

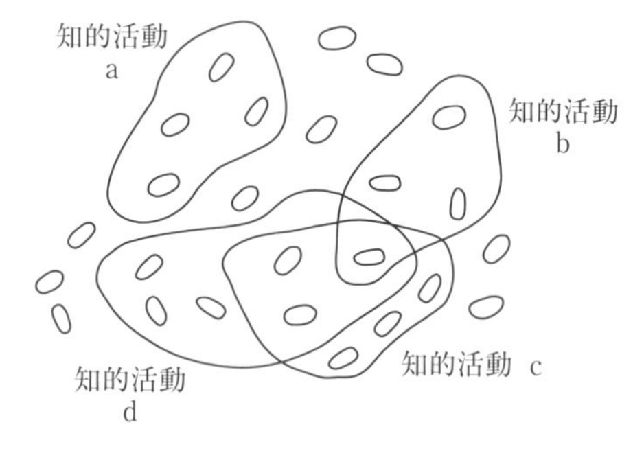

図7-4　トムソンの見本説

4. 階層群因子説

アメリカのヴァーノンは，図7-5のように，一般因子と特殊因子の中間に，2つの群因子が階層的な構造をしているという階層群因子説を唱えた。一般因子は，言語的・教育的因子（v：ed）と運動的・機械的因子（k：m）の大群因子に，大群因子は言語因子，数因子，機械的因子，空間因子などの小因子に分かれる。

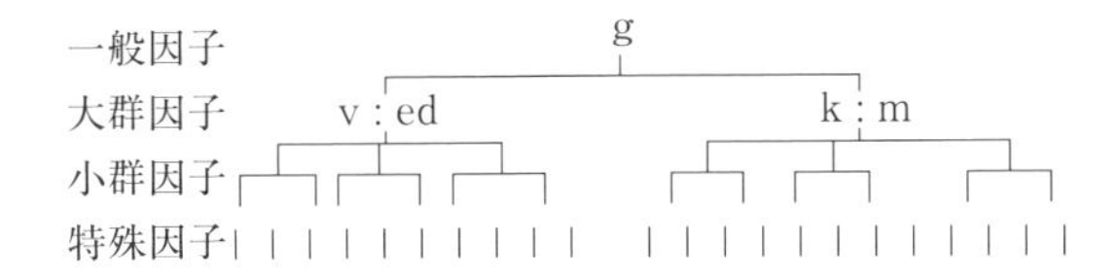

図 7-5　ヴァーノンの階層群因子説

5. 基本的精神能力

アメリカのサーストンは，大学生に実施した多くの知能検査の結果を因子分析し，基本的精神能力として7個の因子を抽出した。P因子（知覚），S因子（空間），N因子（数），V因子（言語），M因子（記憶），R因子（推理），W因子（ことばの流暢性）がそれである。図7-6は，S因子（空間関係，図形などを想像によって処理する能力）を測定するサンプルである。サーストンの多因子説は基本的精神能力ともといわれる。のちに，彼は各因子に共通する2次的一般因子を想定したが，これはスピアマンのg因子に相当するものである。

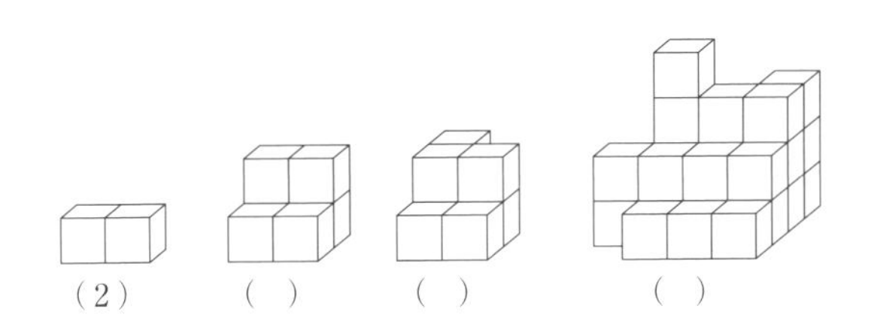

図 7-6　S因子の測定サンプル

6. 知能構造モデル

アメリカのギルフォードは，図7-7のような知能の構造モデルを示した。彼は知能も一種の情報処理過程であると考え，情報の内容（対象となる情報の種類），操作（知的作業の種類），所産（操作の結果得られるもの）の3次元の組み合わせから，全部で120個の因子を想定した。ギルフォードは，サーストンと同様に多因子説の立場をとっているが，現在，120個のすべての因子が確認されているわけではない。

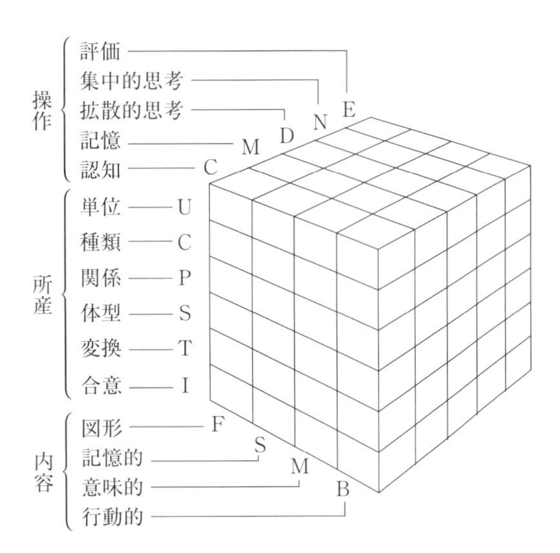

図 7-7　ギルフォードの知能構造モデル

7. A知能とB知能

カナダのヘッブは，生得的で生物的生理的な機能である能力をA知能，発達の途上で獲得した知的能力をB知能とよんで区別した。A知能は理論上のものであるため，知能検査はB知能を測定していると考えられるが，知能がほぼ恒常性であるという事実からすれば，知能検査はA知能を主として測定しているといってよいかもしれない。

8. 流動性知能と結晶性知能

アメリカのレイモンド・キャッテルとホーンは，知能を情報処理のスピードや正確さが求められる流動性知能と，教育や学習，日常生活の経験によって対処する結晶性知能とに分けた。

9. CHC理論

CHC理論は，現在世界でもっとも受け入れられているの知能の構造理論である。この理論は，アメリカのキャッテル，ホーン，キャロル（CHCは，この3人の頭文字）が知能を3つの階層構造（一般知能，広範能力，限定能力）で成り立つことを示したものである。ウェクスラー式知能検査は，この理論に基づいている。

3節　遺伝と環境

知能は，遺伝的に決定されるのだろうか，あるいは環境的な影響が強いものなのだろうか。この「遺伝か環境か」という問題は，古くから生得説と環境説の対立として研究されてきたが，現代にいたってもまだ解決していない。ただ二極的なものでないことは明らかである。ここでは，知能の発達に関与している要因について考えよう。

1. 知能と遺伝

知能と遺伝との関係を研究する方法には，家系研究法と双生児研究法の2つの方法がある。前者は優秀家系や劣悪家系を研究するもので，後者は遺伝的に同質の一卵性双生児を追求するものである。

1）家系研究法

音楽家バッハの家系（図7-8）には著名な音楽家が多く輩出し，進化論を主唱したダーウィンの家系（図7-9）には優れた学者が多い。このような家系とは対照的に，劣悪な何かが遺伝しているのではないかという事例がある。

アメリカ独立戦争のとき，マーチン・カリカック（仮名）という男性は，精神薄弱（当時の用語）の女性との間に子どもを設けたにもかかわらず，戦後，健常な女性と結婚して子どもの父親となった。独立戦争から136年後の1912年に，アメリカのゴッダードは著書のなかでカリカックの家系を紹介している。ゴッダードは，2つの家系の子孫をさかのぼって調査した。その結果，劣った家系488人の子孫のうち精神薄弱者143人，アルコール中毒者24人，犯罪者3人，幼児期死亡者82人などが見出され，健常者は46人で10%にも満たなかった。一方，健常な女性との間の子孫486人はすべてが健常者で優れた人物も多かった。

アメリカのダグデールは，刑務所に服役している6名の受刑者を調べたところ，この6名は血縁者で別々の罪で収容されていた。そのほかにも17名の親族が別の刑務所に服役していることが分かった。これらの人びとの共通の祖先がマックス・ジュークとヤーダ・アルクスであった。そこでダグデールは，彼らの家系をさかのぼって調べた。1877年に発表したジューク家の研究によると，709人の子孫のうち140人が犯罪者（そのうちの60名は強盗常習者）になっていたことが判明したという。

これらの調査研究は，どれも当時流行していた優生学（人類は，優秀な遺伝子を残し劣悪な遺伝子を排除することで進化する）の考え方が強く影響している。

2）双生児研究法

家系研究法から得られた優秀家系や劣悪家系のデータは，ある意味で大きな説得力がある。しかし優秀家系では家庭環境がよいかもしれないし，劣悪家系ではそうでないことも考えられ

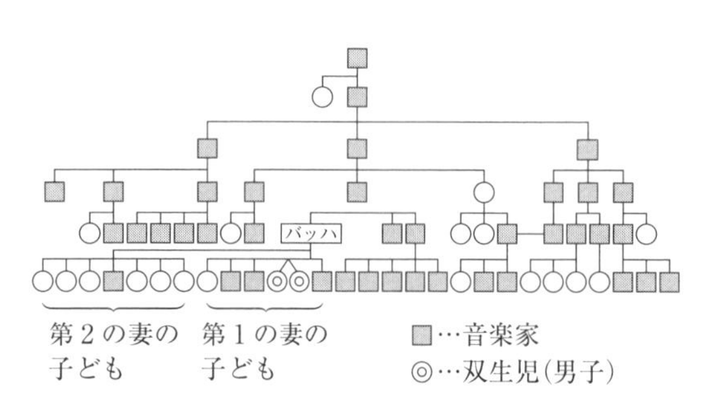

図7-8　バッハの家系

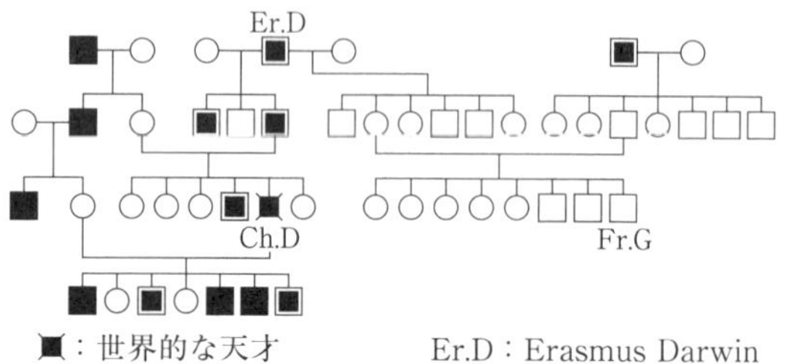

図7-9　ダーウィンの家系

表 7-1 知能の相関係数

調査対象	生育環境 同じ	生育環境 異なる	遺伝子モデルで予測された相関関係
一卵性双生児	.86	.72	1.00
二卵性双生児	.60	—	.50
きょうだい（兄弟・姉妹を含む）	.47	.24	.50
父親・母親のどちらかと子ども	.42	.22	.50
両親の平均と子どもの平均	.72	—	.71

る。それは，遺伝的な要因と環境的な要因の介入がはっきりしないからである。

遺伝的に同質である一卵性双生児間の知能の一致度が二卵性双生児よりも高いという結果は，知能における遺伝の強さを物語るといえる。アメリカのボーチャードらは，一卵性・二卵性双生児および家族間の知能の相関係数を表 7-1 のように示した。この結果を見ると，同じ成育環境で育てられた場合，一卵性双生児の知能間の相関（+ 0.86）のほうが二卵性双生児間の相関（+ .60）より高いことが分かる。これは，知能に関するかぎり，遺伝的な要因が強いことの根拠になるものである。

2. 知能と環境

知能は，社会や文化の影響を受けて発達する。家庭の社会経済的な地位や保護者の養育態度などによっても，発達は異なるものである。

アヴェロンの野生児といわれる事例がある。1799 年ごろ，南フランスのコーヌの森で，推定 11 ～ 12 歳の少年が全裸の状態で発見された。彼は人語を話さず，獣のような吠えたという。その後，イタールという医師の手によって教育を受けたが，40 歳で死ぬまで 3 語しか話さなかった。

同様に，1920 年インド西ベンガル州ミドナプール付近で，オオカミと暮らしている推定 8 歳と 1 歳半の少女（カマラ，アマラ）が発見された。2 人とも全裸で生肉を食べ，カマラは二本足で立って歩けなかった。アマラは早死にし，カマラは伝道師のシングに養育され 9 歳まで生き延びたが，精神年齢は 3 歳レベルだった。

このような野生児の事例は，もともと何らかの知的障害をもっていたのではないかという説もあるが，人間は偉大な知的可能性を秘めていても，それを発芽させるには環境の影響が大きいともいえる。ホスピタリズムやマターナル・ディプリベーションという状態も，子どもの知的発達に影響を与えるといわれている。いずれも，ヘッブのいうところの知能 B の問題であり，キャッテルらがいう結晶性知能の説明とも関係するものである。

3. 遺伝と環境の相互作用

知的発達は，遺伝と環境との複雑な相互作用であるといえる。ドイツのシュテルンは，二者択一的な対立を統合して輻輳（ふくそう）説を唱えた。またアメリカのジェンセンは，環境が閾値（いきち）要因としてはたらくと考えた。これを環境閾値説という。図 7-10 では，特性 C（学業成績）のほうが特性 B（知能テストの成績）より環境条件の影響を受けることが分かる。

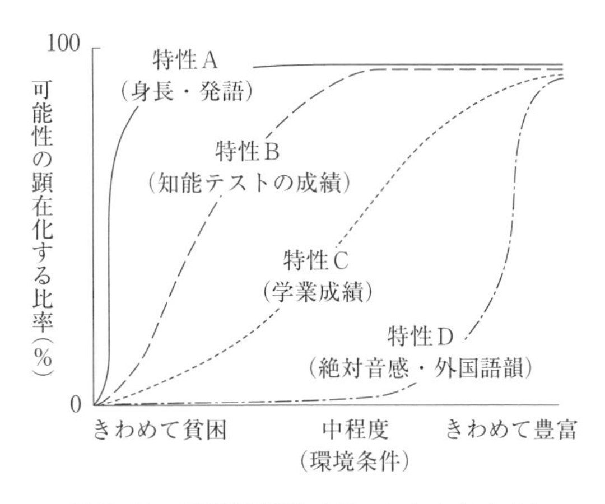

図 7-10 環境閾値説（ジェンセンによる）

4節　知能検査

1．個別式知能検査

知能を客観的・数量的に測定しようとする試みは，19 世紀後半にイギリスのゴルトンやアメリカのジェームズ・キャッテルらによっておこなわれた。ゴルトンはダーウィンの著書『種の起源』に大きな影響を受け，優生学の創始者となり統計学の発展に貢献した。また「遺伝と天才」などの研究に力を注いだ。キャッテルは，個人差の研究に関心をもち，1890 年に精神検査「メンタルテスト（mental test）」という用語を考案し，これは知能検査の先駆となったが，現在広く利用されている知能御検査の基本形をつくったのは，フランスのビネーである。

1）ビネー式知能検査

ビネーはフランス政府の依頼を受け，1905 年に友人の精神科医シモンと協力して世界で最初の検査を作成した。これが個別式知能検査のはじまりである。この検査の主なねらいは，ある子どもの教育を今後どのように進めるべきかを調べるものではなく，いわゆる精神遅滞（mental retardation）の有無を早期に診断・識別することであった。

この検査は，30 項目の易しい問題から難しい問題へという順序（ビネーのアイディア）で配列されていた。たとえば「片目で運動するものを追視する」「絵の中のものの名前をいう」「文章を復唱する」「抽象語を定義する」などである。この検査は一般知能を測定しているため，知的発達を全体的にとらえることができる。

1908 年の改訂版では問題の数を増やすとともに，年齢別の尺度を取り入れた。この改訂版のとき，検査結果を表示するのに精神年齢（mental age：MA）という概念を用いた。4 歳であるが 5 歳級の問題まで解けるとか，6 歳であるが 5 歳級の問題までしか解けなかったというように，個人の知的水準を示すものである。この検査は，1911 年に大幅修正が加えられた。これが「ビネー・シモン式知能検査」（通称ビネー式知能検査）である。

ビネー式知能検査は世界各国に広がり，なかでも 1926 年，アメリカのスタンフォード大学のターマンによる改訂版（スタンフォード・ビネー式知能検査）は高く評価されている。ターマンはドイツのシュテルンの提唱にしたがい，検査結果を生活年齢（chronological age：CA）との比で示した知能指数（intelligence quotient：IQ）で表現した。

わが国では，鈴木治太郎や田中寛一らによって改訂され，鈴木ビネー法や田中ビネー法の名前で公刊された。現在の最新版は，2 歳 0 カ月から成人までを対象にした「田中ビネー知能検査Ⅵ」（2024）である。

2）ウェクスラー式知能検査

アメリカのウェクスラーは，一般知能の全体像ではなく，個人内の知的な能力ごとに分析・診断できるために，1939 年，成人用のウェクスラー＝ベルビュー検査を発表した。ビネー式の検査では，個人のどのような能力が優れているのか，あるいは劣っているのかなどがよくわからないからである。ウェクスラー式知能検査は，世界中で広く認知され，対象年齢の低い順に，幼児用の WPPSI（ウィプシ），児童用の WISC（ウィスク），成人用の WAIS（ウエイス）があり，わが国でもよく使用されている。

ウェクスラー式知能検査は，当初，言語性検査と動作性検査に分けられ，それぞれの IQ を算出していたが，その分け方に妥当性がないと

図 7-11　ビネー

図 7-12　ウェクスラー

いうことで，現在は全般的な知能を表すFSIQ（Full Scale IQ）と指標得点が採用され，それぞれの指標をプロフィールで描くことができるようになっている。

わが国で用いられているウェクスラー式知能検査の最新版は，2歳6カ月～7歳3カ月の人を対象とするWPPSI-Ⅲ（2017），5歳0カ月～16歳11カ月の人を対象とするWISC-Ⅴ（2021），16歳0カ月～90歳11カ月の人を対象とするWAIS-Ⅳ（2018）である。たとえば，WISC-Ⅴは「言語理解」「視空間」「流動性推理」「ワーキングメモリー」「処理速度」の5つの指標で構成されている。

A. If 5 ½ tons of bark cost $33, what will 3 ½ cost? (　)
B. A train is harder to stop than on automobile because
　(　) it is longer,　(　) it is heavier,　(　) the brakes are so good
C. If the two words of a pair mean the same or nearly the same thing, drow a line under same, If they mean the opposite or nearly the opposite, draw a line under opposite.

comprehensive	restricted	some	opposite
allure	attract	some	opposite
latent	hidden	some	opposite
deride	ridicule	some	opposite

D. If, when you have arranged the following words to make a sentence, the sentence is true, underline true, if it is false, underline false.

people enemies arrogant many moke	true	false
never who heedless those stumble are	true	false
never man the show the deeds	true	false

E. The pitcher has an important place in — tennis　football　baseball　handball
　Underline which
F. Dismal is to dark as cheerful is to — laugh　bright　house　gloomy
　Underline which

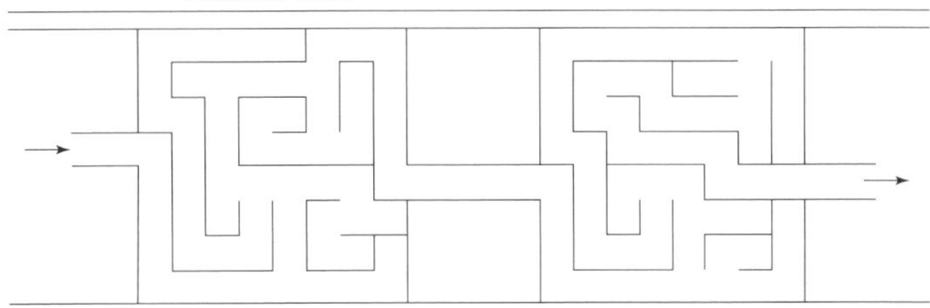

Which is the shortest path through the maze?

図7-13　アメリカ陸軍検査の問題見本

ウェクスラー式知能検査は，年齢に応じて保育所，幼稚園，学校，教育センター，児童相談所，医療機関，矯正施設，カウンセリングルームなどで広く使用されている。

2. 集団式知能検査

個別式知能検査は，検査を受ける個人を測定するのに時間がかかり，検査者にも専門的知識や熟練した技術が必要となる。そこで，短時間に集団で多数の人を測定できる検査の開発が求められるようになった。集団式知能検査を最初に作成したのはアメリカのオーティスで，紙に印刷された75個の問題を20分以内で解答する方式であった。この検査を基に，1917年，第一次世界大戦に参戦したアメリカ陸軍で，ヤーキーズを中心とする心理学者によってα式，β式の2種類の知能検査がつくられた。この検査の結果から，知的に優れた兵士や知的な面で軍務に適さない兵士が発見され，兵士の適所配置に使われた。α式は今日のA式（文字や言語を使用）に，β式はB式（記号，数字，図形を使用）に受けつがれている。図7-13は，当時使用されたα式，β式の問題見本である。

3. 知能の表示法

知能検査の測定された数値は，数量的に表示される。

1）精神年齢（MA）

ビネーが考案した概念で，各年齢級の問題をクリアした得点でMAを算出する。

2）知能指数（IQ）

知能指数はターマンによって工夫されたもので，次の公式で算出される。

$$知能指数（IQ）=\frac{精神年齢（MA）}{生活年齢（CA）}\times 100$$

3）偏差知能指数（DIQ）

偏差知能指数（deviation IQ）は，ある年齢集団に属する個人の相対的位置を表し，次の公式で算出される。

$$\begin{array}{l}偏差知能指数(DIQ)\\（ウェクスラー）\end{array}=\frac{個人の得点-平均点}{\frac{1}{15}標準偏差}+100$$

5節　EQ

1. EQとは

EQは,「emotional quotient（またはemotional intelligence quotient)」の頭文字をとったことばである。本来は，知能指数IQに対応しているので「感情指数」と翻訳されるものであるが，わが国では「こころの知能指数」と意訳して使用されることが多い。感情的知能の測定を意図していれば「emotional intelligence：EI」が正しいが，これにはEQが誕生した背景がある。

20世紀後半ごろから，アメリカのガードナーやスタンバーグらは，一般社会や教育現場において，単にIQの高さだけがその個人の適応状態や，職場・学校での成功を予測するとはいえないという理論を提出した。個人の行動が，IQに代表される知性（知能）だけの概念では説明しきれない現実があったのである。

もともとアメリカのサロヴェイやメイヤーは，EIという語句を提唱して研究していたが，雑誌「TIME」(1995年10月9日号）の表紙でEQということばが一面を大きく飾ったことにより注目されるようになった。EQという考え方がIQに代わる（あるいはIQを補う）ものとして登場したのである。雑誌には“What' Your EQ?”という文字（とくにEQ）が大きく印字されている。雑誌の特集内容は,「人生で成功できるかどうか，本当の意味で聡明かどうかを決めるのは，IQではなくEQの高さである」という衝撃的な文面で，アメリカ全土で大きな話題となった。この「TIME」の記事は，

図7-14
雑誌「TIME」の表紙

同年に出版されたアメリカのゴールマンの著書『Emotional Intelligence ― Why it can matter more than IQ』をベースにしている。ゴールマン自身は，著書になかで「EQ」ということばを使用していないが，雑誌では「IQ」との対応で「EQ」を全面的に押し出したのである。この著書が1996年7月に翻訳出版されたときに,「EQ ―こころの知能指数」と命名された。

2. EQの構成

EQが登場してから，IQ軽視論まで飛び交ったが，ゴールマンはそのような極端なことを主張したのではない。人間の行動は，認知と感情の両側面を合わせもっているので，認知面にIQがあるように感情面にEQがあっても不思議ではない。つまり，人間はIQが高いだけでは十分ではないと力説したのである。

それでは，現在，EQはどのようなものと考えられているのだろうか。これまで研究されたもののなかから，そのいくつかを紹介しよう。

1）ゴールマンの考え方

(a）自分自身の感情を知る能力：

自分が何を感じているのか，幸福に生きていくためには，その感情をどのように使っていくのかをよく知っている能力。

(b）感情をコントロールする能力：

自分の衝動をコントロールしたり，適度の怒りをもったり，不安な気持ちをやわらげたり，落ち込んだ気持ちを盛り上げられる能力。

(c）自分を動機づける能力：

熱意と粘りをもち，失敗したときに楽観的で希望のある対処の仕方をとる能力。

(d）他者の感情を認識する能力：

相手の心の動きを洞察し，相手が口に出さない感情を察してそれに応える能力。

(e）人間関係を上手に処理する能力：

対人関係をスマートに処理し，相手の感情的な反応と上手にかかわることで，相手とよい関

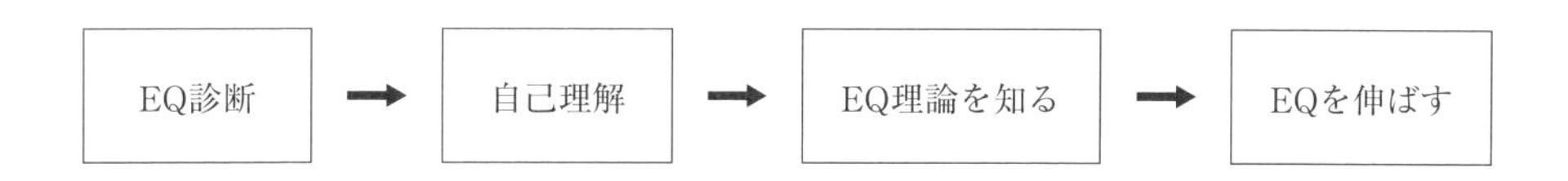

図 7-15　EQ を伸ばすプロセス

係をつくる能力。

2) クーパーとサワフの考え方

①心の素養，②心の適応力，③心の深さと大きさ，④心の錬金術（潜在的な心の活用）。

3) 内山喜久雄の考え方

①スマートさ（気くばり），②自己洞察，④自己動機づけ，⑤楽観性，⑥自己コントロール，⑦愛他心，⑧共感的理解，⑨社会的スキル，⑩社会的デフトネス（周囲との調和）。

4) 大村政男の考え方

①共感性，②自己認知力，③自己統制力，④粘り強さ，⑤柔軟性，⑥楽観性

5) 袰岩奈々の考え方

①自己認知力，②粘り強さ，③社会的器用さ，④楽観性，⑤衝動のコントロール，⑥共感力。

上記の研究などを踏まえて，岡村一成・浮谷秀一・外島裕・藤田主一が大学生のデータを分析したところ，EQ は，①信頼して交流できる能力，②粘り強く取り組む能力，③自分の苦労が認められない（自分の苦労を認めてほしいと願う）能力，④援助できる能力，⑤発想して実行できる能力，⑥我慢できる能力，⑦察知できる能力，⑧主張できる能力，⑨自分の感情がわかる能力，⑩仕事の見通しができる能力，⑪回復（レジリエンス）できる能力，⑫あまり考えない能力，の 12 因子（構成要素）から成り立つことが示唆されている。

3. EQ を伸ばす

EQ の構成要素には，自他の感情を理解する能力や自他の感情をうまく表現する能力，感情をコントロールする能力が含まれている。EQ を伸ばすためには，まず自分自身が EQ をどれだけ保有しているのかを診断してみることから始めるとよい。市販の EQ テストで自己診断したり，書籍や論文のなかに印刷されている項目に回答することもできる。また，通信教育で EQ アップを目指している試みもある。自分の EQ の在り方を知ることができれば，自己理解や他者理解を振り返ることができる。つまり，よりよい人間関係（親子，夫婦，友だち，同僚など）を築くために，PDCA（Plan → Do → Check → Action）サイクルに基づいて，図 7-15 に示したような EQ 能力を伸ばすプロセスが期待できる。

EQ が広く認知されているのは，IQ だけではとらえられない社会的能力（人間関係，適応，生活，ビジネスなど）が，社会的な成功あるいは失敗をもたらしているのではないかという観点からである。ゴールマンも考えているように，EQ は固定的な能力ではなく，教育や訓練によって後天的に発展する（伸びる）ことができる。私たちには，IQ の否定につながらないようにしながら，EQ の今後の研究成果を待ち望みたいものである。

最近，欧米を中心に教育の現場で EQ を高めるモデルが実践されている。たとえばギフテッドの子どもは，単に IQ や学力が高いというだけでなく，自分の感情をコントロールできたり，自尊感情や創造性を高めたりする能力を身につけている。このような例を振り返りながら，学校や職場，家庭や地域社会などのさまざまな領域で，EQ を重視した教育が展開できるのではないだろうか。

第8章　パーソナリティ

1節　パーソナリティとは

1. パーソナリティ

人の個性や個人差を捉える概念に，パーソナリティがある。パーソナリティの訳語は人格，性格，個性，人柄などがあるが，心理学ではそのままパーソナリティとして使用することが多い。

パーソナリティの初期の研究で，オルポートはパーソナリティの５つの基本的要素として，①総括的定義，②統合的・構成的な定義，③階層的定義，④適応からみた定義，⑤特殊性を挙げた。これらの要素を基に「パーソナリティとは，個人の内部で，環境への彼独自な適応を決定するところの精神・身体的体系の力動的な体制である」（Allport, 1937）と定義した。現在では，パーソナリティを規定する要因がある程度科学的に解明されている要因もあるため，「パーソナリティとは，遺伝的に規定される気質的特徴と環境によって学習される行動特徴によって，感情，思考，行動の一貫したパターンを説明するその人の諸特徴である」（Pervin et al., 2005）というように，表現も変化してきている。この定義から分かるように，パーソナリティは遺伝と環境の２つの要因から形成されるものであり，状況や時間を超えてある程度一貫した「その人らしい」独自の行動の仕方を決定する心理的特性である。

2. 気質，性格，パーソナリティ

パーソナリティは，ある特定の遺伝的・生物学的特徴を備えた個人が自分を取り巻く環境の中でさまざまな生活上の経験を重ねながら形成される（図 8-1）。このため，パーソナリティの形成は，遺伝的要因と環境的要因に大別できる。

気質は，遺伝的，生理的基盤に基づいた行動特徴であり，その人の特徴の根底となる比較的永続的で安定した部分である。遺伝的，生理的基盤とは，身長などの身体的特徴，刺激に対する感受性の程度，脳内の神経伝達物質，内分泌系など情緒にかかわる部分が関係している。特に，身体の中でも神経系（脳）は，感情的な反応に深く関係している部位である扁桃体，視床下部，線条体その他の大脳辺縁系領域などがパーソナリティと関係し，抑うつ，冷静，陽気，癇の強さといった気分に関するパーソナリティ傾向に影響する。内分泌系は，脳下垂体，甲状腺，副甲状腺，副腎，すい臓，生殖腺の６つの臓器の機能を調整する機能であり，血液中に放出される化学物質であるホルモンによって，身体の各部位の活動を制御し，いずれも気分や情緒に関係する部位である。

性格とパーソナリティは，環境要因によって形成される部分である。性格（character）はラテン語の character に由来し，「刻みこまれたもの」という意味を持つ。このため性格は生得的な気質を基盤として，発達初期の環境的な経験によって形成される行動特徴となる。これには，親の養育態度やしつけ，家庭環境，文化，自然や風土などの過程において選択された目的や価値観によって形成される。

人格（Personality）はラテン語の persona（仮面）を語源とし，気質や性格のさまざまな行動特徴を統合したものである。パーソナリティは，その人の考え方，感じ方，動機づけ，求

めるもの，行動に関する特有のパターンであり，自己，他者，周囲の環境に対する認識と関わりを持つ。例えば，学校，職場，地域社会の役割，その時代の世代的な要因など関係して形成される行動特徴であり，比較的社会的役割から獲得していく部分であるため生涯を通じて変化する。変化する基準となるものは，「その行動が環境に適応しているかどうか」であるため，役割，承認や評価など「その人らしい（自分らしさ）」を反映する行動を強化する要因となる。「その人らしい」とは，その人の行動に現われて他の人から観察される，その人独特のパターンのことであり，その行動の積み重ねがパーソナリティとなる。青年期に形成されるアイデンティティ（自己同一性）と関連があり，「自分は昨日も今日も，自分という1人の人間である」という一貫した考えを持ち，自分の生き方や職業選択などにも影響する。

青年期以降もパーソナリティは発達的に変化していく。さまざまな要因があるが，バルテスは生涯発達の観点から人が発達的に変化に影響する要因を3つ挙げている（Baltes et al.,1980）。

①年齢的要因：暦年齢に応じた心身の成熟で生じる環境的要因（就職，結婚，退職など）

②歴史的要因：その時代特有の社会文化的な変化や社会情勢，世代による環境的要因による影響である。例えば，経済的不況，戦争，疾病，流行，教育，ライフスタイル，テクノロジーの進歩など，ある文化や社会の中で多くの人々が同時に体験する社会文化的な出来事である。

③非標準的要因：個人が経験する独自の事象や状況による影響である。例えば，転職，離婚，病気，入院，重要な他者の死など，その人がその状況をどう認知するかという要因が影響する。

3. 法則定立的理解と個性記述的理解

人間のパーソナリティ構造の理解は，個性の観察と記述から始まる。人の行動を記述すると，多数の人に共通する行動と，ある個人特有の行動に分かれる。

多数の人に共通する行動特性から一般的法則を見つけることに焦点を置いた研究を法則定立的（nomothetic）理解という。これは，観察記録や身体的測定などの変数から統計的に共通特性を抽出し，パーソナリティの個人間比較を行うことが目的である。

一方，ある人独自の行動の詳細な記述を焦点とした研究を個性記述的（idiographic）理解という。個人差が学問的関心となる契機として，天文学者ベゼルは1795年に星の子午線通過時刻を測定した助手の観測に遅れがあることを発見し，これを理由に助手を解雇したという記載を発見した。この計測の遅れは反応時間の個人差によるものと推測したベゼルは，1819年に再び星のデータを観測し，反応時間は個人差があること，個人間で系統的な差違があることを見いだした（Chocholle, 1963）。19世紀にはゴルトンが身体的特徴や能力など研究を通して，個人差心理学の基礎から統計的研究法を発展させた。現在では，共通性を持たない特異的な行動を行った時の説明概念として，自然な現実場面で時間の経過とともに変化する特定の個人をありのまま記述することを目的とする個の独自性を焦点とした事例研究などが行われている。

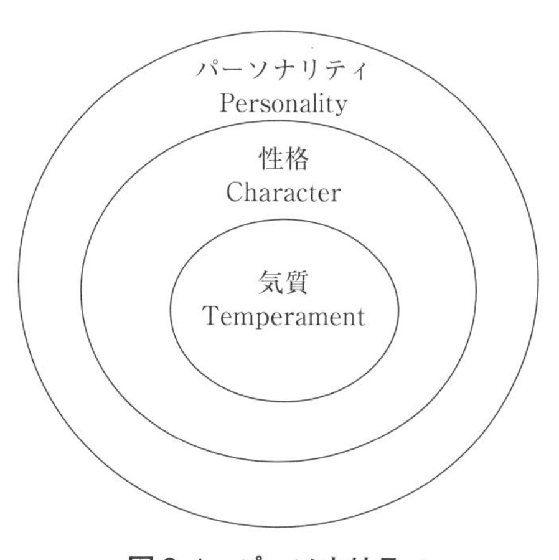

図8-1 パーソナリティ

2節 パーソナリティの理解

多数の人に共通する行動特性による法則性があれば，自分や他者のパーソナリティを理解しやすい。

1. 類型論

類型論とは，個人のパーソナリティを一定の原理に基づき典型的な行動や心的特性を設定した類型に分類することで，その全体像を捉えようとする考え方である。人の行動特徴をいくつかの型（タイプ）に分けて理解しようとすることである。「あなたは○○のタイプ」「A型は○○」のような記述は直感的に理解しやすく，何となく自分に当てはまると感じやすい。これはバーナム効果といい，実際には誰にでも当てはまるような内容であるにも関わらず，自分だけに当てはまるように感じてしまう現象である。

タイプ分けされると自分や他者のパーソナリティは理解しやすい。しかし，よく考えてみると生物学的，環境的要因が複雑に関連するパーソナリティ特徴を少ない種類の型に当てはめることは科学的に極めて難しい。このため現在，類型論は医学的にも科学的にも根拠がない。

1）ドイツの精神科医クレッチマーの気質類型

人の気質は体型によって，分裂・躁うつ・粘着の3つに分類できるという類型論である。クレッチマーは，分裂病（統合失調症）の患者は細身型，躁うつ病（気分障害）患者は肥満型，てんかんの患者は闘士型の体型の人が多いことを示した。しかし，クレッチマーが院長であった精神病院という特定の病院の精神病患者の臨床的観察に基づいたデータであるため，特定のサンプルにおける気質類型は科学的検証を行っていない。また現在，躁うつ病は脳内分泌疾患，てんかんは脳機能障害であることから精神病には分類されない。統計的にも精神疾患の分類でも適合せず，現在，気質類型は否定されている。

2. 特性論

パーソナリティを構成する単位を特性という。特性はパーソナリティを形成する要素（因子）として，誰もが共通に持っているとされる複数の心理的特性（外向性や協調性など）である。特性論とは，複数の特性の組み合わせで，1人の人間のパーソナリティが構成され，それらの心理的特性の程度が強いか弱いかという量的な差異によってその人の行動特徴が決まるという考え方である。例えば，心理検査によってAさんは外向性8，協調性2，Bさんは外向性4，協調性6であった場合，Bさんの方が協調性は高いと言える。類型論はタイプが質的に異なるので他者と比較できないが，特性論は誰もが共通した心理的特性（協調性など）を持ち，量によってパーソナリティの差異が生まれるため，集団間におけるパーソナリティ比較も可能である。さらに，特性論では環境の変化や教育によって特性の量が変化すれば，人は変われるという立場であるため，企業での管理職研修やコミュニケーション研修などにも利用される。文化や時代を超えて共通する心理的特性は現在5特性であるが，以下に研究の経緯を示した。

1）オルポートの個人特性と共通特性

特性を初めて体系的に取り上げたオルポートは，パーソナリティを表す表現用語を辞書から抽出する心理辞書的研究を行った。彼は17,953語の人格を表す言葉を集計し，4,504語にする分類を行った。ここから，ある人だけに特徴的な個人特性と，多くの人に共通した共通特性の組み合わせでパーソナリティは構成されるとした。さらに，他者との比較は共通特性で行うべきだと考え14の共通特性を測定することで，パーソナリティ・プロフィールを描ける心誌（psychograph）を作成した。

2）レイモンド・キャッテルの16PF

キャッテルはオルポートが集めた4,500の特性に関する用語を再吟味し，160の用語にまとめ直した。オルポートとの共通特性と個人特性に加え，因子分析で表面特性と根源特性を加えた4つの次元の特性論を提唱した。客観的に外部から観察できる行動・発言・動作・表情などを表面特性，外部からは観察できない表面的特性を根底において規定する価値観・遺伝因子・環境要因などの内面的な特性を根源特性とした。これらの研究からさらに16因子を見出し，16パーソナリティ因子質問紙（16PF）を作成した。

3）アイゼンクの4層構造モデル

アイゼンクは行動観察データを用いたパーソナリティ特性の研究から，内向性－外向性，神経症傾向，精神病傾向の3つの次元を見出した。パーソナリティは神経系の遺伝的特質(genotype)の基礎の上に築かれた表現型（phenotype）であると考え，パーソナリティを生物学的基礎から行動にいたる4層構造モデルとする包括的な理論を提唱した（図8-2）。特性の水準を経由して類型（タイプ）の水準に至るという，類型論と特性論を統合する試みである。下位の階層から，状況に応じて起こる個別的反応，個別的反応が蓄積された傾向となる習慣的反応，習慣的反応の集合体としての特性（性格因子），上位が類型（性格分類）の階層構造とした。

4）ゴールドバーグのBig-Five理論

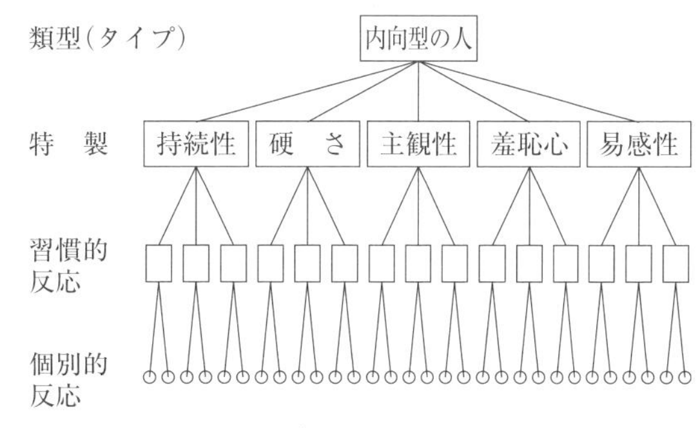

図8-2　4層構造モデル（Eysenck & Eysenck,1986）

キャテルの研究は主観的手続きと因子負荷量が小さいことから批判が多かったため，1960年代に特性語の再抽出が行われた（Norman, 1967）。

ノーマンはオルポートらの用語に171語を加えて18,124語とし，階層的分類によって75カテゴリ，1,431語の形容詞を抽出した。1990年代に入ると，この1,431語からさらに特性語を加え，因子分析によって外向性（E），協調性（A），誠実性（C），情緒安定性（N），経験への開放（O）の5因子を抽出した（Goldberg, 1992）。パーソナリティをBig-Fiveという5つの軸（因子）で表現し，各因子を定量的に評価するパーソナリティを表す理論は，これまでの研究を統合したものである（表8-1）。これを基に，主要5因子性格検査が開発された（MaCrea & Costa, 1996）。現在でも文化を超えたパーソナリティの5特性の因子的妥当性について検討が行われている。

表8-1　主要5因子特性（Big-Five）の5特性と6つの下位次元

5特性	行動傾向	6つの下位次元
外向性（E）	社交性，積極性，外の世界への興味の強さ	温かさ・群居性・断行性・活動性・刺激希求性・よい感情
協調性（A）	思いやりや配慮，共感する力	信頼・実直さ・利他性・応諾・慎み深さ・優しさ
誠実性（C）	責任感の強さ，思考や行動をコントロールする力	コンピテンス・秩序・良心性・達成追及・自己鍛錬・慎重さ
情緒安定性(N)	情緒・感情の安定性，ネガティブな刺激への耐性	不安・敵意・抑うつ・自意識・衝動性・傷つきすやさ
経験への開放（O）	文化的・知的・美的な新しい体験に対する開放度，想像力の豊かさ	空想・審美性・感情・行為・アイデア・価値

3節　パーソナリティの考え方

パーソナリティは多様なアプローチ法によって研究が進められている。

1. 精神力動的アプローチ

精神分析的アプローチは，無意識の欲動，不満や葛藤，人生の各段階での心理的葛藤をどの程度解消できるかでパーソナリティが決まるという考え方である。フロイトは幼少期の養育者との関係の重要性を強調し，パーソナリティはエス，自我，超自我の３つの構造要因から構成され，その人の心の健康の程度は自我の成熟度によって影響されると考えた。性的エネルギーに焦点を当てたフロイトの理論を発展させた新フロイト派は，社会や文化がパーソナリティに与える影響に焦点を当てた。

アドラーは，個人内の心理作用だけではなく社会的関係に重点をおき，「自分には価値がない」「他人や社会の基準に達していない」人が他者に抱く劣等感を補おうとする心の動きに着目し，個人心理学を創始した。

エリクソンは精神分析学派から，自我同一性理論を基にした心理社会的発達課題を提唱した。この理論では，個人の発達は社会との相互作用であり，パーソナリティは生涯を通じて発達することを前提として，生涯を８段階に分け，人が健全で幸福な発達をとげるために各発達段階で達成するための発達課題を超えることで「自我の統合」を目指すと考えた。

2. 学習理論によるアプローチ

学習理論アプローチは，パーソナリティは生物の外側にある強化と結果によって形成されるという考え方である。スキナーは環境のみが行動を決定すると考え，人の一貫した行動パターンは特定の反応傾向を獲得してした結果であるとした。

バンデューラはスキナーの学習によるパーソナリティ形成に賛同したが，思考，推論，認知などもパーソナリティ形成に影響を与えるとした社会的認知理論を提唱した。社会的認知理論は，行動は個人の要因，個人を取り巻く状況，自己および他者の行動の相互関係の中で捉えられるという認知過程を重視している。

さらに，学習やパーソナリティ形成に影響を与える認知的要因として統制の所在を提唱したのがロッターである。統制の所在とは，自分の能力を信じる自己効力感とは異なり，自分の人生を支配する力を信じることである（Rotter, 1966）。統制の所在は内的と外的があり，内的統制は自分の成果を自己の努力や能力の直接的結果であると考えるのに対し，外的統制は成果を自分ではコントロールできないので，他人や運，偶然に支配されていると考える傾向がある。

ロッターの教え子だったミシェルは，特性による行動予測の数十年にわたる実証的な文献調査を行った結果，「人は必ずしも首尾一貫した行動をとることはなく，個人の行動はその時々の状況，文脈によって変化するものであって，状況を超えた行動の一貫性は認めにくい」（Mischel, 1968）という原理をデータが支持していないことを発見した。この報告から人間－状況論争として数十年に及ぶ検証が行われたが，この論争はほとんど解決され，現在では行動を理解するのは状況要因と個人要因の両方を考慮している。

3. 人間心理学的アプローチ

人は無意識に支配されるとする精神分析や，外的環境に支配されるとする行動主義に対して，人間は自由意思をもつ主体的な存在であると捉える立場が人間性（ヒューマニスティック）心理学である。人間性心理学的アプローチは主体性・創造性・自己実現といった肯定的で健康的な側面を重視する。パーソナリティ形成は自由意志を行使して，可能性を実現したいという生得的欲求と自由意志の結果として蓄積される経験であり，個人の成長と自己実現の達成が精神の健康やウェルビーイングをもたらすと考えた。自己実現の概念を提唱したマズローは，パーソナリティを全体性として「ひとつのまとまり（全体）」と捉えている。ロジャーズも人は自らの基本的潜在能力を最大限に発展させようと努める存在であると考え，来談者中心療法を開発した。初めてクライエントという用語を使ったが，後年は個人療法よりもエンカウンターグループの活動を行った。ここにはクライエントが存在しないので，人間中心のアプローチからパーソンセンタード・アプローチ（PCA）と呼んだ。

4. 生物学的アプローチ

生物学的アプローチは，遺伝的に受け継いだと考えられる身体的特徴や神経系（脳）といった生物特有の個体差に着目したアプローチである。アイゼンクはパーソナリティの３つの次元（外向性－内向性，神経症傾向）に対応した生物学的基礎を重視した。

グレイはパーソナリティ記述の階層性に関する点でアイゼンクの理論に一致したが，外向性と神経症傾向がパーソナリティを定義するという考えに賛成しなかった。アイゼンクによる辺縁系に基づく行動の違いは脳の生理機能の根本的な違いの結果であると考えたグレイは，衝動性の基盤を成すシステムである行動賦活系（BAS）と，接近と回避の行動選択に葛藤が生じた際に活性化される行動抑制系（BIS）の２つの動機づけシステムの競合によってパーソナリティが制御されるというBIS-BASモデル（強化感受性理論）を提唱した（Gray, 1982）。

クロニンジャーは，刺激に対する感情的反応の個人差である気質と，成長過程で選択された目的や価値観である性格の２つからパーソナリティが構成されると考え，それぞれ異なる脳システムに対応すると考えた。７因子モデルとして，気質４因子（新奇性追求，損害回避，報酬依存，固執），性格は３因子（自尊心，協調性，自己超越）から構成されると想定した。行動遺伝学的要素の強いこの理論は主要５因子性格モデルとの対応性も検討されており，各特性の背後に脳機能や遺伝子の個人差があると想定されている。

5. 進化論的アプローチ

進化心理学的アプローチは，進化論の考え方を援用してヒトの心の働きを研究するアプローチである。行動遺伝学の分野では，1979年から20年間，一卵性双生児と二卵性双生児のペアを含む350組の双子を調査したミネソタ双生児研究が行われ，その後も養子や双生児などを対象とした研究がある。パーソナリティは遺伝と環境の両方が関わっているが，パーソナリティの遺伝率は平均して40％程度であることが示されている（Vukasović & Bratko, 2015）。遺伝率とは遺伝子の違いが，個人の特定の形質の違いをどれくらいの割合で説明できるかを示す尺度である。この形質は，身長，目の色，知能，疾患などの特徴が含まれる。遺伝率の推定値は０～１の範囲であり，ある特性の遺伝率が0に近い場合，個人による違いのほとんど環境要因によるもので，遺伝的な違いによる影響はほぼないことを意味する。言語や宗教は遺伝的要因ではないため，遺伝率は０となる。ある特性の遺伝率が１に近い場合，個人による違いのほとんど全てが遺伝的な違いに由来し，環境要因の影響はほとんどないことを意味する。パーソナリティと遺伝子との関連性に関する理論は支持的データが蓄積されつつあるが，システムとしての理論的構築や，これらの関連性が生物学的に妥当か否かの議論が今後の課題となる。

4節　心理アセスメント

アセスメントは査定，評価という意味である。心理アセスメントは目的を持って測定し，その人へのプラス面とマイナス面を見つけ，人物の理解を深めるために行われる。

1. 心理アセスメントが測定しているもの

心は物理的に存在しないが，心理学では心の中の目に見えない対象を測定する。この対象は能力，パーソナリティ，コミュニケーション能力，不安などを仮説的に「あるもの」として定義し，これらを測定する物差しである心理検査を作る。心理検査を作る目的は，日常生活で心の中の見えないものを測定する必要があるからである。例えば，知能を測定する「知能検査」，協調性や外向性などを測定する「パーソナリティ検査」，身体的発達やことばの遅れ発見するための「発達検査」である。これらの心理検査によって目に見えない抽象的な概念を測定し，自分の中にどの程度存在するのか数値的に提示することで，客観的な他者との比較である個人間差や，過去と現在の自分の個人内差を比較することができる。例えば，日常生活や学校，企業など幅広い分野で使用される知能検査は，一般的な日常生活を送り，社会に適応する能力があるかを判定する個別式知能検査，学校教育においてその人の国語や算数など各能力の到達度を知る集団式知能検査がある。さらに，大学や企業では，対象者の中から優れた人を選抜する際に入学試験や入社試験を作成している。

このように，日常生活のさまざまな心の中の概念を定義して測定し，その人をアセスメント（評価）することで，検査の結果からプラス面を把握してその人の良い面を伸ばし，マイナス面では足りない部分を補うこと，必要な教育や支援を探すためにアセスメントが行われる。

1）心理検査で分かること

心理検査では2つのことが分かる。1つは，その個人が全体としてどこの位置にいるかを理解するため個人間差である。この場合，自分のパーソナリティ行動が他者と大きく違っているのか，それとも正常の範囲なのかを見るためのものであり，自分と他者の行動を比較するために正規分布を用いる。もう1つは，個人の中でどこが優れた能力なのか，劣っているのかを見る個人内差である。これはプロフィールで表され，他者との比較よりも，過去の現在の自分の個人内の変化を見ることができる。例えば，ある行動特性を測定し，1年間の教育や研修，あるいは心理療法の成果を量（得点）の増減で現すことでよって，客観的に教育や心理療法の成果を確認できる。

2）心理検査には限界がある

アセスメントでは1つの検査だけでなく2～3つの検査を組み合わせる。これをテスト・バッテリーという。

テストを組み合わせる理由として，心理検査はある理論に基づいて作成されるが，1つの心理検査で捉えられるパーソナリティは限定的である。目的に合った心理テストを実施すれば，把握したい側面の情報をある程度得られるが，人の心は多面的であり複雑なので，1人の人を理解するのにたった1つの検査内容では測定できるものが限られてしまう。

また，ある人の抱える問題が知能にあるのか，パーソナリティにあるのか観察や面接では判断できない場合，客観的な情報を得るために心理検査を組み合わせる必要がある。心は目に見えないため，知能やパーソナリティだけでなく，意識や無意識，欲求や葛藤など，さまざまな要因が絡み合っているので，多面的に情報を得ることが重要である。

3）心理検査は測定したいものを測定しているか

心理検査は，信頼性と妥当性が求められる。

信頼性とは測定された内容が安定性と一貫性を保っていることであり，そのテストが信頼できるかという指標である。妥当性とは，本当にそのテストは構成概念を測れているのかという指標であり，測定したい内容を的確に測定していることが重要である。検査の妥当性と信頼性を確保するために，心理検査は時代や世代によって検査項目を改訂し，時代に合う用語などを入れ替えている。

2. パーソナリティと社会適応

私たちは日常生活でさまざまな悩みを抱えることがある。学校に行けない，対人関係で不安が消えないなど，友人や家族に話を聞いてもらうことで解決できる問題もある。しかし，誰かに話を聞いてもらえだけでは問題が解決しない，原因が分からず学校や会社に行こうとすると，足が動かない，頭やお腹が痛いなどの身体症状があった場合，そこには何らかの心理的要因があることを疑った方がよいだろう。

さまざまな人が心理アセスメントに来るが，まず「誰が抱えている問題か」を考えてみよう。

a. 本人が問題と考えている場合：周囲が問題と思わなくても，本人が問題であると考えているときは心の問題となるので大切に取り扱う。

b. 周囲の人（家族，教師など）が問題と考えている場合：発達障害，重度の精神障害，依存症，ひきこもりなど本人が問題と思わなくても，周囲の人が問題を感じざるを得ない問題がある。

c. 社会が問題とする場合：虐待，非行，母親の養育困難，適切な対処が困難な状態の精神疾患など，本人やその家族が問題としたがらない場合でも，精神保健的，母子保健的，人権的，社会秩序的観点から問題となる場合である。

精神的疾患とは，さまざまな原因により意識，知能，記憶，感情，思考，行動などの精神機能に障害を生じ，精神が正常に働かず，行動の異常が出現することをいう。また，心身ともに苦しい痛みや機能障害をもたらし，生活や仕事に支障をきたす異常な気分，思考，行動を伴うこともある。ただし，親しい人との別離や死別の直後など，誰もが経験するつらい体験が原因となるものは疾患とはみなされないことがある。精神的疾患の原因の多くは脳機能や遺伝によるものが多いが，解明されていないものが多い。また，自律神経や内分泌系の不調は精神疾患の症状と似ているため，身体の病気なのか心の病気なのか，判断のつかない疾患も数多くある。

心理アセスメントでは，クライエントの心理状態と心理的問題を多面的に評価するために，面接法，観察法，心理検査などの方法を用いる。この際，以下の方法によって得られた客観的・主観的情報を統合し，問題に対する仮説を立て，治療の方針を考えていく。

a. 身体的検査：身体的疾患が症状の原因である可能性もあるので，脳損傷や認知症，血液検査など医学的な各種検査を始めに行うことが大切である。ここで身体的，遺伝的な原因がはっきり特定できない場合は精神的な疾患を疑う。

b. 心理アセスメント：医学的に身体的疾患が見つからない時には，必要に応じて心理アセスメントを行う。クライエントと直接会って話をする面接を通して，クライエントの問題に関連する最近の経験，必要に応じて家族歴や生育歴などを聞きながら，クライエントから得られる情報（話しているときの行動や顔の表情，しぐさ，服装，言葉，その場の全体的な反応の様子など）を総合的に分析，アセスメントを行う。

c. 心理検査：心理検査には知能検査，発達検査，パーソナリティ検査，神経心理学検査がある。必要に応じて心理検査を行うことで，さまざまな視点からクライエントが抱える問題の原因や解決法について仮説を考える。ここから，クライエントに対して適切な介入や支援を考え，心理療法（セラピー）や支援の効果を測定し，クライエントの予後や見通しを判断していく。

5節　パーソナリティ検査

パーソナリティ検査は，客観的に測定することが求められるため，市販されている心理ゲームとは異なる（図8-3）。

1. 質問紙法

質問紙法は，身体や心の状態についての質問項目に回答する方法である。集団実施が可能であり，検査の意図が伝わりやすく，実施法，採点法，解釈が容易というメリットがあるが，回答が歪められやすく，回答結果以外の行動のデータが得られないというデメリットもある。

(1) ミネソタ多面人格目録性格検査（MMPI）：ミネソタ大学のハザウェイとマッキンリーが作成した。特定の人格理論に基づかないが，臨床的実践上の経験に基づいて精神医学的な病理群と健常群を弁別できるかで選ばれた臨床尺度550項目で構成される。MMPIは，反応偽装をチェックするため，疑問点（?），虚構点（L），妥当得点（F），修正点（K）の4つの妥当性尺度が設定されている。プロフィール全体の妥当性とともに，被検者がデタラメに回答する，検査に対する警戒による回答の歪みなどの重要な情報も提供する。

(2) YG性格検査：ギルフォードの性格検査を基に矢田部達郎らが標準化した。特性論における内的整合性に基づく12因子（120項目）で構成されるが，結果の判定は類型論（5類型）で表される。妥当性尺度を持たないので，回答の歪曲に弱い。

(3) NEO-PI-R：Big-5理論に基づき，「神経症傾向（N）」「外向性（E）」「開放性（O）」「調和性（A）」「誠実性（C）」の5次元特性を測定する検査である。240項目（5件法）と項目が多いため，短縮版（60項目）としてNEO-FFIも開発された。青年期から高齢期までを対象としており，5特性×6下位次元の合計30の特性から個人のパーソナリティを詳細に捉え，個人差を詳細に検討できる（表8-1）。

(4) TEG（東大式エゴグラム）：東京大学医学部心療内科TEG研究会が開発した交流分析理論に基づく検査である。交流分析は人格と個人の成長と変化における体系的な心理療法の理論であり，1950年代に精神科医バーンが提唱した。CP, NP, A, FC, ACの5つの自我状態の尺度と，検査の信頼性を測る妥当性尺度によって構成され，5つの自我を個人がどの程度使っているかを棒グラフとして可視化し，それぞれの尺度の高低と相互のバランスを見ることで，個々人の性格特性や行動パターンを多面的に捉えられる。

2. 作業検査法

作業検査法は特定の作業課題を行わせて，その結果から個人の特性を知る検査である。作業課題を行う際の緊張，興奮，慣れ，練習効果，疲労，混乱，欲求不満などがパーソナリティを反映するという前提に立つ。

(1) 内田クレペリン精神作業検査：被検者に一列に並んだ数値を連続加算する単純加算作業（1行1分）を5分の休憩を挟んで各15分で行う検査である。特定の職業での試験に使われることが多いパーソナリティ検査であり，どんなに疲労や負荷がかかっても，ミスをせずに仕事の成果が出せるかどうかを見る検査である。

(2) ベンダーゲシュタルト・テスト：ウェルトハイマーの研究から引用した9個の幾何図形を模写する検査であり，視覚/運動ゲシュタルト機能である目で見たものを書く能力（目と手の協応）の成熟度や機能的・器質的障害の様相，パーソナリティの偏りなどを臨床的に診断する検査である。比較的簡単で短時間で実施できるため，児童だけでなく，高齢者も実施可能であり，脳の器質障害の有無の査定にも使用できる。

3. 投映法（投影法）

投映法は視覚的，言語的刺激の図版を提示し，クライエントが感じたことを回答する方法である。クライエントの無意識レベルの深層心理を把握するのに適しているが，実施に時間がかかる，被検者に負担がかかる，実施や解釈に検査者の技能や主観が入りやすい，信頼性と妥当性に欠けるというデメリットもある。

(1) ロールシャッハテスト：スイスの精神科医ロールシャッハが，1921年に考案した。被験者にインクのしみを見せて何を想像するかを述べてもらい，その言語表現を分析することで被験者の思考過程を推定するテストである。

(2) バウムテスト（樹木画）：スイスの心理学者だったコッホが1945年に考案した。「1本の実がなる木を書いてください」と教示し，「一本の木」を4つの側面から約60項目（全体的所見，風景，地平，根元，根，幹，枝，冠，果実・花・葉など）から判断し，その人の考え方，思考のくせ，言葉で表現しにくい内面の気持ちや深層心理などを読み解くテストである。

(3) TAT（主題統覚検査）：1935年にモルガンとマレーは，人物や風景などが描かれた図版を見て文章を作り，構成された物語からパーソナリティを推測する心理検査を作成した。20枚の図版のうち1枚のイラストを選び，物語を作成させ，その内容を分析・解釈してその人のパーソナリティ諸特性，隠された欲求，精神的葛藤，被検者の欲求や圧力を読み取る欲求 - 圧力分析である。

(4) P-F スタディ（絵画欲求不満テスト）：自由連想法とTATを参考に，ローゼンツァイクのフラストレーション（欲求不満）耐性理論に基づいて作成した。欲求不満場面が描かれたイラストに対する被検者の言語的反応から，フラストレーションの解消方法の特徴を査定する検査である。精神分析の抑圧理論から，欲求不満状態になると前意識に行動が出ると考え，アグレッションの方向性と型＝主張性（フラストレーションに対する総称）で分析を行う。

(5) 文章完成法（精研式SCT）：刺激文となる文章の前半を呈示し，被験者にそこから意味の通る文章を完成させる半構造化された投影法である。反応文は，被験者の態度，信念，動機づけ，他の精神状態の徴候を顕在化している。文章完成法の反応は，意識か無意識かは議論があるが，意識していないものも引き出す可能性があるため，パーソナリティの評定だけでなく，広告やマーケティングにおける反応を評価するものもある。

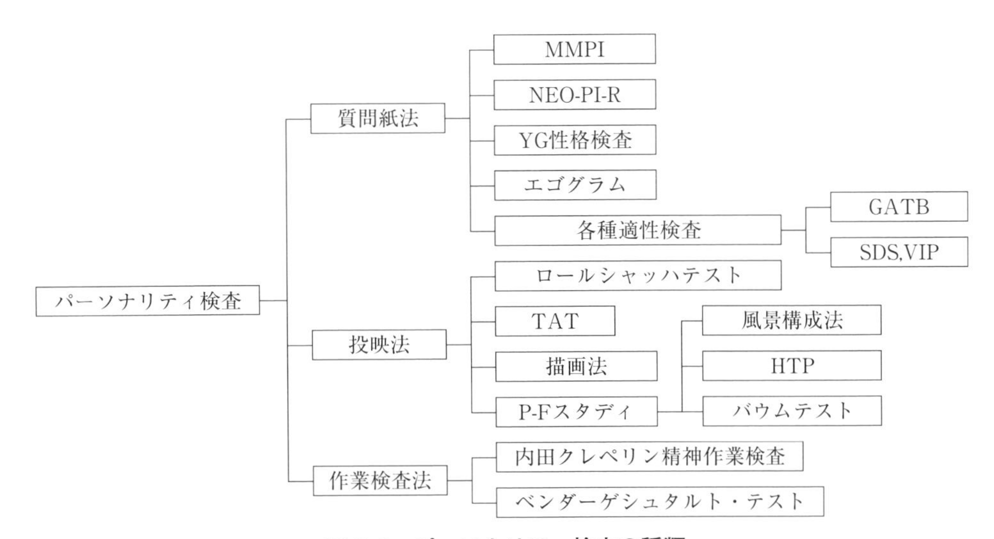

図8-3　パーソナリティ検査の種類

6節　パーソナリティと職業適性

パーソナリティは，職業の選択や適性と密接な関係がある。

1. 職業選択――適職って，何？

職業選択理論は，能力，興味，特技，パーソナリティ，適性など個人の内的特性で職業を決めることを重視した理論である。1900年代のアメリカは新しい産業が発達し，新しい職種や職業に就くため多くの若者が仕事を求め，都会に出てきた。しかし，慣れない職場や職務内容で仕事を続けられず，失業が大きな社会問題であった。パーソンズは，この原因は若者の怠けではなく，経済的理由で偶然に仕事を見つけることにあると考え，1909年に「職業の選択」を出版し，人と職業のマッチングという基本原理から特性因子理論を提唱した。特性因子論は，個人の特性（適性，興味，パーソナリティ）と，職務内容などの環境（因子）を合理的推論に基づいて適合できれば，仕事に対する満足度は高くなるという考え方である。適合に必要な3つの要素は①自己分析（自分自身を理解する），②職業分析（職務の特性を理解する），③理論的推論（①と②を合わせて考え，自分に合った職業を選択する）である。パーソンズの特性因子理論を用いた職業適性検査は，厚生労働省編一般職業適性検査（General Aptitude Test Battery: GATB）である。GATBは制限時間内に問題を解くことで9つの適性能（知的能力，言語能力，数理能力，書記的知覚，空間判断力，形態知覚，運動共応，指先の器用さ，手腕の器用さ）を測定，職業適性を確認できる。

パーソンズの特性因子理論をより細分化し，実用化したのはホランドである。ホランドは職業選択の要因として，個人の能力，興味，才能など個人的要因と，社会に存在する職業という環境要因の2つが存在し，この2つの相互作用によって職業適性が形成され，発達するとした。「職業選択はパーソナリティ表現の1つである」と考えたホランドは，同じ職業・仕事に携わっている人は共通したパーソナリティを持つと考え，職業的パーソナリティを現実的（R），研究的（I），芸術的（A），社会的（S），企業的（E），慣習的（C）の6つに分類した。一方，時代，社会，文化によって異なる職業環境（仕事）も，職業的パーソナリティに対応した6領域があるとし，この2つの適合度を6角形モデルで示した（図8-4）。この職業適性検査は，現在VPIあるいはSDSキャリア自己診断テストとなり，診断された職業的パーソナリティ・タイプと職業環境の適合度が高いほど職業適性が高く，職業的満足を得やすい。つまり，人と接することが好きな社会的パーソナリティの人が，人と接する仕事やサービス業に就くと職務満足を得やすくなる。職業のイメージが不明確な学生や，社会人でも仕事とのマッチング（適合性）が測定できるため，企業内の産業カウンセリングでも使用され，適性や教育研修の成果を診断することができる。また，測定される適性は固定的なものではなく，その人の興味やモチベーションによって経験を積み，教育研修を受けることで潜在的な能力を引き出すことができる。

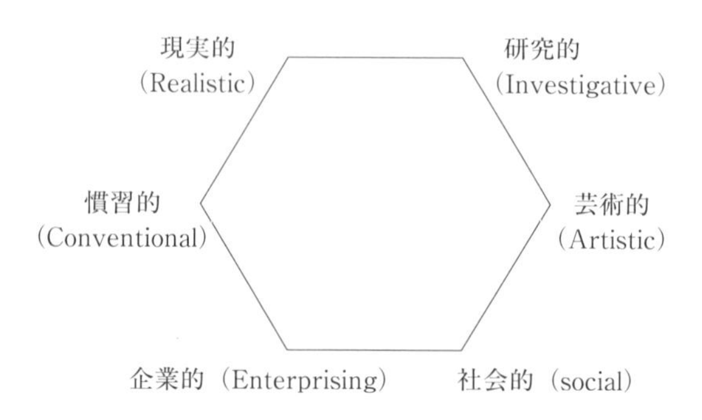

図8-4　ホランドの6角形モデル（Holland, 1985）

2. 職業発達理論とキャリア

職業発達理論とは，職業選択は長期的なプロセスと考える理論である。職業は会社員，自営業，弁護士など仕事内容を表す用語であるが，職業発達理論では仕事や社会的役割も含まれるため，仕事，職務，職業経歴という幅広い意味を持つキャリア（career）という用語も使われる。

スーパーは，「職業を通して人は発達する」というキャリア発達理論を提唱した。彼のライフステージ理論では，生涯を「成長期」「探索期」「確立期」「維持期」「解放期」の5つの段階に分け，各段階のキャリアの発達課題を示した。また，人と職業の適合として，職業適合性（広義の適性）を，能力とパーソナリティに分けた（図8-5）。能力は「将来なにができるか，達成できるだろう可能性」を示す概念であり，課題や仕事を適切に効果的に成し遂げられる潜在的，顕現的能力を指す。技量は「今，何ができるか」であり，職業場面ではスキルや専門知識となる。パーソナリティは，適性（欲求と特性），価値，興味，態度で構成される。例えば，適性はより良い仕事を成し遂げる達成欲求，約束を守るといった誠実性などのパーソナリティ特性である。また，自分の利益，あるいは公共の利益を優先するといった価値観，人や物を管理する仕事が好き，芸術的創作が好き，機械の組み立てが嫌いなどの興味，自由な社風か成果主義かなど社会的態度が要因となる。

適性が明確になれば，自分のキャリアと方向性を決めることができる。ほとんどの人は企業に就職する道を選ぶだろう。組織心理学の祖であるシャインは，個人と組織の関係に着目した組織内キャリア発達理論を提唱した。ここでは組織で経験した仕事の内容や実績，地位など組織内での役割を表す外的キャリアと，自己のキャリアの中で「どこに進むのか」という主観的感覚としての内的キャリアを想定した。この前提としてシャインは，個人が組織に期待を寄せるのと同時に，組織も個人に期待を寄せるという個人と組織の心理的契約を挙げた。

1980年代に入ると，ホールは産業組織による構造改革により，1つの組織の中で異動と昇進を繰り返す心理的契約の関係の継続が難しいことを主張した。そこで，組織やライフスタイルが常に変化する不確実性の高い社会では組織内キャリアではなく，働く人自身の自己実現や幸福追求のため，環境の変化に応じて柔軟に自分を変化させて成長するプロティアン・キャリアを提唱した（Hall, 1976）。これは，キャリアを営む個人の心理的成功，キャリアは他者の中で学び合いいう関係性理論，アイデンティティ×アダプタビリティ（変化への適応能力，対応力）の3つの考え方が重視される。特に，アイデンティティは変化の激しい時代において自分のキャリアを考える際，自分の価値観や興味を持てないと，変化し続ける時代に翻弄されてしまう。意思決定の連続が職業の選択に影響し，社会的役割や職務の連続で変化するキャリア発達の考え方は，これからのキャリア・プランニングに役立つだろう。

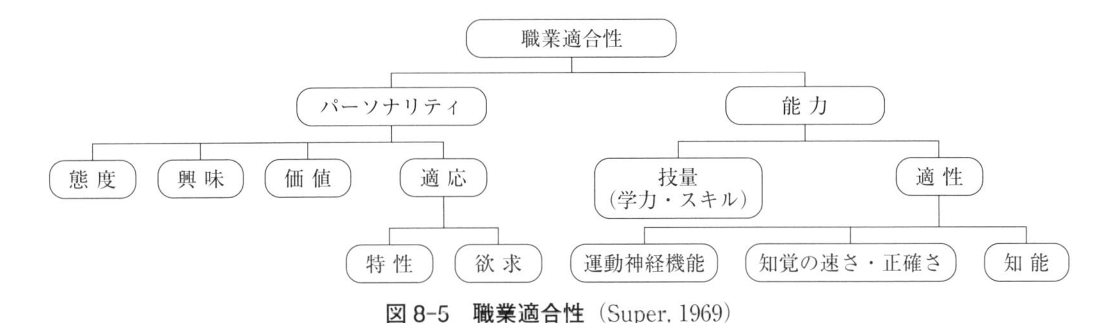

図8-5　職業適合性（Super, 1969）

第9章　欲求と感情

1節　欲求

1. 欲求と動機づけ

私たちは望むものをすべて与えられ欲することがすべて満たされてしまえば，おそらく何もやる気が起こらなくなってしまうであろう。例えば，おいしそうな料理が目の前にあったとしても，お腹がすいていなければ手を付けようとは思わない。喉が渇いていないにもかかわらず，冷蔵庫に飲み物を探しに行く人はいない。このように人が何かしらの行動を起こすのにはその背景に原動力となるものが必要となるのである。

人が何らかの行動に駆り立てられる一連の過程を動機づけという。これは行動を一定の方向に向けさせ持続的に生起させる機能全般を指すもので，人の内部状態と外部環境のかかわりが力動的な作用を生み出すとする概念である。動機づけ概念の捉え方は，各研究パラダイムによって様々であるが，ごく一般的には，私たちは内部の状態が満たされていないと（生理的あるいは心理社会的不均衡状態），それを補うために外部に働きかけ均衡状態を保とうとする内的な力が生じるとされる。このとき，人の内部に生じた行動の原動力（行動を引き起こす内的状態）を欲求または動因という。ただし，内的な欲求が生じただけでは実際の行動は引き起こされない。行動のきっかけとなる外的な要因（欲求の対象となる外的環境）が必要になる。このような行動を誘発する外的要因を誘因という。例えば，街を歩いていて「喉の渇き（欲求）」を感じたときに，近くにある「自動販売機の水（誘因）」が目に入ったことで，その自動販売機の「水を購入して飲む」というように行動が起こるのである。

2. 欲求の種類

行動の原動力となる欲求には，生物の生存にかかわる1次的欲求と社会生活の中から新たに獲得された2次的欲求がある。

1次的欲求とは，呼吸，飲食，排せつ，休息，睡眠などの人間の生命維持にとって欠かすことのできない生理的な性質をもつものである。このため，生理的欲求とも呼ばれ，これは多くの生物に共通して存在し，生まれながらにして人間誰しもに備わる欲求と定義づけられる。なお，これには性欲のような種の保存に関わる欲求も含まれており，個々の生存のみならず種全体の存続を目的とする行動も促されている。

これに対して2次的欲求は，1次的欲求に基づいて派生したもので，経験を通して後天的に学習される欲求である。例えば，私たちが社会生活を営む過程には，金銭，地位，名誉，権力など直接生存に関わるものではない欲求が存在していることは周知の事実である。また，人によっては社会の中での自己を高めるために勉強や課外活動に励みたいと欲する場合もあるであろう。このように，2次的欲求は社会環境の中で獲得されることから社会的欲求とも呼ばれるものである。しかしながら，たとえ同じ文化・経済圏に生活している場合であったとしても，その個人がどのような生活環境に身を置いているか，あるいは立場や世代などの違いによっても獲得される欲求は異なる。そのため，自身のもつ社会的欲求が必ずしも他者からの共通の理解を得られるとは限らないのである。

3. マズローの欲求階層説

マズロー（Maslow, 1954）は，人のさまざまな欲求を低次から高次のものまで分類し，欲求階層説として体系化した（図9-1）。

これによると，人の欲求は5つの階層を成しており，下層の欲求がより強く示されるとしている。そして，下層の欲求がたとえ部分的にせよ満たされると上層の欲求が現れることになる。つまり，最も低次な「生理的欲求」からはじまり最高次の「自己実現の欲求」に向かって変化していくことで，私たちの行動は絶えず成長していくという考えを示したのである。

現在までに，マズローの自己実現の概念は教育場面や企業経営，カウンセリングなど様々な社会生活の中に取り入れられ活用されている。

4. 欠乏欲求と成長欲求

マズローは最上層の「自己実現の欲求」を成長欲求，それ以外の下位4層の欲求を欠乏欲求と呼んでおり，これらの間には明確な性質の違いがあることを指摘している。

欠乏欲求について生理的欲求を例に挙げると，排せつや発汗などによって体内の「水分が不足（内部状態の不均衡）」すると，不足を補うために「水を飲みたい（欲求）」といった力動作用が生じる。これは，生体内部を常に安定した状態に保とうとする機構（恒常性：ホメオスタシス）に基づいて生じる作用であるが，このように私たちは常に不足しているものがあれば無意識のうちに外部から補おうとする力が働き，これは生理的な欠乏のみならず心理社会的な状態においても同様である。なお，欠乏欲求は不足分が満たされる度合いが少ないと強く発現し，十分に満たされるほど低減していくとされる。

一方，成長欲求は下層の欠乏欲求がすべて満たされた場合にのみ現れるとされる。これは，不足分を仕方なしに補うといった消極的な欠乏欲求とは異なり，積極的に自らを高めることを追求する志向性が重視される欲求である。なお，「自己実現の欲求」は自己実現や創造活動と関連した最も人間らしい個人欲求であるが，この欲求を完全に達成できる人はごく限られる。

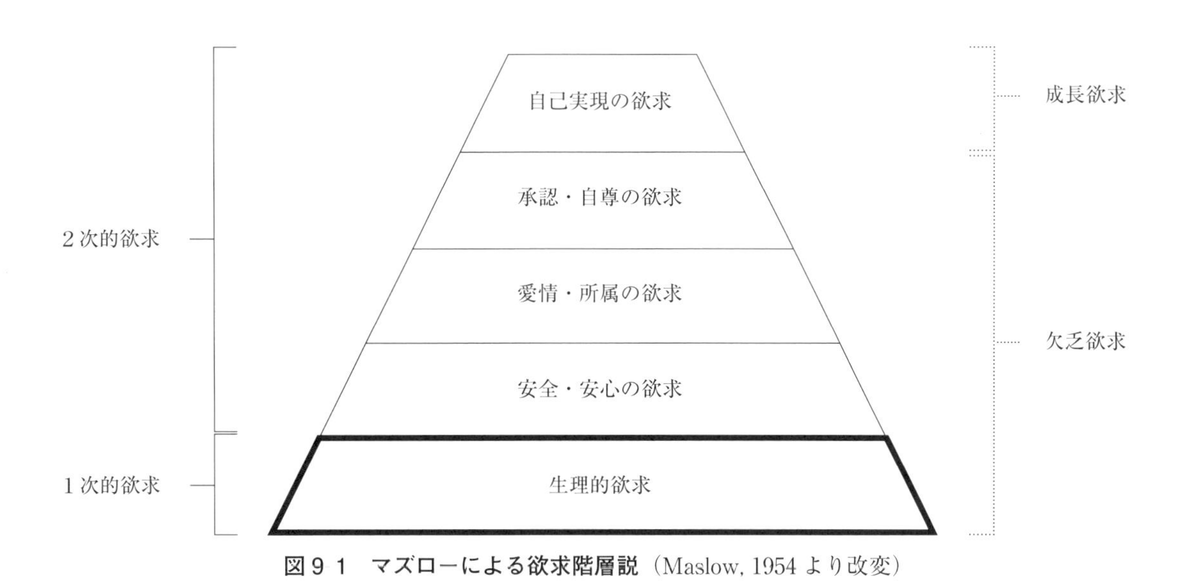

図9 1　マズローによる欲求階層説（Maslow, 1954 より改変）

2節　動機づけ

1. 感覚遮断実験

前節では1次的欲求と2次的欲求をはじめとした多くの欲求について紹介したが，中には，生得的に持ち合わせているにもかかわらず生存に直接関係がないような，1次的欲求とも2次的欲求とも決定しがたい動機づけか存在する。例えば，ヘロン（Heron, 1957）による感覚遮断実験がその1例である（図9-2）

感覚遮断実験とは，人がいかに感覚を求めているのかを示す研究である。この実験では，実験に参加した大学生は半透明の眼鏡をかけ，フォームラバー製のU字型枕で耳をふさぎ，手から腕にかけて筒状のカバーをする。そして図9-2のように防音室に置かれたベッドの上に長時間横たわったまま何もしないように命じられるのである。この実験に対して支払われた報酬は1日20ドルと当時にしてはかなり高額のものであった。また，参加者が望むだけ何日間でも続けられるものだったため，当初参加した学生たちは長期間居続けようと意気込んでいたという。しかしながら，食事と用便以外は外部との接触をまったく断たれたこの環境に，予定時間まで耐えられたものは少なかった。早い学生で数時間，最長でも3日で実験を中断してしまった。実験の間，多くの参加者は何かを考えようとしたが，時間がたつにつれて思考力が鈍りまとまったことが考えられなくなり，ひどい場合には幻覚が見えるようになったという。また，参加時間が長くなるにつれて知的活動の水準が下がり，精神状態が不安定になったり，攻撃性を現したりするようになった。

感覚とは本来，外界の情報を受け入れるための手段に過ぎず，生理的欲求が十分に満たされた安楽な状態では，これらが欠乏しているからといってそれほど強い動機づけになるとは思われにくい。しかしながら，この実験結果からもわかるように，正常な心理状態を維持するためには適度な刺激感覚が必要となるようである。

2. 内発的動機づけ

人の内部で生じた欲求はどのように行動に作用するのか。当初この動機づけ概念の捉え方について説いたのが動因低減説である。動因低減説はもともと学習理論の1つで，行動増加（強化）の要因として欲求（動因）が低減することを挙げたものであった。言い換えると，適切な行動をすることで欲求が低減するというわけである。なお，この説では，生体は本来怠けものであり，不都合な状態（欠乏欲求の出現）が生

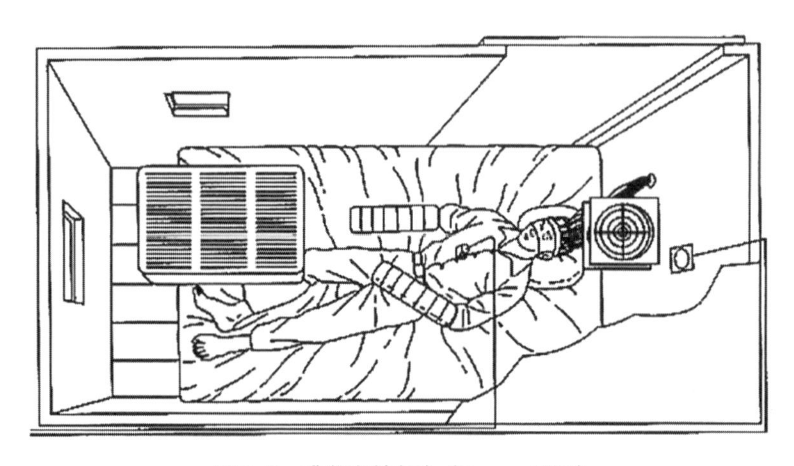

図9-2　感覚遮断実験（Heron, 1957）

じないかぎり自ら進んで行動することはないことを強調している。しかしながら，成長欲求などでも示されるように，生理的あるいは心理社会的に欠乏状態になくとも私たちは積極的に特定の行動を欲することができるのである。そこで，動因低減説の反論として導入された内発的動機づけという概念について確認してみる。

内発的動機づけ説では，生体は本来活動的で，周囲の環境と絶えず効果的に相互交渉しつつ自らの有能感を追求していく存在であるとした。例えば，ハーロウ（Harlow, 1950）が行った実験では，パズルを与えられた子ザルは，餌とは無関係に純粋な興味や知的好奇心（好奇動機）からパズルを熱心に解き，日増しに上達していったという（図9-3）。このように，欠乏欲求を満たす餌や報酬がなくても，その活動自体から得られる快感や満足感のための行動についての動機づけも存在するのである。

図9-3　サルの好奇動機
（Harlow, 1950／平井，1992より）

3. 達成動機と親和動機

マレー（Murray, 1938）は，自身の開発したTAT（主題統覚検査）を用いて，人の動機づけのみに焦点を当てて分類を行っている。その中でも，個人の特異な行動を理解するのに有用なものとして達成動機と親和動機が挙げられる。

達成動機とは，直接の利得がなくても，障害を克服して特定の目標に到達したいと望む動機づけのことである。例えば，まだ挑んだことのない前人未踏の山頂に挑みたい，クラスで誰も解けなかったようなひときわ困難な問題について正解するまで取り組みたい，短距離走の自身のベストタイムを更新できるまで走り切りたいなどである。ただし，これは自身がどのレベルを高い水準と考えているかに大きく左右されるため，その具体的な内容には個人差が多く含まれるものである。また，他者と競争し抜きでたり，才能を有効的に使い自尊心を高めたりするような，自身が他者と比べて卓越した水準であることを確認しようと望む動機も含まれる。

一方，親和動機とは他の人と友好的な関係を成立させ，それを維持したいという動機づけのことである。親和動機の高い人は，自身に好感を持っている人に近づき協力したり，他者に対して頻繁に友愛を示したりする。社会生活において多くの場合には他人との協力が望まれるため，親和動機は他の動機と融合しやすく，たいていの場合受け入れられている。なお，この親和動機に対置されるのが達成動機であり，海外の研究の多くは両者が負の関係にあるとしている。ただし，これは文化や社会的な影響によって左右されるもので，例えば，集団行動を重視する日本においては仲間と親和的な関係を保つことで達成に至る場合も多く，必ずしも対立が生じるわけではないとされる。

3節　欲求不満と葛藤

1. 欲求阻止と欲求不満

私たちは様々な欲求を持つが，それら欲求を解消するために対象となる外的環境に対して何らかの行動をする。しかしながら，一般の状況はそれほど単純なものではなく，内外に多くの障害が存在する。行動を妨害する障害には，例えば，入りたい部屋に鍵がかかっていたり，乗りたい電車が不通になっていたりといった物理的障害の場合もあれば，法律や道徳的に禁止されてしまうような社会的障害の場合もある。また，障害が外部のみにあるとは限らず，自身の性格や価値観が行動を阻む場合もある。このように，欲求を解消するための行動が何かしらの障害に妨害された状態を欲求阻止という。これは，単に欲求が満たされないという状態とは異なり，その障害を取り除かないと欲求の解消ができないという重圧が増すことで，心理的に不快な緊張状態を生み出すことになる。また，欲求阻止の結果として陥る緊張状態を欲求不満（フラストレーション）と呼ぶ。

2. 欲求阻止の種類

障害によって引き起こされる欲求阻止には3つの状況が挙げられる。

1）欠乏

欲求の対象が障害によって獲得できない状況のことである。例えば，「お腹が減っている（欲求）が，食材が目の前にあるのに料理法を知らない（障害：能力不足）ため，食べることができない（欲求阻止）」といった状況は，「食べることのできる料理」が障害によって欠乏している。

2）喪失

欲求の対象が障害によって消失した状況のことである。例えば，「個数の限られた限定商品が欲しかった（欲求）ので，店の行列に並んだが自分の番が来る前に売り切れてしまい（障害：他の購買者）購入することができなかった（欲求阻止）」といった状況は，「限定商品」が障害によって喪失している。

3）葛藤（コンフリクト）

強さの等しい2つ以上の欲求が存在し，それらが互いに障害となり対立しあっている状況のことである。これについて，レヴィン（Lewin, 1935）は葛藤の対立型を①接近－接近型，②回避－回避型，③接近－回避型の3タイプに分類

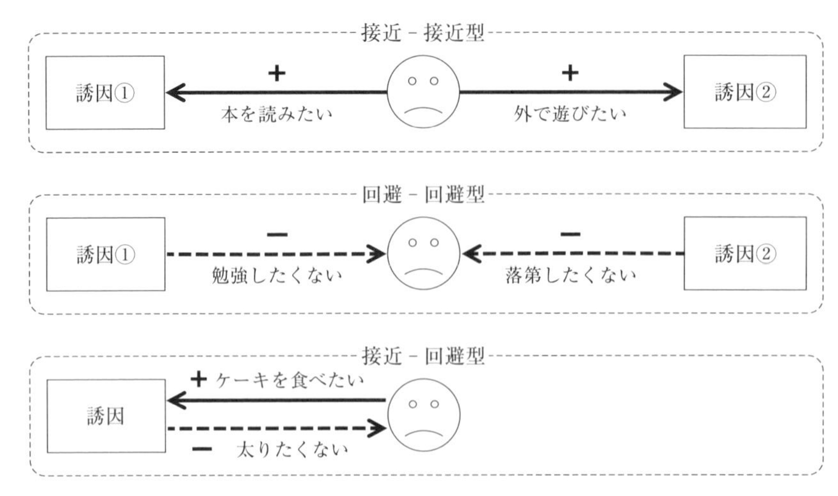

図9-4　レヴィンによる葛藤の3類型

している（図9-4）。

3．フラストレーション反応

私たちは欲求不満に陥ると，不快な緊張状態から脱却するため何らかの対処を行うが，これをフラストレーション反応と呼ぶ。フラストレーション反応は3種類に分類することができる。

1）適応的反応

欲求阻止を引き起こす障害を合理的に除去したり迂回したりして本来の欲求を解消しようとする反応である。例えば，目的の食べ物を買うお金がなければ，お金を家に取りに帰ったり友人に借りたりして目的の行動を果たす（回り道行動）などがこれにあたる。

2）防衛（適応）機制に基づく反応

適応的反応で失敗したり，やや強めの欲求不満状態であったりしたときに起こりやすい準適応的な反応である。欲求対象の喪失など本来の欲求は解消できないが，一時しのぎで何とか欲求不満状態から離脱するための反応である。例えば，本当に欲しい物とは違うが，持っているお金の範囲で購入できる類似品を購入することで自身を納得させて欲求不満を離脱するなどである（代替行動）。これは，フラストレーションや葛藤から自身を守る無意識な心の働きの1つで防衛機制と呼ぶものだが，適応的な側面を強調して適応機制と呼ぶことも多い（表9-1）。

3）不適応反応

防衛機制に失敗したり，欲求不満がかなり強かったり，あるいは長期間続いていたりする場合には，攻撃や異常固執などの非合理的な反応が生じる。

4．フラストレーション耐性

同じような欲求不満状態であっても，すぐに不適応反応を示す人もいれば，適応的にうまく切り抜ける人もいる。これは欲求不満状態に耐えて適応的な行動を維持する能力に起因するもので，個人によって大いに異なる。なお，この能力のことをフラストレーション耐性という。このような個人差はローゼンツァイクによって作成されたP-Fスタディという投影法性格検査によって明らかにできる。同検査は，他人から害を被った場面や攻撃を受けた場面，欲求不満が喚起される場面などのイラストが描かれたもので，空欄で示される登場人物のセリフを連想して記入するものである。これによって欲求不満状態の反応傾向を理解することができるようになる。

表9-1　主な防衛機制（前田，1985を改変）

種　類	内　容
退　行	早期の発達段階へ戻ったような行動や考えをする。
抑　圧	苦痛な感情や欲求，記憶を意識から締め出す。
反動形成	受け入れがたい欲求がある場合，それとは反対の態度を強調する。
隔　離	思考と感情のつながりや，感情と行動のつながりを切り離す。
打ち消し	不安や罪悪感を別の行動や考えで打ち消す。
投　影	相手へ向かう感情や欲求を他者が自分に向けていると思う。
取り入れ	相手のもつ特徴や属性を心の中で自分のものにする。
反　転	相手に向かう感情や欲求を自己へ向け換える。
逆　転	感情や欲求を反対物へ変更する（愛→憎，のぞき→露出など）。
昇　華	反社会的な欲求や感情を社会的に受け入れられるものに変える。
置き換え	水準の低い欲求に置き換えることで，より楽に欲求を解消させる。

4節　感情

1. 感情の定義

人は動機づけの過程で，欲求を充足できれば心地よさを覚え，逆に欲求を満たすことができなければ不愉快な思いをする。このような心理体験は感情と呼ばれる。感情は欲求を生み出す源泉でもあるのだが，動機づけのみならず記憶や学習，思考など多くの行動過程に密接にかかわっている。例えば，過去に犬に噛まれたことがある人は，犬を目の前にすると恐怖を感じてその場から逃げ出そうとするであろう。あるいは，犬のいそうな場所を通るだけで不安に駆られ，オドオドとした態度になるかもしれない。このように，私たちは日常の様々な場面で，喜びや怒り，悲しみ，楽しみなどの感情体験をし，複雑な状況判断に活用しているのである。

さて，「感情」と一言にいっても，日本語には情動や情緒，気分など，ほかにも似たような言葉がいくつもあり，日常区別して使用することは少ないように思う。一方，英語では比較的はっきりと使い分けがなされており，感情の持ついくつかの側面を概観することができる。例えば，「感情」を英語で表す単語には，feeling，emotion，affectionといったものが挙げられる。feelingには「ing」が含まれることからもわかるように瞬間的・皮膚感覚的な側面の感情を指している。一方，emotionは「motion」という動きを持つような側面の感情に使用されている。また，affectionは対象に向けられる「effect」に通ずるような側面の感情を示している。その他にも，moodやsentimentなどの類語が存在している。

上述のように，感情には複数の側面が存在し，心理学ではこれらを専門的な定義に当てはめて研究がなされている。まず，「情動（emotion）」は，喜怒哀楽のように，急激に起こり短時間で終わる強力な感情体験で，筋緊張や心拍上昇などの生理反応や表出行動といった身体的変化をともなうことが特徴とされている。続いて，「狭義の感情（feeling）」は，強度が弱く身体的変化の少ない感情体験で，快－不快，好－悪のような次元として捉えられるものである。「気分（mood）」は，強度は弱いが比較的長く続く感情体験で，特定の刺激を持たずに環境や身体状態に影響されるものである。「情操（sentiment）」は，道徳的・芸術的・宗教的などの社会的価値をもった複雑な感情体験のことである。そして，従来もっとも広い意味での「感情（affection）」は情的過程全般を示す概念として用いられ，これらの情緒ないしは情動，情感ないしは狭義の感情，気分，情操を包括した総称として使用される。

このように，感情とは専門的には多岐にわたる複雑な概念であるが，身体的変化（行動）の測定を研究方法とする心理学においては，生理的指標の明確な「情動」を中心として古典的感情研究がされている。

2. 情動の種類

生得的に備わったそれ以上分割することができない情動の最小単位を基本的情動という。何を基本的情動とするかについての議論は古くからあり，今日においても研究者によって異なる分類や様々なモデルが示されている。例えば，エクマンは，顔の表情は文化を超えた人類に普遍的・生得的なものであるとして，これをもとに「喜び」「怒り」「恐れ」「悲しみ」「嫌悪」「驚き」を基本的情動に挙げている。一方，行動分析学のワトソンは「恐れ」「怒り」「愛」の3つを基本的情動とし，本能理論で知られたマクドゥガルは「怒り」「嫌悪」「得意」「恐れ」「服従」「愛情」「驚き」の7つとしている。このように，心理学では様々な観点から情動へのアプローチがなされ，その考え方は多岐にわたるものである。以降には広く知られる2つの古典的情動モデルについて取り上げ紹介することとする。

1）プルチックの基本的情動モデル

プルチックは多くの実験的研究成果に基づいて，「主観的体験」，「行動」，「生物学的機能」の3側面から，8種の基本的情動を抽出した（表9-2）。例えば，「恐れ」は行動面では逃避につながり，生物学的には護身の役割を持っている。「驚き」は，行動の停止を導き，新たな刺激に対して注意を向けさせる。プルチックは，この8種の基本的情動は互いに類似しあうものを隣り合わせに円環上に並べることができるとして，情動円環モデルを提唱した（図9-5）。これによると，色彩理論における混色の考えを取り入れ，異なるカテゴリの情動の組み合わせによってあらゆる情動が生み出されることを説明した。例えば，「喜び」と「予期」といった円環上で隣接する情動が混合すると，新たに「楽観」が生じるようになる。「驚き」と「悲しみ」の混合で「落胆」，「いや気」と「怒り」の混合で「侮蔑」が生じるといった具合である。一方，円環上で反対に位置するもの同士は対照的な性質を持つため，それらが同時に生じると「葛藤」状態に陥るとされる。さらにプルチックはこれらのカテゴリに強度差の次元を想定し，三次元の情動立体モデルも提唱している。

表9-2　基本的情動の3用語（Plutchik, 1986より改変）

基本的情動の用語	行動の用語	生物学的機能の用語
恐れ，恐怖	後ずさり，逃避	護身
怒り，激怒	攻撃，咬みつき	打破
喜び，歓喜	配偶，熱中	生殖
悲しみ，悲嘆	泣き，叫び	救援，復元
受け入れ，信頼	抱き合い，睦み合い	合体，親和
いや気，嫌忌	吐き出し，排除	拒否
期待，予知	調査，探索	探索
驚き，驚愕	停止，硬直	定位，身構え

図9-5　プルチックの円環モデル混合型
（Plutchik，1986／金城，2008より）

2）シュロスバーグの基本的情動モデル

シュロスバーグの研究は，もともと師であるウッドワースの研究手法を引き継いだものである。ウッドワースは，あらかじめ6つの情動カテゴリを用意して，様々な表情写真をいずれかに分類させるといった手法で情動についてアプローチしている。ウッドワースによると，隣接したカテゴリ同士は混同されることはあるが，離れているもの同士では混同は起こらないことから，各カテゴリは質的に独立するものではなく，情動は一次元の線分上に配置されるような連続した構造であると結論付けている。これに対し，シュロスバーグは，線分の両端にある「愛」と「軽蔑」においても混同がみられるとして，円環構造であると主張し，情動を「注意－拒否」と「快－不快」の2次元で配置される円環モデルにまとめ上げている（図9-6）。

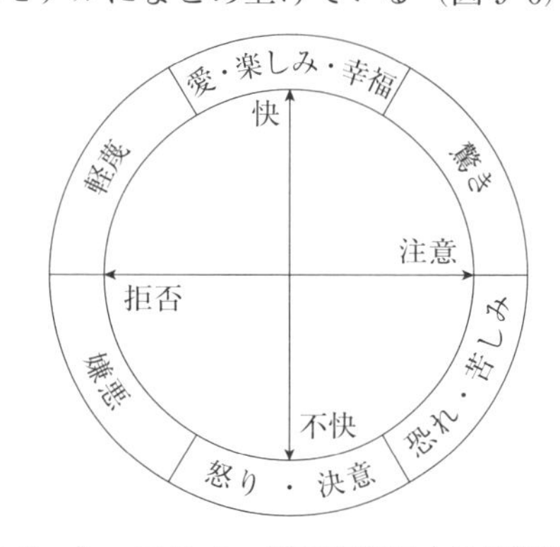

図9-6　シュロスバーグの表情による円環モデル
（Schlosberg，1952／平井，1992より）

5節　情動と身体的変化

1. 情動の表出行動

情動はその人自身が心の中で体験するものであるが，動作や表情として外部に表出することで，その感情はある程度推察することができる。動作としての表出行動は，人だけに限るものではなく動物にも表れることが知られている。例えば，犬は飼い主に尻尾を振って喜んだり，侵入者に対しては逆毛をたてて吠えることで怒りを示したりと，全身を使って情動を外部に表出する。このような情動的行動は，親和を目的として相手を受け入れ，あるいは護身のための戦いの準備をするなど生物学的機能の役割に端を発したものと考えられる。ただし，人の情動的行動の場合には，それぞれの文化や教育といった社会的要因に影響を受けやすく，育った環境によって表出のされ方が異なるものとされる。例えば，日本のように情動表現を抑制する文化もあれば，ボディランゲージを使って情動を大きく表現する文化もあり，それぞれの集団特有のルールによって表出のされ方が調節されているのである。

一方，表情はそれぞれの情動に応じて普遍的に表出するとされている（Ekman, 1971）。これについて，シュオルツら（Schwartz et al., 1976）は健常者とうつ病患者を対象に「幸福」「悲しみ」「怒り」「日常生活」をイメージさせ，4種の表情筋の変化を測定している（図9-7）。これによると，健常者は幸福や悲しみ，怒りをイメージした際にはそれぞれ特徴的な表情筋の変化がみられ，これらの表情筋変化がエクマンの指す各情動に固有の普遍的表情を作っていることがわかる。一方で，うつ病患者の場合，悲しみや怒りに対しては健常者同様に固有の表情筋変化が認められるものの，幸福なイメージにともなって生じる眉の筋肉のゆるみが全く見られない。また，日常生活を思い描いた際，健常者は表情筋の動きは幸福なイメージと同様であるが，これに対してうつ病患者は悲しみに近い表情となっている。このようなシュオルツの実験は，表情研究において実証的な検討がなされたという点で非常に意義のあるものである。

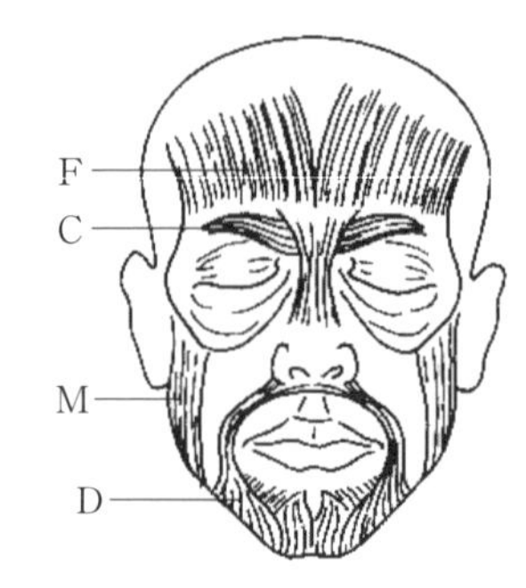

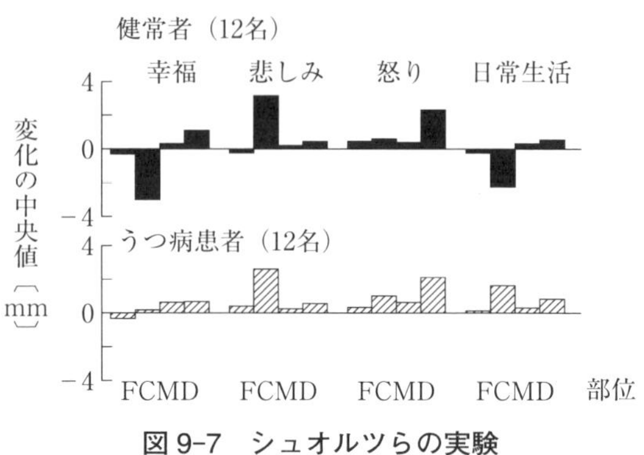

図9-7　シュオルツらの実験
(Schwartz et al., 1976／平井，1992より)

2. 情動生起のメカニズムと身体的変化

情動には外部から直接観察が可能な表出行動の他に，身体内部で起こる生理的反応がともなっている。例えば，不安に思って手に汗握ったり，驚いて心臓が早鐘のようにうったり，怒りで頭に血がのぼったり，あるいは悲しくて涙を流したりと，私たちは日常生活のなかで情動にともなう生理的な身体の変化を多く体験おり，これらは相互密接に関係していることがわかる。以降では情動生起メカニズムと身体的変化について代表的な理論を紹介することにする。

1）ジェームズ＝ランゲ説

19世紀末にアメリカ心理学の創始者といわ

れるジェームズは，生理的・身体的反応が情動に先行して生じ，その身体的変化が感知されることによって情動が生起するといった独特の説を提出した（図9-8左）。これは末梢起源説とも呼ばれる。ある刺激の入力情報が大脳皮質に達して知覚が生じると（①），反射的に骨格筋や臓器が賦活される（②）。こうして生じた生理的・身体的変化が皮質にフィードバックされた結果（③，④）として生じるのが情動である。すなわち，身体変化があってはじめて情動が生じるということである。このことは「泣くから悲しい，震えるから恐ろしい」と表現され，一般的な理解とは逆説的な捉え方をするものである。ほぼ同時期にデンマークのランゲも類似の説を唱えたことから両者の名前がついたものである。

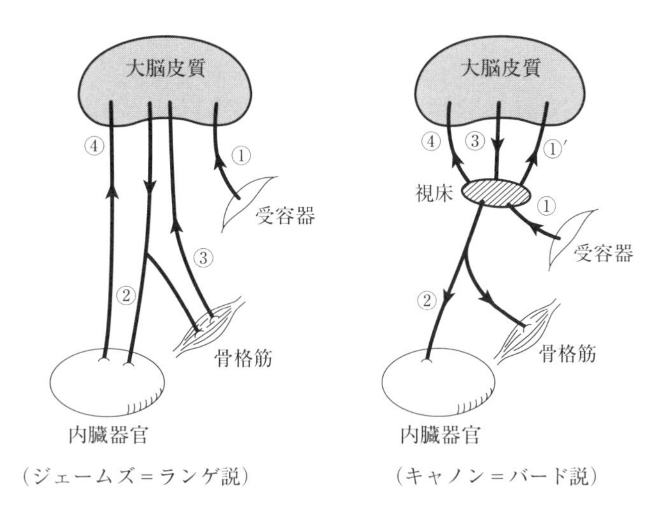

図9-8　2つの情動生起理論の経路（平井，1992より）

2）キャノン＝バード説

ジェームズ＝ランゲ説への批判として提出されたのが，キャノンとバードによる中枢起源説である。キャノンは，動物の内臓器官を切除したり交感神経を遮断したりしても情動行動が示される事実や，人為的に内臓変化を起こしても情動は生起しないという事実からジェームズ＝ランゲ説では情動生起を十分に説明できないと主張した。また，猫の視床を切除すると情動行動が生じないことを明らかにし，この視床の働きを重視した仮説をまとめたのである。この説によると，入力された情報は視床に伝達され2つの経路の興奮を引き起こすとしている（図9-8右）。1つは骨格筋や内臓器官へと伝える経路で，これによりほぼ反射的に生理的・身体的変化が生じる（②）。一方，もう1つの経路は大脳皮質へ興奮を伝えるものである（①′）。普段の視床は皮質に抑制され情動を生起させることはないが，大脳皮質へ伝えられた興奮により視床の抑制が一時的に解除され（③），一過性の情動が生起されるとしている（④）。このように，キャノン＝バード説では2つに分岐した伝達経路の仮定によって，情動と生理的・身体的変化はほぼ同時（厳密には身体的変化は緩慢なため情動の方が少し早い）に生起されるというものである。なお，現在では情動と生理的・身体的変化に関係の深い脳の部位は視床よりも視床下部と考えられている。

3）シャクターの情動2要因理論

シャクターは，ジェームズ＝ランゲ説を支持する立場を明言し，情動経験の成立には生理的覚醒とその状況に関する認知の2要因が必要であると主張した。これは，何らかの刺激によって生理的覚醒水準が上昇したとしてもそれだけで情動が生じるのではなく，その覚醒を引き起こした原因について周囲の状況を認知し，これに基づいて評価することで初めて情動が経験されるというものである（図9-9）。

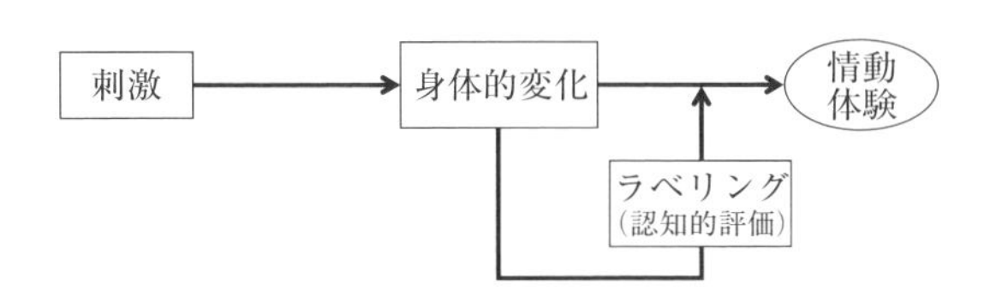

図9-9　情動の2要因論

第10章　社　会

1節　社会の中の私

私たちは何らかの人の集まりの中で生きている。集団とは相互に知り合いで，役割が分化しており，人間関係は一時的ではなく，一定期間継続している。人がある集団に属すると集団成員性（メンバー）になる。人が集団に所属する理由はいくつかある。他の人々から好意を得たい，注目されたいなどの心理的要求を満たすため，一人では成し遂げられない目標を達成するため，個人では入手できない情報を得るため，精神的，身体的あるいは経済的安全を守るためである。

1. 所属集団と準拠集団

人は家族や学校，部活やサークル活動，会社な趣味の集まりなど，同時にいくつかの集団に所属している。自分が所属する集団を所属集団という。名目上でも所属していれば所属集団となるが，自分にとって重要な集団もあれば，関わりの薄い集団もある。準拠集団とは，その集団での活動が個人の欲求を満たしてくれる重要な集団であり，個人の価値観，信念，態度，行動などに強い影響を与える集団である。例えば，「みんな持ってる」の「みんな」は人すべてを意味するのではなく，自分が所属する特定の準拠集団内の意見，態度，判断，行動などの基準となる枠組みを準拠枠といい，この枠組みを提供するのが「みんな」という準拠集団である。準拠集団の中でも準拠枠を形成するのは重要な他者である。重要な他者とは，社会化，意思決定，社会的比較などの局面に際して，個人がその人の態度や意見を自分の判断の根拠とみなし，それに準拠しようとする具体的な他者のことである。このように準拠集団の重要な他者は，個人の行動や思考に影響を与えるようになる。

2. 内集団と外集団

人は自分や他者，あるいは物事をある特徴による基準で振り分けて，1つのまとまりとして認知する傾向がある。社会的カテゴリーとは，他者を同定し，任意の社会集団へと分類するための社会的に構築された認知的枠組みである。これは，自分を取り巻く環境や集団について，服装，出身地，出身学校などから，自分を社会的カテゴリーに振り分けることである。社会的カテゴリーから自分を捉えると，自分が所属している「私たち」という内集団と，自分が所属していない「彼ら」という外集団に分けて考えるようになる。内集団は自分をその集団と同一視し，所属感を抱いている集団となるため，集団のメンバーに共有されている価値判断や行動様式の基準が生じることで内集団が強化されていく。集団内の大多数の成員が共有する判断の枠組みや思考様式のことを集団規範という。集団規範は所属メンバーの価値観に左右される。例えば，「社会で大切なものは協調性である」と考えるメンバーの多い集団は，集団内でも協調性を第一に考え，その規範に従わせようとする力が潜在的に働く。集団規範はお互いの行動を観察しながら徐々に作られ，やがてそれはその集団独自の雰囲気や特徴となる。しかし，これは集団の独自の規範なので「○○の常識は世間の非常識」であることも多く，その集団を抜けると集団特有の考え方や行動様式は他集団では通用しないことも多い。集団規範がさらに強化されると，メンバーに対して集団規範に同調するよう強制的な影響力である集団圧力が生じる。集団圧力は集団メンバーの考え方や行動様式などを似通ったもの，あるいは同一にするよう働きかける力であるため，規範から外れた言動を取るメンバーには，周りの成員が規範に従うように働きかける。「もっとみんなの気持ちを考えて」など言動で直接的圧力をかける場合もあれば，自己の意見や行動が規範からずれていると認知したメンバーが自発的な同調の必要性を感じるように仕向ける間接的圧力もある。

内集団が強化されていくと，自分が所属している集団を特別に扱いたくなり，所属している集団をひいきするようなる。内集団バイアスとは，外集団と比べて，自分が所属する内集団のメンバーの方が人格や能力が優れていると認知し，好意を持ち，優遇する現象である。内集団バイアスが生じる要因として，自己高揚動機の仮定，自己評価を高く維持したいという動機づけ，社会的アイデンティティの存在がある（Tajfel & Turner, 1986）。人は内集団バイアスを持つと，社会的カテゴリーの価値を自分自身の価値へと反映させる，他集団よりも自分の所属する集団の方が優れて見える，他の集団と報酬を分配する際には自分の所属する集団の方が多くなるよう分配をする，などの傾向が現れる。このため，特に敵対視していなかった外集団の人たちを攻撃する，あるいは低く評価するという傾向もある。自分と関係のない県に「○○県なんて」と低く評価してしまう。これらは，ステレオタイプや偏見につながる恐れもあるので注意が必要である。

3. 自己概念と社会的アイデンティティ

「あなたは，どんな人ですか」と問われた場合，おそらくあなたは自分の身体的特徴（背が高い／低い，目や肌の色など），所属している学校名や大学名，企業名，国籍，性別，パーソナリティ特徴（やさしい，おもしろい，社交的など）などを述べるだろう。このように，「自分はどのような人間か」という自分自身で認識しているイメージのことを自己概念という。さらに青年期になると幅広い自己概念の中から自分の核となる部分を探し，「自分が自分であること」を認識し，他者や社会とのかかわりの中で自分自身の生き方や信念について自分が何者であるかというアイデンティティ（自我同一性）を形成していく。アイデンティティはその人なりの自分らしさであり，自己の価値観，意思，行動の基準となる。例えば服を買うとき，自分の好き嫌いや価値観で服を買うと決めた場合は，その人個人のアイデンティティにおける決定となる。アイデンティティは，個人が所属する社会集団や社会的カテゴリーに基づく自己認識も含まれる。

社会的アイデンティティとは，「自分がこの集団に所属している」という個人の認知とその集団のメンバーであることにともなう価値や情緒的意味を指す（Tajfel, 1978）。この集団には世代，民族，人種，宗教，性別，国籍，職業，政治的所属，交際状況，宗教，社会経済的地位などがあり，これらの社会的アイデンティティと自己を同一化し，自分を集団の一部として自覚し行動する。「大学（会社）に来ていく服なら，これかな……」と集団に合わせて服を考える場合である。

社会的アイデンティティが形成されると集団に対して個人の感情的，価値的な意味づけを行うようになり，同一集団のメンバーと同じ存在と考えるようになる。これは，自分が所属する集団との同一化を通じて自尊心を高めようとしているためである。このように人の意見や行動を理解する時，その人の意見や価値観，行動を決定するものは個人の信念や価値観で形成される個人のアイデンティティだけでなく，その集団に属することによる社会的アイデンティティにも影響を受けているのである。

2節　他者とのかかわり：集団間行動

内集団バイアスが高じると，社会的アイデンティティを持つ集団を高く評価しすぎて，他者への攻撃や集団間での闘争が生じることがある。

1. 集団成員性と攻撃行動

集団の一員となることで攻撃的になる例として，サマーキャンプ研究がある（Sherif et al., 1961）。実験では，サマーキャンプに来た互いに面識のない少年たちをランダム（無作為）に2つの集団に分けてキャンプ場で共同生活を行った。しばらくすると少年たちは自分たちを「ラトラーズ（ガラガラヘビ）」「イーグルス」と呼び，自分たちをそれぞれの集団の一員とみなすようになった。その後，実験者は2つの集団でソフトボールや綱引きなど競争的課題を行い，勝利チームが商品をもらえるようにして2つの集団の間に利害葛藤を生じさせた。この結果，少年たちは外集団の少年に対して敵対的態度を強め，時には相手に激しい暴力を振るうようになった。

どうすれば2つの集団は仲良くできるだろう。シェリフらの実験はここで終わりではなく，どうすればグループ間に起こる敵意を取り除けるかにも注意を向けた。集団間葛藤を解消するための2つの仮説がある。1つは「2つの集団の交流の機会を増やす」ことである。2つの集団は一緒にパーティや食事をする，話し合いをしてみたが，敵対する集団を近づけることで一触即発となり，この方法は逆効果であった。もう1つの仮説は「上位目標を導入する」ことである。上位目標とは2つの集団が協力して初めて達成できる目標を作ることである。例えば，水道を引く，壊れたテントを直すなど協力しないとできない目標に向かうことでお互い協力し合うようにした結果，競争の対象であった綱引きが2つに集団の協力作業へと変わった。さらに，外集団に対する態度も向上し，相互の友好関係が増すようになった。この実験は，内集団の肯定的評価が外集団に対する否定的態度を形成すること，単に集団を形成するだけで外集団への敵対的態度が生じることが明らかになった。

2. 集団生産性

集団は効率的に作業できると，個人では成しえない大きな仕事を達成できる。社会的促進とは他者がいると作業効率は上がることであり，社会的手抜きとは他者が存在することで作業効率が下がることをいう。社会的手抜きを軽減する方法は，メンバー各自の成績・努力・貢献度をフィードバックにする，魅力ある課題にする，集団凝集性を強める方法がある。集団凝集性とはメンバーを集団に引き付けてとどまらせるよう働く力のことであり，メンバーがお互いに感じる対人魅力の集積である。集団凝集性は，メンバーたちがお互いに好意を持つことで生じる集団の魅力である対人凝集性と，その集団に所属することで重要な目標を達成できることで生じる課題達成的凝集性の2つがある。凝集性が高いほど集団での成果は優れ，業務スピードの向上，メンバーの離脱などを防ぐことができる。野球やみこしを担ぐなど共同で解決しなければならない課題は，高い対人凝集性と課題達成的凝集性の2つが必要である。しかし，新しい仕事のプロジェクトを立案するような課題では，アイディアを出す人は多数いた方が良いが，立案作業は1人で作業する方がよい。つまり，高い課題達成的凝集性のみでよい。その後，多数の各メンバーが案を持ち寄って，その中からもっともよい案を話し合う方が良い案が出せる。ここでメンバーが仲良く案を出そうと会議で話し合うと，対人凝集性が高いことで社会的手抜きや同調行動が生じて良い案が出ない。集団で何か作業を行う場合，課題や作業内容によってやり方を変える必要がある。

3. 集団の機能とパフォーマンス

集団の目標遂行のためには集団を運営するリーダーが必要であり，その働きをリーダーシップという。リーダーシップとは集団および組織の目標達成のためメンバーが影響力を行使するプロセスである。リーダーシップの初期研究の特性アプローチではリーダーは生まれながらの資質であるという立場だが，優れたリーダーに共通する身体や性格など個人的資質を基に集団の効果性を明らかにする研究を行った結果，リーダーに共通する特性は説明できなかった。

1940年代から，主にアメリカで軍隊・産業において潜在的なリーダーを発掘，訓練する必要性から発展したのが行動アプローチである。行動アプローチは，どのような行動が有効なリーダーを作り上げるのかを明らかにする研究である。三隅のPM理論では，リーダーに必要な機能として目標達成機能（Performance）と人間関係維持機能（Maintenance）の2次元によって，リーダーシップスタイルを4つに類型化した（三隅，1963）（図10-1）。集団のメンバーは自分のリーダーのP機能とM機能を評定し，評定結果を高得点P, Mで表し，低得点をp, mで表す。生産性，モラル，組織に対する帰属感はもっともPM型が優れている。P型は生産性のみを追求するリーダーのためメンバーの内部抵抗感が強い，M型はメンバー相互の有効性を重視するリーダーなのでメンバーの生産性が低い，pm型はリーダーに対する敵意や不満が多いリーダーである。

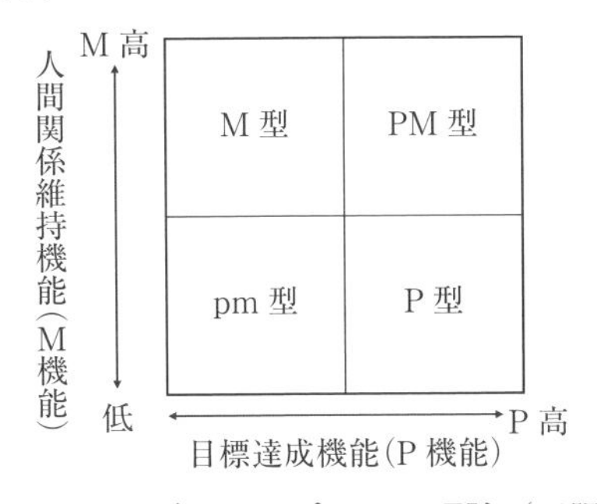

図10-1 リーダーシップのPM理論（三隅，1963）

しかし1960年代になると，「全ての状況に適応されうる唯一最善の普遍的なリーダーシップスタイルは存在しない」という考えに基づき，集団が置かれている内的・外的状況が異なれば，求められるリーダーシップも変わるというコンティンジェンシー（状況適応）・アプローチへと変化していった。フィードラーは「これまで知り合った仕事仲間のうち，一緒に仕事をするのが最も難しい相手」を評定するLPC尺度（Least Preferred Co-worker）を作成した。このモデルではリーダーとメンバーの関係の良さ，タスク構造，リーダーの権限と言う3つの状況を想定している（図10-2）。高LPC得点の人は，他者との良い人間関係に満足を感じる人間関係志向的な人であり，中統制の状況の際に業績が向上する。一方，低LPC得点の人は，職務遂行を求める課題達成志向的な人で，低統制の状況で業績が向上する。このモデルは自分が部下の時はリーダーを変えてもらえば良いが，自分が上司になった場合は，リーダーである自分の行動を変える必要がある。ここで，「自分はリーダーになれない」と考えてはいけない。行動アプローチにあるように，目標達成機能と人間関係維持機能があれば，あなたもリーダーになれる。リーダーは育成可能あり，状況に応じたリーダーが重要なのである。

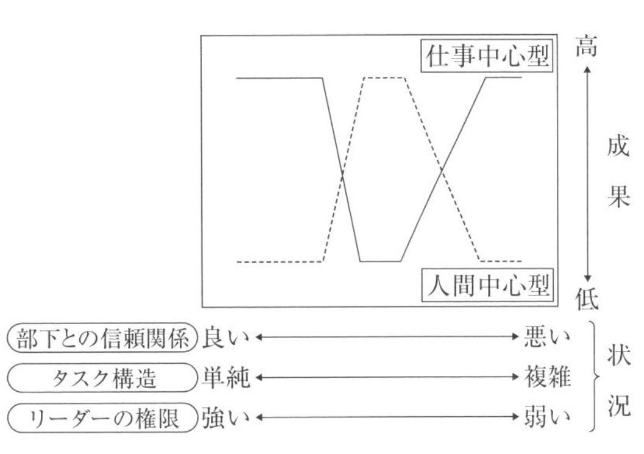

図10-2 フィードラーのコンティンジェンシー・モデル

3節　社会的影響

社会的影響とは，個人間，集団間において，一方の行為者が他方の行動，態度，感情などを変化させることである。狭義には，他者に同調すること，他者を同調させることであり，広義には他者へ影響を与え，他者から影響を受けることである。人に社会的影響を与えるには，個人から個人への影響，集団から個人への影響，個人から集団への影響の3つがある。

1. 個人から個人へ影響を与える

「あなたの持ってる○○，いいね！」「それどこで売っているの？」など，個人から個人へと影響を与えることは日常生活でもよくあることである。人に影響を与えようという意図がある場合，説得，リーダーシップ，同調などがある。説得とは，他者の態度を変化させるためのコミュニケーションである。言語的手段で受け手の行動や意見を特定の方向に変化させることを狙ったコミュニケーションのことを説得的コミュニケーションという。これは，日常生活において他者の行動を言語によって変容させることで，営業の手法にも用いられている。一方，影響を与えようという意図がなくても影響を与える場合として，社会的促進，社会的手抜き，ピグマリオン効果（自己成就効果）がある。ピグマリオン効果とは，他者から期待されると期待に沿った成果を出す現象である。例えば，先生や上司から高く期待されることによって学習成績や仕事の成果が向上し，反対に期待されないと成績や業績が低下する効果である。

2. 集団から個人へ影響を与える

個人が集団や他者の設定する基準や期待に沿って行動を変化させることを同調と言う。同調は3つの種類がある。1つめは周囲の人から好意的な評価を得る目的で実際には自分の意見をまったく変えないで本心を偽って同調する追従，2つめは影響を受ける人間が影響を与える人間と同じでありたいと考える個人的願望から同調する同一視，3つめは影響を与える人間の考え方に心から納得して受け入れ自分自身の考えとする内面化である。集団内で同調行動が強くなっていくと同調圧力が生じる。同調圧力とは，社会に通用している規範や行動様式にそのまま従い，大多数の人々のとる態度や意見に順応してしまうことである。例として「就活ではスーツ着ないと」「皆さんと同じもので」がある。

さて，あなたは権威者（上司，先生）からの命令や指示に，どこまで従うだろうか。同調の特殊な形態として服従がある。服従とは，ある個人が権威者による命令などの社会的圧力に屈服し，自らの意志に反してそれに従う方向へ行動を変容させることである。

1962年に元ナチス親衛隊のアイヒマンが裁判にかけられた時，「大量のユダヤ人を殺しました。でもそれは，命令に従っただけです」と証言した。ここから，ミルグラムは権威者（上司，先生）からの命令や指示に，どこまで服従するかというミルグラム実験（Milgram, 1974）を行った（図10-3)。実験では，まずお互いに面識のない大学生を2つに分けて，教師役（T）と生徒役（L）に分ける。しかし，生徒役は電気ショックで苦しむ様子を演じているだけの実験者（E）の協力者（サクラ）であり，真の実験参加者は教師役である。教師役は解答を間違える度に隣室の生徒に強い電気ショックを与えることを実験者から要求される。そして，間違った回答をするたびに電気ショックを次第に強くしていくよう，実験者から指示される。実際に生徒役に電気は流れていないので，苦しんでいるふりをしているだけが，うめき声がやがて絶叫となっても実験参加者は電気ショックを強くし続けた。実験参加者が続行を拒否する意思を示した場合，白衣を着た権威のある実験者が感情を全く乱さない超然とした態度で次のように通告する。「続行してください」「この実験は，あなたに続行していただかなくては」「あなたに続行していただく事が絶対に必要なのです」「迷うことはありません，あなたは続けるべきです」。このように告げられた時，あなたは，電気ショックをどこまで上げるだろうか。このときの被験者は40人であったが，その62.5％にあたる25人の被験者が，度重なる電気ショックでほとんど無反応になった生徒（L）に対し，最大電圧である450Vまでボタンを押した。その他の実験参加者も，300V以前で中止まで至ったものはいなかった。

この実験の示唆することは，アイヒマンや他のドイツ人将校も特別に冷酷だったわけではなく，「命令に従っただけ」という権威の下にある安全圏にいることによって，善悪やモラルの判断を放棄したという点である。また，人は権威的に命じられると，または責任を取らなくていいと保証されると，どんな残虐行為に対しても葛藤やストレスを無視できてしまうことにある。自分はそうならないと思ってはいけない。例えば，ブラック企業でパワハラな社長に命じられて反社会的行動をしてしまったとしても，それはあなたの責任になるからである。

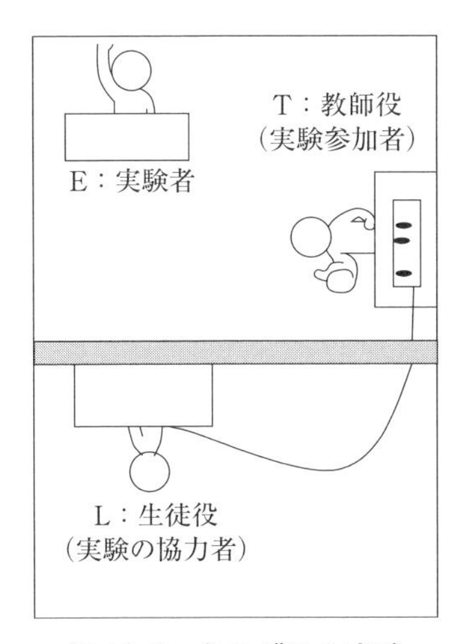

図 10-3　ミルグラム実験

3. 個人から集団へ影響を与える

少数者は，集団に影響を与えることができるだろうか？少数者とは，異なった意見の持ち主，異端者，はみ出し者，逸脱者など社会的に劣悪な地位に置かれた人などもいれば，芸術家やアーティスト，科学者などごく少数の優れた能力を持つ人たちもいる。少数者が多数者に対して形成を逆転させた例は，ガリレオの地動説，環境保護，人種的偏見，性差別，LGBT，禁煙論者などがある。モスコビッチの実験は，実験参加者4名と実験協力者2名を使い，一般的には青に見えるスライドに対して，2名の実験参加者が一貫して緑だと回答する（Moscovici,1976）。すると，常に一貫性を持って緑と答える場合には，他の多数者も緑と答える確率が高くなった。彼は少数者の影響が多数者に認知的葛藤を引き起こし，内面的同調をもたらしたと考え，少数者が多数者に与える質的特性を明らかにした。

現代では，SNSにおけるフォロワーやブログの閲覧数，動画の再生回数など，情報に触れた人々の数や範囲がある程度可視化できるので，特別な才能がないごくありふれた個人も少数者として集団に影響力を持てる時代である。その代表的なツールが，情報の記録，伝達，保管などに用いられる物や装置の媒体であるメディアである。マス・メディアとは，テレビ，新聞，雑誌などマス・コミュニケーションを行うメディアである。一方，ネットワーク・メディアとは複数の送り手から複数の送り手へ情報が行き交う仕組みであり，SNSのように双方向で情報を発信できる。革命や維新など，社会を大きく変える出来事のきっかけは少数者である。集団規範や圧力が強い伝統的な人達の集団は，時代や社会の変化を感じていてもなかなか変化できない。社会を動かす思想を持つ人，社会的弱者，会議でも少数者である人々が集まって声を上げることで，多数者の意見を変えることは可能なのである。

4節　集合行動

群集心理の古典的研究者であるル・ボンは，鉄道の発達で多くの人が都市に流出するようになった19世紀を群集の時代と呼んだ。集合行動とは，多数の人が集まることによって，多数の見知らぬ他者とのかかわりの中で起こる行動や現象が生じることである。これは，パニック，リンチ，暴動，流行，流言から社会運動まで人間が社会において集合して行動する幅広い社会現象を指す。集合行動は，集団目標が明確に存在しない，一人一人が自らの興味や要求に従っている，相互作用が限定的であり一時的である，集団への帰属意識が見られない，地位や役割の分化など集団の体制化の程度が低いといった特徴がある。集合は群集と大衆に分けられる。

1. 群集（群衆）

群集とは，不特定多数の人間が共通の関心事の下に一時的にある場所に集まってできる未組織な集合体のことである。例えば，祭りの見物客，スポーツやコンサートの観衆，バーゲン客などである。個人が群集に転化すると，普段は抑制されていた攻撃行動や反社会的行動を行いやすくなり，他者の行動の同調によって心理的な同一視や暗示にかかった状態に陥りやすい。群集行動とは参加者間の相互刺激から自然に発生し，群集に特徴的な心理状態から生み出される行動である。ル・ボンは，群集の中に生まれる特殊な心理現象を群集心理と呼び，群集に巻き込まれると人は自己の意思による判断ができなくなると同時に，個々人の行動の時とは異なる心性が働くと考え，以下の群集心理の特徴を指摘した。

a. 被暗示性：群集になると人は暗示にかかりやすい。自分で冷静に判断することができず，煽動的な人物の言葉に盲目的に従うことが多い。

b. 無名性（匿名性）：群集は匿名性の高い状況なので自己意識が希薄になる。人は群集に溶け込みやすいと同時に，群集に入ると罪悪感や恥の意識が薄なることから，どさくさにまぎれて何かをしてしまうことがある。

c. 一体性・衝動性：みんなと一緒に行動することで連帯感や一体感が生じ，大きな熱気とみなぎるパワーを実感する。例えば，ライブやコンサートなどでタオルやペンライトを振り回したりすると，一層その場は盛り上がる。

d. 無責任性：匿名性の高い状況では個人の発言や行動の責任があいまいになるため，無責任，無批判な行動にためらわなくなってしまう。

e. 情緒性・非論理性：理性や平常心を失って激情的な攻撃行動に出ることがある。

さらに群集心理の特徴は，没個性化と匿名性がある。フェスティンガーは，自分が他者から1人の人間として注意を払われず，自分も他者を個々の人間として認めなくなる状態を没個性化といった（Festinger, 1952）。ジンバルドの実験では，顔と服装を布で覆い隠して自分の名前を明示しない匿名性が保持されると，自分の名前が明示されているときより2倍もの長い間相手に電気ショックを与え続けた（Zimbardo, 1969）。後にジンバルドは，これは他者を傷つけたいサディスティックな願望が引き起こすというよりも，他者を支配し，制圧しているという充足感が引き起こすと考察している（Zimbardo, 2007）。

2. 群集の分類

集団行動の分類において，群集は能動的で活動的な群集である乱衆と，受動的群集である聴衆・会衆に分けられる。聴衆・会衆とは，事態に対して受動的・消極的な群集であり，意図的聴衆と偶発的聴衆に分かれる。意図的会衆は娯楽施設や映画館などで生じる会衆であり，偶発的会衆は道路など偶然同じ空間にいることで生じる会衆である。これに対し，乱集は4つに分類され，能動的・積極的に事態に取り組むため，大騒ぎして暴れたり，暴動で他者を傷つけたり攻撃的な行動を行う（図10-4）。

a. 攻撃的乱集：怒りや憎しみなどの感情に駆られて，暴動やリンチ，テロなどによって敵対者を除去しようとする暴徒化した乱集である。

b. 逃走的乱集：地震や火災といった突発的災害などの緊急事態において，自分自身に被害が及ぶと恐怖を感じたとき，居合わせた人が早く逃げようと混乱した状況に陥る乱集である。

c. 利得的乱集：早く手に入れなければなくなってしまうという不安に駆られて，我先に物やお金を獲得しようとする乱集である。バーゲンセールなど，良い条件で獲得しようする集団が利得行動を行う。

d. 表出的乱集：お祭り騒ぎのような日常からの解放感によって大騒ぎし，興奮状態を発散する乱集である。

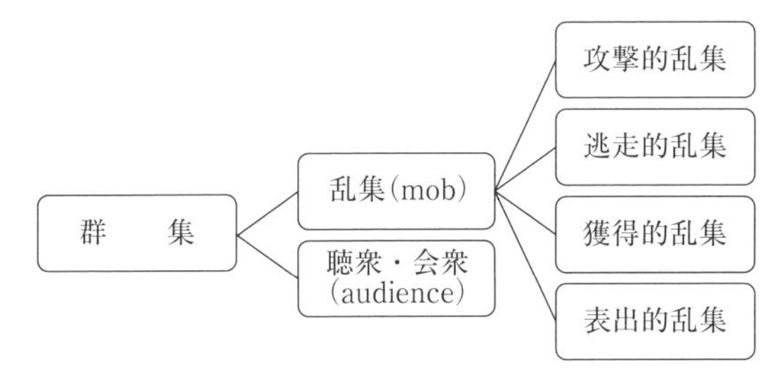

図10-4　群集の種類

3. 大衆

大衆とは広く不特定多数の他者を含み，相互に知り合いでなく，匿名の他者からなる未組織の集合体のことである。年齢，性別，国籍など関係なく人が集まるが，相互に知り合いではなく，特定の場所や時間に同時に居合わせることもない。例えば，駅前の広場などである。大衆は対象者の属性（年代，性別，興味など）が異なるため，「大衆受け」するための思想や商品戦略には流行が有効であり，マス・メディアが大きな役割を果たす。

流行とは不特定多数の人々が服装，髪型，所有物，行動パターンなど，その社会の一部の集団メンバーに伝達されて共有されていく過程や現象を指す。流行の特徴は3つである。

a. 範囲：20代の女性向け，Z世代など，年齢や性別，世代などで分けられた流行の対象者。

b. 寿命：春夏，秋冬ものなど期間が限定されている。一定期間流行ると廃れていく。

c. 意図：個人や企業など，誰かが流行の作り手として存在し，対象者に情報を発信している。

流行の普及過程（図10-5）として，最初に新しいアイディアや行動様式を採用する革新者（イノベーター）が存在する。彼らは流行に敏感でいち早く流行を取り入れるので社会的価値の逸脱者であり，革新的である。イノベーターが流行を採用した後に初期採用者（オピニオン・リーダー）へと移行する。初期採用者は社会的価値に対する統合度が高く，新しいアイディアが価値に適合的かを判断した上で採用する層である。次に，流行がある程度社会に認知されると前期追随者が採用し，これが流行のピークとなる。後期追随者は，流行しているアイディアや商品の有用性に確信を抱いても世間の様子を見てから採用を動機づけるため，社会の過半数が流行を採用してから流行を取り入れる。その後，徐々に流行遅れとなり，世間では当たり前の考えや商品になっていく。遅滞者は流行を最後に採用する人であり，慎重で伝統志向的な傾向を持つ。

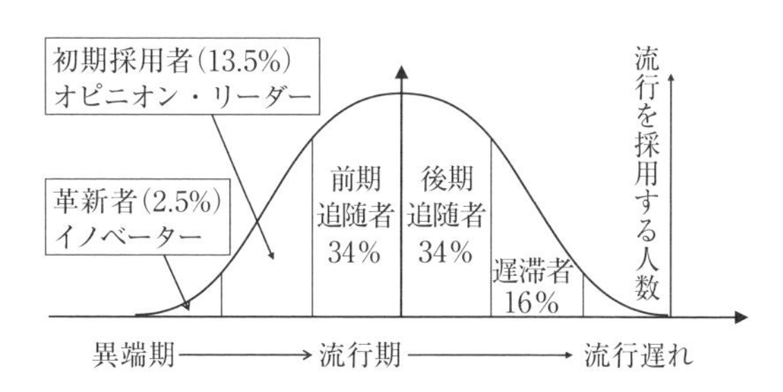

図10-5　流行の広がり方，すたれ方（Rogers, 1971）

5節 ソーシャルサポート

ソーシャルサポートは社会における人とのつながりの中でもたらされる精神的あるいは物質的な支援であり，心身の健康の維持，ストレス緩和，人生上の危機に遭遇した際に大きな役割を果たす。

1. コミュニティ心理学とは

皆さんは1人では解決できない悩みを抱えたらどうするだろうか。少数派の人種，民族，宗教に属する人たち，ホームレス，何らかの依存症，統合失調症やうつ病などの精神疾患を抱えた人，社会規範から逸脱した人など，世の中には個人がいくら頑張っても問題を解決できない人々が存在する。このような人々は，生まれつき，あるいはたった一度だけでも社会の人々から外れてしまっただけで，その後の人生が負のスパイラルに陥ってしまい，自力で抜け出すことはほぼ難しい。このため，仕事や住む場所が見つからない，自立できないことで社会性や自尊心などの精神的健康も損なわれていく。

1965年にボストンで地域精神衛生に携わる心理学者の教育に関する会議が行われ，問題を抱えた個人への心理的支援だけでなく，学校・職場・地域社会などマクロ的観点から社会に働きかける支援を行う提案を行った。1970年代には，地域社会で生活を営む人々に対する心の支援，社会的能力の向上，生活環境の整備，心に関する情報の提供などを行うコミュニティ心理学へと発展した。コミュニティ心理学は，援助する対象者が生活する環境を理解し，人と環境の両方に働きかけ，人と環境の適合を高めることを介入の基本理念とする。例えば，アルコールや薬物依存症は個人だけの問題なのであろうか。依存症に至るにはその人なりの理由があるが，その問題を助長させる家族や学校，会社など周りの影響も多少なりとも存在する。何らかの支援によって依存症がたとえ改善したとしても，問題が生じた家族や会社，地域社会に戻ってしまうと，依存症を繰り返してしまうこともある。

コミュニティ心理学では，問題を持つ人を「問題がどのように生じているのか，その要因は何か」について心理的サポートを行うだけでなく，問題が生じてしまった社会的文脈でとらえて，社会的スキルの向上，生活環境の整備，心に関する情報の提供など依存症の人を取り巻く社会にはたらきかけていくことが焦点となる。このため，援助する対象者に対する心理的サポートだけでなく，援助する対象者を取り巻く環境全体が介入の対象となること，問題の発生の予防に重点がおかれること，専門家の直接的な介入だけでなく，コミュニティにおける資源を活用したさまざまな介入手法を取るのが特徴である。

2. ソーシャルサポート

ソーシャルサポートとは，ある人を取り囲む家族，友人，地域社会，専門家，同僚などから受けるさまざまな有形・無形の援助を指す（Caplan, 1974）。ソーシャルサポートは，サポートを受ける側の「よく在る」「よく居る」状態を指すウェルビーイングを大きくすることであり，個人や社会がともに良い状態であることを目指す。ソーシャルサポートのはたらきには，4つの種類がある（House, 1981）。

a. 情緒的サポート：なぐさめや励ましなどの配慮を表現することであり，共感や愛情の提供，不安，愚痴など話を聴くことなどがある。

b. 道具的サポート：問題を解決するための物やサービスを提供することであり，学校に行くためにお金を出す，公的機関を頼るなど。

c. 情報的サポート：問題解決に必要なアドバイスやガイダンスを提供することであり，情報の調べ方を教えるなどがある。

d. 評価的サポート：肯定的な評価の提供し，相手を認めることであり，相手の意見に賛同する，仕事ぶりをほめるなどがある。

ソーシャルサポートを「サポート」と感じるかどうかは個人差が大きい。良かれと思ってサポートしても，サポートの受け手はありがたいと思う人もいれば，余計なお世話と感じる人もいる。以下のサポート・システムから援助する対象者本人に有益とみなされるものを活用する。

a. 自然発生的に存在するサポート・システム：家族，友人，会社の同僚，ペットも含まれる。

b. 意図的につくられるサポート・システム：精神疾患や依存症など共通の問題を感じる人たちが自主的に集まり，悩みを打ち明けて経験や情報を分かちあうセルフヘルプグループなど。

c. 社会制度化されているサポート・システム：地域包括ケアシステムなどの専門機関など。

3. 問題の発生の予防とソーシャルサポート

予防（prevention）は，問題発生のリスクを減じるという発想と，人は自己解決能力を有する存在と捉える点から重要な概念である。キャプランは心理教育における予防の概念を第1次，第2次，第3次予防に分類した（表10-1）。

第1次予防は健康な人に働きかける心理教育が中心である。心理教育とは，精神疾患やエイズなど受容しにくい問題について正しい知識や情報を心理面への十分な配慮をしながら伝え，病気や障害の結果もたらされる諸問題に対する対処法を習得してもらうことで主体的に療養生活を営めるようにする方法である。

第2次予防は，問題がすでに発生し深刻化しないように危機介入を行う。危機とは，個人や集団，組織にとって良い方向へ向かうか，悪い方向に向かうかの分かれ道となる重大で決定的な瞬間・状況である。例えば，学校のいじめや不登校，家庭内での依存症や精神疾患，出産や家族の病気など特定のライフイベント，地域社会における予測不可能な自然災害などがある。この事態に対し，危機状態に陥った人や集団への短期的な問題解決的な介入を行い，危機状態を解消して，危機以前の状態へと回復を試みることを危機介入という。危機介入は問題がなかった時の元の均衡状態に回復させることが目的であり，カウンセリングや心理療法と違って原因の除去や完全な問題解決，人格の変化や心理的成長を目指すものではない。

第3次予防は，再発の防止に焦点が置かれる。不登校やいじめ，虐待，依存症，メンタルヘルス不調となった人の職場復帰など，問題を抱えてしまった人の中には，否定的評価を受けて生活する力を失っている人もいる。個人の持つ能力を尊重して，無力感を克服し，自らの問題を自ら解決し，生活のコントロールができるようサポートすることが重要である。

私たちはいつサポートを受ける側になるかわからない。問題を抱えることがあっても，人と環境から成り立つシステムであるコミュニティを日々充実させておくことが大切である。

表10-1　キャプランによる予防の分類（Caplan, 1964）

第1次予防 （発生率を下げる）	〔目的〕：健康な人々に働きかけて問題の発生を未然に防ぐ
	市民講座などの啓発活動（心理教育），予防センターの設置
第2次予防 （有病率を下げる）	〔目的〕：ハイリスクの人々を対象に行われる早期発見と早期介入
	心理教育，予防センターの設置，効果的な診断時術，有効な治療法
第3次予防 （再発率を下げる）	〔目的〕：すでに問題を抱える人々に対する悪化や再発防止，社会復帰
	退院に向けたプログラム，自助グループ，各福祉施設，復職支援

第11章 健　　康

1節　健康とは

1. 健康観

現代において人々の健康への関心は非常に高く，世の中には健康食品・サプリメント，美容と健康を維持改善するためのアイテムや情報であふれている。とくに2020年から猛威を振るったCOVID-19以降，私たちの健康への意識はこれまでになく高まった。感染症予防のためのライフスタイルの見直しが余儀なくされ，ワクチンの迅速な研究・開発と施策が最優先して行われたことは人々の記憶に残っているだろう。このように私たちの健康観は時代や社会の影響を受けつつ形成され，自分や周囲の人々の状況によって変化するものである。

そもそも，健康とは何だろうか。日本国憲法第25条には「すべて国民は，健康で文化的な最低限度の生活を営む権利を有する」と謳われている。いわゆる生存権であり，国民1人ひとりが人間らしく生きる権利について明文化されている。また，世界保健機関（WHO）は「健康とは，病気でないとか，弱っていないということではなく，肉体的にも，精神的にも，そして社会的にも，すべてが満たされた（ウェルビーイング）状態にあること（日本WHO協会訳)」とその憲章に示す（日本WHO協会，2024)。この章では，身体的・心理的・社会的観点から，現代日本における健康について概観する。

2. 国際生活機能分類（ICF）

病気や怪我，障害を健康の対極と直感的に捉える人もいることだろう。ただし，現実はそう単純ではない。例えば，非常に視力が悪い人がいるとする（心身機能上の障害)。裸眼ではとても生活できる状況ではなく，自動車の運転もできないが（活動上の制限)，眼鏡を使えば（環境因子の調節）その困難は解消される。このように，調節すればハンディキャップを補える人が大勢いる。

国際生活機能分類（ICF: International Classification Functioning）とは，WHOが2001年に発表した健康問題に関わる基本的なフレームである（図11-1)。たんに特定の障害や病気の有無だけに注目するのではなく，個人

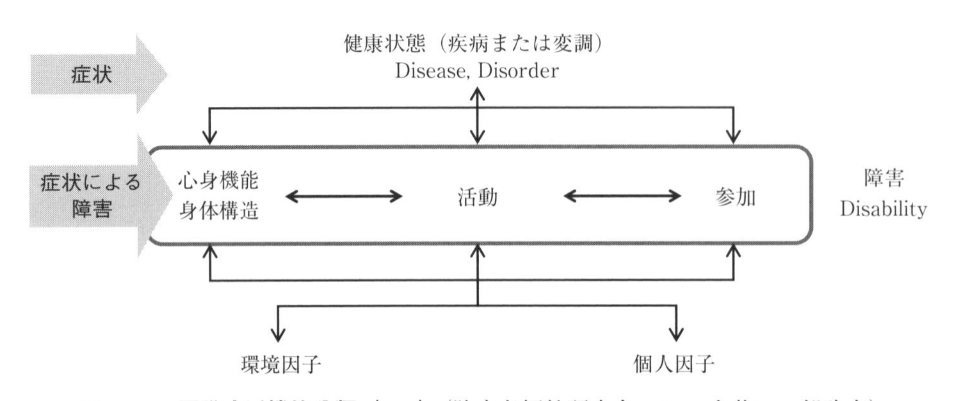

図11-1　国際生活機能分類（ICF）（障害者福祉研究会，2002を基に一部改変）

因子や環境因子，社会活動や周囲の環境などの相互関連性を示すことで，効果的なアセスメントならびに支援につなげることが可能になる。このICFなら，障害が静的・固定的なものではなく，動的に変化するものとして捉えやすくなる。また，加齢や一時的なストレス状態，妊娠，慢性疾患などのケースにも適用できる点でも有益である。

3. メンタルヘルス

健康の要素のひとつ，心の健康については，メンタルヘルスと呼ばれることも多い。労働安全衛生法改正にともない，労働者の健康に関しては身体面の健康診断に加え，2015年以降はストレスチェックが従業員50人以上の事業場で全国的に義務づけられた。職場におけるストレス要因の改善を図ること，そして労働者のセルフケア意識を高め，メンタルヘルス不調者を早期に適切なケアへとつなげることを目的とする。

メンタルヘルス不調は「精神及び行動の障害に分類される精神障害や自殺のみならず，ストレスや強い悩み，不安など，労働者の心身の健康，社会生活及び生活の質に影響を与える可能性のある精神的及び行動上の問題を幅広く含むもの」と，「労働者の心の健康の保持増進のための指針（メンタルヘルス指針）」（厚生労働省，2006）の中で定義されている。

1998年，我が国では自殺者数が年間3万人を超え，かつ高い水準で推移するという事態に直面した。同時に，うつ病などの精神障害を理由とした労災請求も年々増加傾向にあった（図11-2）。この頃から，たんなる個人の問題ではなく，メンタルヘルス不調やそれに起因すると考えられる自殺を重大な社会問題として捉えるようになっていった。2006年「自殺対策基本法」が制定され，翌年には「自殺総合対策大綱」が策定，この中で①自殺は追い込まれた末の死である，②自殺は予防可能である，③当事者は自殺のサインを発している，という3つの基本的な認識が示された。自殺対策には労働に関することも含まれており，失業・倒産等のほか，長時間労働といった社会的要因も指摘された。現在，職場において労働者のストレスチェックが行われているのもその一環である。

メンタルヘルス不調と関連の深いストレスについては次節で述べる。

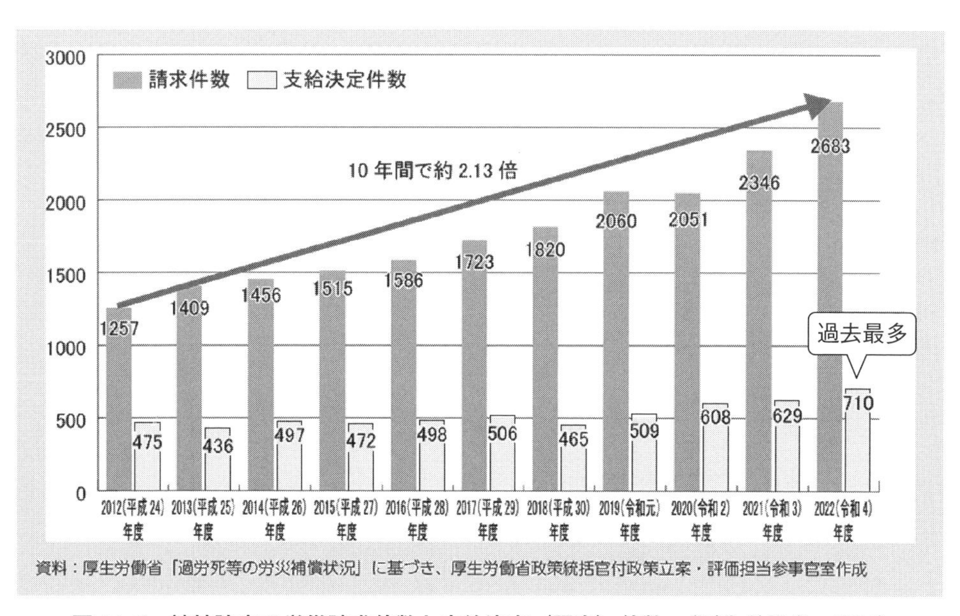

図11-2　精神障害の労災請求件数と支給決定（認定）件数　（厚生労働省，2024）

2節　ストレスとコーピング

1. ストレス：ストレッサーとストレス反応

ストレスとは，心身の健康や，主観的な幸福感を脅かすと知覚した対象である。ストレスは，その原因であるストレッサーと，ストレッサーに対する結果としてのストレス反応の２要素からなる。

健康な心身の状態を，軟式テニスボールのようなものと仮定すると，健康な状態であれば，私たちの心身は弾力性と柔軟性を備えている。その心身にストレッサーの外圧がかかれば，力を受けた分，心身は押されて“凹む”（図 11-3）。これが，ストレス反応である。つまり，ストレッサーがかかったときに適度にストレス反応が生じるのも，また，やがてこのストレッサーが除かれれば，このストレス反応が自ずと消えてゆくのも，心身が健康であることの証である。

しかし，心身が健康ではないとき，ストレッサーが除かれたとしても，なおストレス反応だけが残ることがある。このときには，自力での回復力を失っていると考えられるので，心理的ケアも必要となる。

ストレッサーには，物理的・身体的・生理的・心理的・社会的要因，さまざまな事柄がなりうる。気候の寒暖差，部屋の温度，満員電車での移動など，大きな音，暴言や口論など，ストレッサーは日常生活の中にあふれている。人生の出来事（ライフイベント）では，配偶者との死別・離婚・子どもの死別などが大きなストレッサーとみなされる一方で，一般的には慶事，たとえば，入学・就職・結婚・出産・昇進というようなライフイベントであってもストレッサーとなりうる。つまり，身の回りの変化に対して私たちが再適応する過程をストレッサーと捉えることができる。

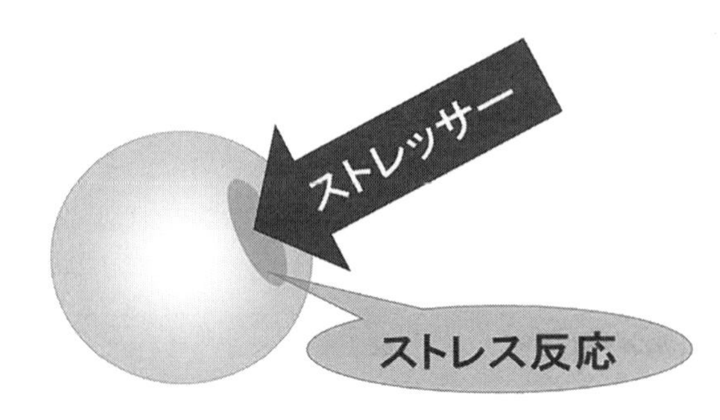

図 11-3　ストレッサーとストレス反応（イメージ）
（伊波，2014）

ストレス反応については，心理面（元気が出ない，イライラする，考えがまとまらないなど）・身体面（動悸がする，冷や汗をかくなど）・行動面（遅刻や欠勤が増える，片付かないなど）と３側面で捉えると自分自身や周囲の人の変化に把握しやすい。ストレス反応の中には，実際に身体疾患にまでいたる心身症も含まれる。頭痛をはじめとする各部位の痛みや自律神経の失調，過敏性大腸炎，気管支喘息，アトピー性皮膚炎，摂食障害など，心身症は人によってさまざまな病態を示す。

2. 一般適応症候群

ストレスという用語を最初に現代の意味で用いはじめたのは，生理学者のセリエである（Selye, 1936）。彼は，有害な刺激（ストレッサー）に対して，全身的な変化（ストレス反応）が生じることを実験で見出し，これを一般適応症候群と名づけた。これらのストレス反応は，外界から身を守る適応メカニズムでもある。

図 11-4 のように，一般適応症候群は，ストレッサーがかかりはじめてからの時間の経過に沿って，①ストレッサーによるショック反応が生じた後，徐々に回復してゆく警告期，②ストレッサーに対して充分に適応が進む抵抗期，③ストレッサーが持続的に働き続けた結果，適応力が限界を超え，心身に著しい疲弊をもたらす疲弊期の３段階からなる。人は，ある程度はストレッサーに適応することができるものの，長

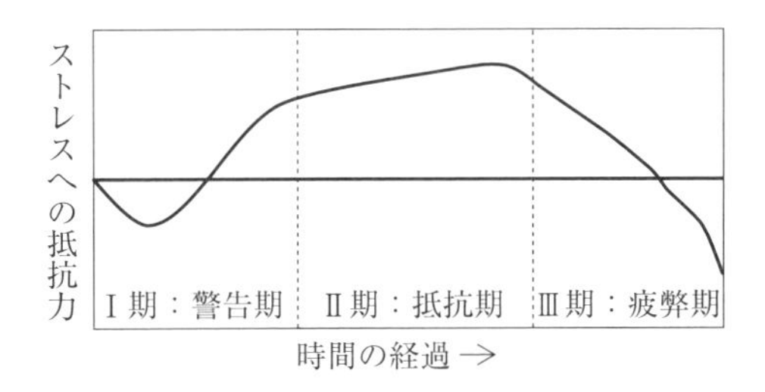

図 11-4　一般適応症候群
(GAS: General Adaptation Syndrome)

期にわたるストレッサーは心身にとって有害で，不調をもたらす。

3. ストレスコーピング

前述のように，セリエは人を含む生体に共通して起こる一般的なストレス反応について説明するモデルを提唱した。現実には，ストレス反応の表現は人によってそれぞれで個人差がある。ストレス反応において個人差が生じる過程ならびに対処について説明したのが，ラザルスとフォルクマンである（Lazarus & Folkman, 1984; 1991）。ストレッサーを捉える主観的評価（認知的評価）が異なるため，同じストレッサーを経験しても，私たちのストレス反応は異なってくる。

ストレッサーを自覚すると，私たちはそれを解釈しようとする（認知的評価）。まず，事態の影響力を評価しつつ（一次的評価），次に，その事態への対処（コーピング）可能性について考慮する（二次的評価）。これらの認知的評価は，経験，性格要因，価値観等の影響下で形成される。また，より適切な対処方法を覚え，対処スキルを磨くことは，対処可能性を高めることにもつながるので，結果的にストレッサーの脅威を弱め，ストレス反応を軽減することとなる。

4. 思春期・青年期の心理社会的葛藤

思春期から青年期にかけて生じやすいメンタルヘルス不調もある。起立性調節障害，醜形恐怖症，社会的引きこもりなどである。

起立性調節障害とは，自律神経の機能失調の一種で，起床時や起立時の血圧の低下を特徴とし，めまい，失神，動悸などの不調がある（田内, 2015）。朝の不調により登校が困難となることから，学校不適応のような状態に到りがちである。不登校というと心理的社会的症状への注目がなされがちだが，身体的疾患なので，まずは適切な診断と身体的ケアが不可欠である。

醜形恐怖症は，客観的には大きな欠点ではないにもかかわらず，自分の体型や容貌について抱く醜いという強迫観念や強い劣等感にさいなまれ，日常生活に支障をきたす精神状態である。摂食障害や自傷行為，美容整形上の外科手術費用の要求をともなうこともあり，多くの場合，子どもを心配する親との間で不和をもたらす。

社会的引きこもりは，病気や障害ではないものの，自宅や自室に引きこもっている状態をさす。学校や仕事に行かず，家族以外との親密な対人的関係性がないまま6ヶ月以上続いている状態である。きっかけは「学校でいじめを受けたから」というように明確な人もいれば，原因がはっきり特定できないことも多い。前述の起立性調節障害や醜形恐怖がきっかけになる人もいる。

いずれにしても，生物的・心理的・社会的要因のどの点に問題を抱えているのか，当事者が対処困難な場合には，医療や地域の相談機関につなげるなど周囲の人々の手助けを要することもある。

ストレスへの対処（コーピング）の方略としてはおもに，情動焦点型コーピングと問題解決型コーピングがある。前者は気分転換を図るなどして，ネガティブな気分への囚われから解放することである。後者は問題そのものに向き合い，建設的に根本原因を取り除いたり，対策を立てたりすることである。その他，睡眠等の生活リズムを整えることもコーピングに寄与する。

3節　健康とジェンダー

1. SOGI

現代日本のジェンダー観は，ゆらぎながらもおおむね多様化の方向へと動いている。ジェンダーとは，生物学的性だけではなく，心理的社会的性別があるという概念である。とくに，生来の身体的性的特徴と心の性別が不一致であるとき，性別違和感によって劣等感，抑うつ，アイデンティティの混乱をきたすことが知られており，精神医学の分野では性同一性障害として治療の対象とみなされてきた。2000年代に入って，いわゆる性的マイノリティ擁護の動きが世界的に活発になってきた。その際に用いられたキーワードがLGBTである。

LGBTとは，レズビアン（L：女性を愛する女性），ゲイ（G：男性を愛する男性），バイセクシュアル（B：同性も異性も性愛の対象としうる人）の3つの性的指向に，トランスセクシュアル（T：身体的性と心の性が異なる人）の4種類を総称した語である。これにクィアまたはクエスチョニング（Q：異性愛者またはLGB以外，性的指向が定まっていない人または意図的に決めていない人）を加えてLGBTQとすることもある。日本では，東京オリンピック2020が注目される契機となった。

山本（2022）によれば，性は4つの要素で構成される：①身体的性，②性自認，③性的指向，④性表現。そのうち，②③を表現した要素を組み合わせたSOGIという言葉がある。SOGIとは，性的指向（Sexual Orientation）を示す「SO」と，性自認（Gender Identity）の「GI」を合わせた概念であり，異性愛の人も含めた包括的な表現となるので，性的マイノリティとマジョリティとを区別することがない。④性表現とは，ファッション，態度，言葉遣いなどの表現のことである。男性がフェミニンスタイルを好むことも，その逆もある。

2. 医療における性差

その一方で身体的性に注目すると，男女間では体格，生殖器の構造や機能性など，様々な性差が厳然として存在する。この点にあらためて注目し，解明しようとするのが性差医療（GSM: Gender-specific Medicine）である。たとえば，検査において指標の基準値が男女で異なること，疾患の発症率の違い，男性または女性において，とくに解明が遅れている病態などが指摘されている（天野, 2019）。

とくに，薬効については，法律上，妊娠可能性のある女性を創薬治験に参加させないという方針により，男性のみが研究協力者となってきた。つまり，女性でのエビデンスは欠けているという指摘がある。この方針は本来，女性（母体）保護を意図した法律であるので，その目的自体は充分に果たされているのだが，その一方で女性特有の疾患に関する研究の遅れや不備を生じさせてもいる。

また，生殖器の差異性に関連して，女性の特有の子宮関連の検査や乳がん検診，不妊治療，中絶の手技や出産・分娩時の痛みや苦痛の課題がある。この痛みを緩和するような医療上の処置に関しては，「女性は痛みに強い」「痛みに耐えてこそ」といった言質で，長らくなおざりにされてきた。これらの無痛・和痛などの緩和ケアに関しては，生活の質（QOL：Quality of Life）の観点からも今後さらなる進展が望まれる。

3. リプロダクティブヘルス

身体的性差についてもっとも認識されているのは，女性の場合，女性ホルモン（エストロゲン）分泌量が人生の約40年間で変化していくことだろう。これをイメージ図にまとめたものが図11-5である（第一三共ヘルスケア, 2021）。

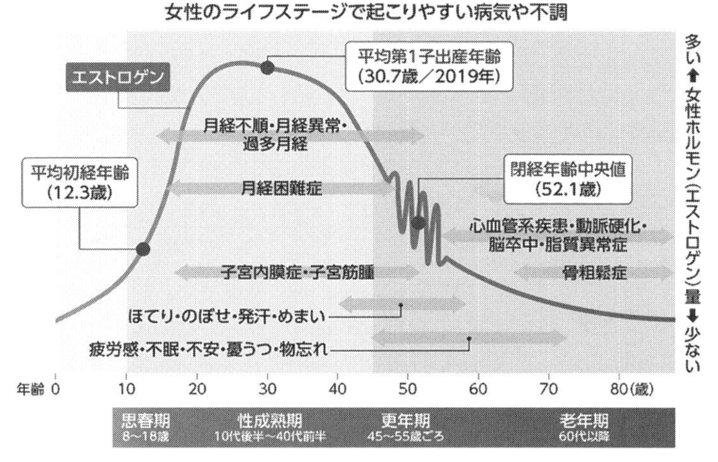

思春期から始まり，性成熟期を経て更年期へ。女性のライフステージにおいて，エストロゲンの分泌量は上のようなカーブを描く（イメージ）。エストロゲンの分泌が始まる思春期と，それが終わる前後の更年期は，ホルモンの大波の変化の大きさに翻弄されて心身のバランスを崩しやすい。

図 11-5 女性のライフステージで起こりやすい病気や不満（第一三共ヘルスケア，2021）

図11-5に沿って説明すると，①思春期は初潮からはじまる周期性のある月経の定着期である。一般に，女児のほうが男児よりも先に思春期に突入する。②性成熟期は妊孕（にんよう）性の高まる時期であり，妊娠期・出産期・産褥（さんじょく）期にはとくに劇的な変化を経験することになる。経産婦であっても，分娩の進行や予後の経過は子によって異なるのが一般的である。③プレ更年期は閉経前の不安定期で，④更年期は50歳前後の約10年間をさす。この頃，数年にわたり心身の不調が特徴的な更年期障害をともなうことがあり，10人に1人程度は治療を要する状況に陥る。

そもそも，月経という現象は自然に剥がれた子宮内膜が排出されるメカニズムなので，個人差があるが，剥離の際に内臓的な鈍い痛み（月経痛）や吐き気，頭痛などの不快な症状を自覚する人もいる。

月経そのものが約1ヶ月の周期性で毎月3〜5日程度の期間，コントロールできない状態で断続的に出血が続くため，日常生活を送るのに生理用品を用いた適切な手当が不可欠となる。たとえば，生理用品は多くの場合，衛生と簡便性から使い捨てタイプのアイテムが好んで選択され，生理1サイクルにつき2〜5アイテムを活用し，およそ1,000円のコストを費やすと試算できる。自然災害時，避難所の備蓄品や支援物資において，これらのアイテムの優先順位の高さはトイレットペーパーやオムツと同程度であることが広く正しく認識される必要がある。

加えて，月経前であっても，排卵痛のほか，治療を要するような自律神経系の不調をきたすこともある。これらは総称して月経前症候群（PMS）と呼ばれる。月経によりQOLや自尊心が低下する女性もおり，身体的な負担が重い場合は，低容量ピルを医師の指導の下で服用することもある。妊娠期を除き，生涯にわたって500回程度，この生理サイクルが体内で繰り返されているのが女性の身体性である。

このような性や生殖に関する健康のことをリプロダクティブヘルスと呼ぶ。月経については女性特有の現象とはいえ，性的同意・避妊・性感染症予防・不妊治療など，多くの成人に関わる事柄も含まれる。つまり，そのパートナーも正しい知識を得，理解することが良好なパートナーシップの維持という観点からも重要と考えられる。

4節 ワークライフバランス

1. ワークライフバランス（WLB）とワークファミリーコンフリクト（WFC）

男女共同参画会議仕事と生活の調和（ワーク・ライフ・バランス）に関する専門調査会（2007年）の報告には，ワークライフバランス（WLB）とは，老若男女誰もが，仕事，家庭生活，地域生活，個人の自己啓発など，様々な活動について，自ら希望するバランスで展開できる状態であると定義される（内閣府，2008）。

ライフの部分を生活と考えると，短期的には24時間をどう過ごすか，時間をどう配分するかという課題となるし，人生とすれば，約40年間どう生き，働くかという課題となる。図11-6に示すように，通勤往復2時間，就業＋残業10時間をワークにあてるなら，ライフの部分は12時間となる。生活に必要な睡眠や家事に時間をとると，残りは4時間程度である。これをさらなる残業にあてることも，睡眠にあてることもあるだろう。交際に費やすこともあれば，育児や介護に時間を割くこともあるだろう。この時間をどう使うかが，その人のWLBの満足感を決めるともいえる。

WLBについては，家族に焦点をあてた研究もある。ワークファミリーコンフリクト（WFC）と呼ばれ，WLB上の葛藤の所在がとくに家族，パートナーシップに起因する場合に用いる。WFC研究では夫婦間葛藤を扱うことが多い。前節で述べた家事，育児，介護のようなアンペイドワーク，シャドウワークと呼ばれる家庭内の労働の担い手をどうするかという点が葛藤の所在となる。また，WFCのファミリーについて，夫婦それぞれの生まれ育った家族（源家族）と夫婦が形成した家族（生殖家族）と2つの要素があることを指摘し，源家族と生殖家族との間に葛藤が生じるケースを指摘した研究もある（篠﨑ら，2016）。具体的には介護と育児の同時発生状況であり，ダブルケアとも呼ばれる。晩婚化・晩産化が進行中の現在，世代をまたいだWFCの問題が顕在化すると考えられる。

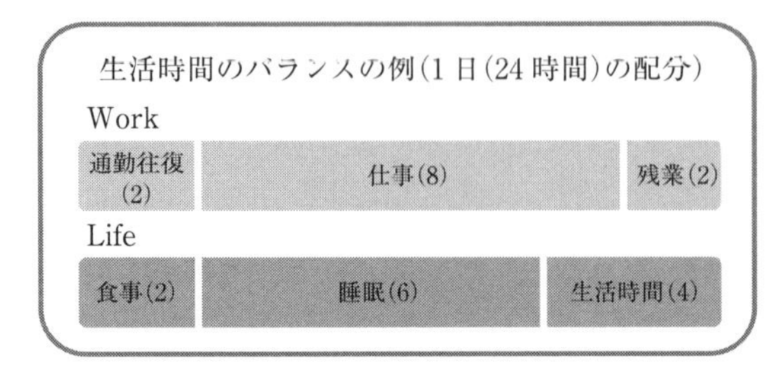

図11-6　ワークライフバランス（WLB）

2. ロハス

WLBの概念普及の前提として，ロハス（LOHAS）の受容があると考えられる。ロハスとは，健康と持続可能な生活を重視するライフスタイルのことであり，2000年，レイとアンダーソンによる消費者行動調査から提唱された。日本においても2002年の新聞記事掲載から（松本，2007），まずマーケティング用語として浸透し，従来のエコロジー指向も取り込んで，環境にも人にもやさしいライフスタイルとして知られるようになった。

ロハス志向のマーケットカテゴリーは次の5分野である：①健康的なライフスタイル，②経済の持続可能性，③予防医学と代替医療，④自己開発，⑤環境に配慮したライフスタイル。①にはボディケア，メンタルヘルスが含まれ，④それらを実現する方法の学習機会を積極的に求め，実践する態度も指摘される。

3. 感情労働

労働に関して，客室乗務員の勤務に関する研究を通じて社会学者のホックシールド（Hochshild, 1983/2000）は，肉体労働・頭脳労働に次ぐ第3の労働として「感情労働」の存在を指摘した。これは，客室乗務員・看護師・教師などの労働者が就労中，役割に沿って自分の感情を高度にコントロール（多くの場合は抑制）し，本心とは異なる態度を示すことをいう。怒りなどのネガティブな気持ちをあえて押し殺して，それを相手に気取られぬよう，あえてポジティブさを前面に出し，にこやかに応対するようなことである。日本では気働きともいわれ，「気が利かない」ことがしばしば役割に対する期待外れを意味する非難の言葉として使われることと関係がある。

現代の生活では，サービス業の発達により，多くの労働者が感情労働の要素をともなう労働形態にあると言える。仕事上の燃え尽き（バーンアウト）の一因に，感情の過度のコントロールが含まれることから，仕事を離れている間は自分の自然な感情を回復させることもメンタルヘルス維持の観点からは必要だろう。

4. 家庭・家族と健康：虐待，ヤングケアラー

WLBならびにWFCはともに，個人だけではなく，家族のウェルビーイングのためにも重要なことである。WLBが破綻する時，当事者は勿論，その家庭の子どもや高齢者などに過度な負担がかかる。

児童虐待ないしマルトリートメントとは，親が子に対し，身体的・性的・心理的に不適切な養育をすること，ならびにネグレクト（無視）を行うことである。児童虐待とは言えないまでも避けるべき関わりかたをマルトリートメントと呼ぶ。虐待においては，認知症高齢者などの家庭内弱者が被害者となることもある。

その他，ヤングケアラーといって，本来は家庭内の大人が主として負うべき役割，たとえば家族の介護その他の日常生活上の世話について，お手伝いの範囲を超え，過度な負担のある子どもや若者は福祉の観点から支援対象とする動きが近年はじまった（図11-7）。いずれのケースでも，家庭事情により，子どもが学校生活や勉学に打ち込めない状況，いわゆる子ども時代を送れていない状況が描かれる。概念としてまだ議論の余地が残されているが，子どもやケアを要する成人，高齢者のいる家庭においては，夫婦間の葛藤やWLBの破綻の皺寄せが彼らに向かうことのないよう，大人が充分に配慮し，保護する必要がある。そのためにも，育児や介護は家庭だけの閉じた環境で行うのではなく，地域等のソーシャルリソースを活用し，行政機関や専門家の支援を適宜利用することが望ましい。

障害や病気のある家族に代わり、買い物・料理・掃除・洗濯などの家事をしている。

家族に代わり、幼いきょうだいの世話をしている。

障害や病気のあるきょうだいの世話や見守りをしている。

目を離せない家族の見守りや声かけなどの気づかいをしている。

日本語が第一言語でない家族や障害のある家族のために通訳をしている。

家計を支えるために労働をして、障害や病気のある家族を助けている。

アルコール・薬物・ギャンブル問題を抱える家族に対応している。

がん・難病・精神疾患など慢性的な病気の家族の看病をしている。

障害や病気のある家族の身の回りの世話をしている。

障害や病気のある家族の入浴やトイレの介助をしている。

図11-7　ヤングケアラーの例（こども家庭庁，2023）

5節　高齢期における健康

1.「喪失の時代」のウェルビーイング

高齢期が喪失の時代と呼ばれるのは，次の4つの側面がある：①身体的変化（身体機能の低下，病気，外観の変化），②経済的変化（収入の減少），③人間関係（関係性の減少，友人・家族の死別），④社会的役割（責任からの解放）などが挙げられる。ただし私たちは，一般的に長い歳月の中でこれらの喪失を経験していく。成人期に築いた責任やしがらみは，自身の大切な要素ではあるものの，高齢期には重荷でもあるという側面もある。つまり，人生の一部を手放すことは喪失である反面，人生最後期の解放でもある。

健康な老化に対し，私たちは適応力を備えている。多少の身体的不調を抱えつつも，日常的には「それなりにうまくやっていく」ことができる。現代の日本において，ある程度自立した生活を送れる健康高齢者は80代をすぎても4人に3人の割合を占めるという見方もある（柴田ら, 1993）。

ウェルビーイングは「よく生きる」「うまく生きる」という意味だが，高齢期のウェルビーイングとは，若者の時代の健康とは大分質が異なる。つまり，多くの喪失を経験し，弱さを抱えながらも，心理的社会的にバランスをとってうまくやっていくということとなるだろう。

2. 知覚・認知面の変化

1）認知機能における変化

中枢神経系の脳細胞数の減少にもかかわらず，細胞間のネットワークの可塑性により，知的能力が著しく低下することはない。このことは，知能に関する研究からも示されている。知能検査で測られる知能には，おもに結晶性知能と流動性知能とがある。前者は語彙能力など，文化・教養・知識に関する知能であり，後者は動作など短時間での情報処理に関する知能である。年齢間で比較したシャイエの研究によれば（たとえば，Schaie, 1996），流動性知能の低下は50代後半から生じている一方，結晶性知能の低下も年齢上は同様なのだが，その速度は比較的緩やかなものであるといえる。

2）知覚の変化

知覚の中でも，生活上，とくに重要な機能をもつ視覚と聴覚に焦点をあてる。まず聴覚において，加齢にともない，高音域や速いテンポでの聞き取りづらさを感じる人が多くなる。視覚においては，明暗順応や動体視力が低下する。これに，注意能力という側面を加味すると，注目すべき対象に注意を払う選択的注意と，2つ以上の動作を同時に行うような分配的注意における加齢の影響も重要である。

そのため高齢者にとって，自動車の運転が実際には本人の自覚以上に困難をともなうことが指摘される。いわゆる高齢者ドライバー問題である。たとえば，夜間や雨中での運転での困難や，不慣れな道を運転中，標識や表示を見誤ったり見落としたりしがちになる。警察庁では，75歳以上の高齢者については，運転免許更新の際に認知機能検査や高齢者講習を取り入れるなどの制度の見直しや，運転免許証自主返納制度を奨励・広報して高齢者ドライバーの交通事故防止を積極的に図っている。

3. フレイル・ロコモ対策

高齢期，健康で自立的な状態から徐々に心身機能が低下し，日常生活動作や自立度の低下を経て，やがて要介護状態に陥る。これらの複合的な虚弱・脆弱（ぜいじゃく）をフレイルと呼ぶ（日本老年医学会, 2014）。

構成要素としては，①身体的要因，②認知・心理的要因，③社会的要因が挙げられる。①身体的要因には，後述のロコモ（ロコモティブシンドローム）やサルコペニアがある。滑舌低下，食べこぼし，咀嚼力の低下などの口腔機能の低下も含まれる。②認知・心理的要因は，判断力や認知機能の低下，抑うつ，意欲の低下がある。③社会的要因には，独居や孤食，経済的困窮，閉じこもりのライフスタイルが含まれる。

先述のロコモは，移動とその能力を表す語で，移動能力や機能の衰えを指す。サルコペニア（加齢性筋肉減弱症）は四肢の筋肉量，筋力（握力），身体機能（歩行速度）の低下が診断基準である。高齢期の2週間の寝たきり生活は，7年分の筋肉喪失といわれ（柴崎，2017），転倒骨折のリスクを高める。

日本医学会連合（2022）は，これらの関連性をライフサイクルの中で論じるモデルを提唱した（図11-8）。全般的な生活機能低下を示す高齢期において，フレイルはQOLを損ない，合併症のリスク要因となる。人生の中で適切な時期に，予防・対策を行えば，老衰までの生活機能の維持を図れると期待できる。

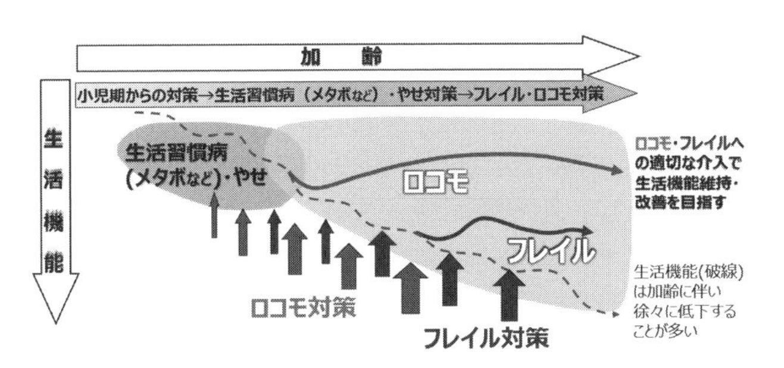

図11-8　フレイル・ロコモ対策モデル
（日本医学会連合，2022）

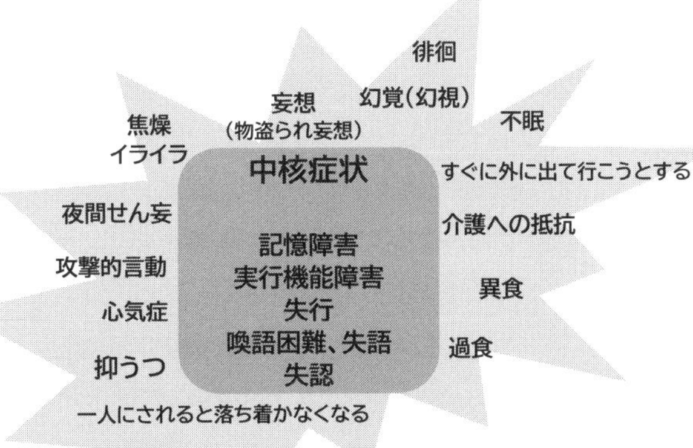

図11-9　認知症の中核症状と周辺症状
（本間，2001を基に一部改変）

4．認知症

認知症とは，いったん獲得した知的機能が，脳の器質性障害によって持続的に低下し，日常生活や社会生活が営めなくなっている状態である。代表的疾患にアルツハイマー型認知症と脳血管性認知症があり，わが国では認知症の7割がこのどちらかと診断される。近年では，幻視の症状が特徴的なレビー小体型認知症の存在も指摘されている。いずれも，画像診断検査で大脳の変質が確認可能である。

認知症は，記憶障害や実行障害などが中核症状である（図11-9；本間，2001）。記憶障害では，新しいことを覚えられない短期記憶が顕著である。見当識障害（時間，場所，人の認識困難），抽象的思考障害（数字や言葉の理解困難），実行障害（予定や金銭管理の困難）などの認知面の障害に起因する日常生活上の困りごとがきっかけで，病院受診につながる。加えて周辺症状には，気分障害，対人関係性の疎外感，全般的な不適応状態が多様に現れる。自立的に日常生活を維持しづらくなり，他者の手助けを要す生活となる。

子育てと違い，高齢者介護は終わりがみえない。だからこそ，配偶者，家族といった周囲の者に身体的，心理的経済的，生活的負担が生じ，家族関係性に齟齬や葛藤をもたらすことがある。このように，認知症には家族の病，人間関係性の病という側面があるので社会的資源の活用も重要な課題となる。

第12章　臨　床

1節　臨床心理学とは

1. 臨床心理学とは

「臨床」とは「床に臨む」という表記であり，元々は医師が患者の床（この場合は「ベッド」）に臨んで診断し，回復の方法を講じることを表す用語である。臨床心理学はその成り立ちから医学との結びつきは深いため，こうした実践的な側面は重要な分野である。しかしそれだけではなく，この「床」は生活の場，すなわち人間が生きている現実の場面のことを表しており，「人が生きていることそのものに向き合う」といったより広い意味を含んでくるのが「臨床心理学」である。例えば，対処しきれないほどの強いストレスを受けた際は，生じた不安や緊張がうまく処理されずに何らかの反応となって自覚症状が出たり，人の目に触れるかたちで現れたりするが，医療の分野ではその症状の軽減や消失を目的として「治療」を行う。対して臨床心理学では，そのような症状や問題行動の背景に目を向け，その人物の観察や理解，アプローチを行うといった実践的な関わりをすることで，問題の解決を支援しており，より幅広い視点に立った立場である。アメリカ心理学会においても，臨床心理学を「科学，理論，実践を統合して，人間行動の適応調整や人格的成長を促進し，さらには不適応，障害，苦悩の成り立ちを研究し，問題を予測し，そして問題を軽減，解消することを目指す学問」と定義づけており，心理学の他の分野に加え，現代の文化や教育，社会，経済情勢などの様々な要素をも含んだ位置づけをしている。これは「心理的問題」そのものが様々な側面を持っているからであり，我々人間の心理の多面性を反映していると言える。

2. 臨床心理学の歴史と現状

心の問題は，人類の歴史とともに展開してきた。中でも精神に変調をきたした人にどう対応するかといった側面は，人々にとって重大な関心事であり，この問題に関して様々な取り組みが西欧の文明の中で行われてきた。その結果が，精神医学を生み出し，やがて臨床心理学の発展の基礎となった。

1）臨床心理学の起源

19世紀に成立した心理学は，その後，精神医学ならびに教育学からの影響により，より実践的な分野への進展が行われた。

前者の影響の1つとなったのが1896年に精神科医であるクレペリンによって，「早発性痴呆（現在の統合失調症）」の分類が成されたことである。さらに彼はその後，「躁うつ病」の分類も行い，いわゆる「精神病」をその予後や経過の観察から規定していくという，現在の記述精神医学の道筋を作った。

さらにその頃，フロイトの精神分析がアメリカに紹介され，「幼少期の体験が，その後の精神的障害に影響を与える」という基礎的な考え方が広まった結果，力動精神医学として大いに拡がりを見せた。

一方，後者の教育学からの影響となったのが，同じく1896年にアメリカの心理学者ウィトマーによって開設された，世界初の「心理クリニック」である。彼はそこで現在，学習障害やコミュニケーション障害などといった発達障害と診断されるような子どもたちに対して，個別に介入や支援を行った。加えてアメリカ心理学会にて，これらの実践に関して「臨床心理学」という表記を用い，その後も学習や行動の問題を持つ児童青年への心理学的支援や訓練プログラムを行い，実践的な分野を臨床心理学と称する大きな流れの１つを創設していった。

2）心理アセスメントの発展

その後，臨床心理の分野は，アメリカにおいて大きな躍進を遂げることとなった，これは20世紀の２つの大戦の影響が大きい。1917年，第一次世界大戦へ参戦を決めた際は，兵士の知能と職務配置に関するアセスメントについて主に集団式の知能検査や人格検査が作成され，それがその後の心理アセスメントの元となっていった側面がある。

さらにこの時期は，現在も用いられる心理検査が最初に作成された時期でもある。先ず1905年のフランスで，義務教育導入にあたって発達障害児を鑑別するために世界初の知能検査（現在のビネー式知能検査）が作られたほか，1939年アメリカでは，既述の兵士の知能を査定する検査から発展して最初の成人用知能検査（現在のウェクスラー式知能検査）も作成された。

また人格検査も同様の発展がなされ，1921年にはロールシャッハテスト，1935年にはTATといった投影法が発表。さらには1934年には質問紙法としてMMPIが作成されるなど，今日でも用いられる心理検査が次々に発表された。

3）心理療法の発展

既述の通り20世紀初頭には，医学・教育学からの影響によって，臨床心理学的援助の実践が行われ，精神分析学がアメリカに紹介された結果，人の心の無意識的な側面を取り扱うようになっただけでなく，現在の心理臨床に繋がる素地が形成された。

他にも，後の学習理論を基にしたワトソンによる行動療法もこの時期に提唱されるなど，臨床心理学的援助の対象に拡がりが生じた時期でもある。

その後の動向として第二次世界大戦では，復員軍人に対するメンタルヘルス領域について，国策として心理臨床家の活動が促された。

その結果，それまで主に医師の専属事項として行われてきた心理療法が，臨床心理に携わる者の職域として活動の幅を広げることとなり，こうした経緯からも，ロジャーズの「来談者中心療法」が広まることとなった。

4）日本での動向

日本での臨床心理学の誕生は第二次世界大戦以後である。アメリカの教育使節団の指導で東京教育大学にはカウンセリング講座が設けられたほか，全国的に教育相談所が開設されることとなった。また学生相談のための教育指導者講習が各地の大学にて開催され，心理カウンセリング（特に来談者中心療法が注目された）が導入されていった。

その後，医療，教育，司法・矯正，福祉などの分野にて心理臨床家の活動は行われてきていた。1982年に日本心理臨床学会が発足し，その活動の中から1988年に臨床心理士制度が発足した。さらに1995年の阪神・淡路大震災におけるそのボランティア活動などによって，臨床心理的サポートの重要性が世間に浸透することとなった。

2000年代以降も，東日本大震災を始めとした自然災害や，多くの人命が失われるような事件，事故等は絶えない。さらにインターネット環境が与えた情報革命によって，人の心への様々な影響を目の当たりにしている昨今，社会的な必要性やその活動の範囲は広まってきているのが現状である。

こうした実情を踏まえ，2017年心理臨床に携わる者の資格として初の国家資格である公認心理師制度が発足し，今後，社会的な浸透が望まれる。

2節　心の病気

1．心の病気

心の病には様々な種類がある。現在それらを分類，診断する国際的な基準として，DSM-5-TRとICD-11が主に用いられている。

DSM-5はアメリカ精神医学会が発行している「精神疾患の診断・統計マニュアル（Diagnostic and Statistical Manual of Mental Disorders）」の2013年に改訂された第5版であるが，本文改定版であるDSM-5-TRが2022年に発表されており（翻訳版は翌年），今後浸透していくことと思われる。内容，構成としては，精神疾患を22種に大別し，さらにその下位カテゴリーとして各種様々な疾患や症候群を分類したものである。

今回の改定では，名称の一般的な解りやすさや社会的偏見などを考慮し，「○○性障害」を「○○症」と日本語訳を変更したこと，身近な人の死後に長い期間とらわれ続ける「遷延性悲嘆症」の追加，「緊張病」が「カタトニア」，「適応障害」が「適応反応症」など，一部疾患の名称が変更などが大きな変更点である。

一方ICD-11は，世界保健機構（WHO）の「疾患及び関連保健問題の国際統計分類（International Statistical Classification of Diseases and Related Health Problems）」であり，2022年発効された第11版のことである。全21章と特殊目的用コードからなり，その中の第6章「精神，行動又は神経発達の障害」が主に精神科領域に関する部分である。ただし厚生労働省による翻訳版の公開が未だされていないため，各疾病等の正式な呼称は未定である。

今回の改定により「睡眠，覚醒の障害」と「性保健健康関連の病態」が独立した章として扱うようになった。特に後者は近年の世界的な動向を踏まえ，性保健に関連する状態を精神疾患として捉えないようにすることとなった。これまでの病名である「性同一性障害」も「性別不合」と改称される方向である。

2．代表的な精神的疾病

1）統合失調スペクトラム症

スイスの精神医学者ブロイラーによって1911年に提唱され，日本では2002年まで精神分裂病と呼ばれてきた。脳の機能が障害されるために起こる病気とされており，特定の原因は不明であるが，遺伝的要素などの生物学的基盤が関係すると言われている。

症状としては，①陽性症状（妄想，幻覚など），②陰性症状（感情鈍麻・発動性や活動性の低下），③解体症状（思考障害および奇異な行動），④認知症状（情報処理および問題解決の障害）などのカテゴリーに分類される。

これらの症状が多岐に渡って生じる場合もあれば，どれか1つのカテゴリーのみ生じる場合もあるほか，回復までのプロセスが短期間～長期間に渡るなど，個人差が大きい傾向にある。いずれにせよ，適切な医療的介入により社会復帰は可能となってきている疾病である。

2）双極症，抑うつ症

かつては躁うつ病や気分障害と呼ばれ，ドイツのクレペリンによって1899年に「気分状態の周期的変動を呈して，人格の崩壊をきたさない精神病」と定義されてきた。気分の変化は，抑うつへの変化を示すうつ状態と，気分の高揚への変化を示す躁状態がある。抑うつ状態が主症状の場合は抑うつ障害群であり，うつ状態と総状態の両者が交互に認められるのが双極性障害である。

うつ状態では気分の落ち込みといった感情や意欲面の障害の他，睡眠障害，食欲低下などが身体症状として生じやすい。躁状態では，気分の高揚，多幸感，多動や多弁，自信過剰，疲れを感じない，怒りっぽさ等が症状として現れる。

3）不安症

愛着を持っている人物からの分離に対して，過剰な恐怖や不安を示す分離不安症，他の状況では話せるが，話すことが期待される状況で話すことができない選択制緘黙，特定の対象または状況に顕著な恐怖や不安を話すことができない選択制緘黙，特定の対象または状況に顕著な恐怖や不安を示す限局性恐怖症，他者の注目を浴びる可能性のある社交場面に対して著しい恐怖や不安を示す社会恐怖症，パニック発作を繰り返すパニック症などがある。

4）パーソナリティ症

その人のキャラクターが，属する文化の社会的規範や常識から著しく偏っていて柔軟性が無いために，特に対人関係面において苦痛や障害を引き起こしやすいのがパーソナリティ障害群である。以下の3つのカテゴリー（クラスター）に分類され全部で10種類の障害として説明されている。

クラスターA：言動が奇妙で風変りなタイプ。（妄想性・統合失調質・統合失調型）

クラスターB：演技的，情緒的で，移り気なタイプ。（境界性・自己愛性・反社会性・演技性）

クラスターC：不安や心配，恐怖の強さが目立つタイプ。（依存性・強迫性・回避性）

5）神経発達症群・神経発達障害群

DSM-5によれば，「神経発達症群とは，発達期に発症する一群の疾患である。この障害は，典型的に発達期早期，しばしば小中学校入学前に明らかとなり，個人的，社会的，学業，または職業における機能の障害を引き起こす発達の欠陥により特徴づけられている。発達の欠陥の範囲は，学習または実行機能の制御といった非常に特異的で限られたものから，社会的技能または知能の全般的な障害まで多岐にわたる」とされている。以下が主な神経発達障害群である。

知的能力症

先天性あるいは早期後天性による知的能力の遅れを指す。論理的思考，問題解決，計画，抽象的思考，判断といった全般的な知的機能での欠陥と，家庭学校，職場，地域社会といった環境への適応機能の欠陥が発達期に出現するのが特徴である。ダウン症などの先天的なものから，事故などによる後天的なものまで原因は様々である。

自閉スペクトラム症

ちょっとした冗談が解らない，対話時に目が合わないといった対人的なやり取りに困難さがあり，こだわりが強く行動や興味の範囲が限定的で，常同行為のような繰り返される動作といった特徴がみられる。以前は自閉症やアスペルガー障害，特定不能の広範性発達障害などを含む概念であったが，これらに境界性を引くことが結果的に難しかったことから，連続したもの（スペクトラム）として捉えられるようになった。

注意欠如・多動症

以前は注意欠陥・多動性障害（ADHD）と呼ばれており，落ち着きが無く年齢にそぐわないような不注意，多動性と，衝動性がみられる。知的発達に大きな遅れは見られないが，こうした症状から，日常生活に影響が生じることが多いのが特徴である。

限局性学習症

以前は学習障害（LD）と呼ばれていたもので，読字の困難，文章内容の理解の困難，書字の困難，数字の概念や計算を習得することや数学的推論の困難さなど，学習や学業的技能の使用に困難がみられるもの。中枢神経系に何らかの機能障害があると考えられているが，知的発達において全般的な能力低下は見られず，読む，書くなどの特定の能力において使用や習得に著しい困難さを示す状態である。

3節　心理アセスメント

1．心理アセスメントとは

臨床心理学におけるアセスメントとは，具体的には「面接・心理検査などを用いて情報収集を行い，その結果を統合的に分析することにより，問題行動や症状の背景，さらには健康な部分も含めた対象者の特徴を把握すること」である。

そしてその目的は，患者やクライエントの問題を解決していくための心理学的援助のため，さらに今後の見通しや目標を立てていくための判断材料として行うことである。

判断材料としては，患者やクライエントのパーソナリティや知能といった部分の把握がその対象となるのだが，既述の通り面接法や検査法などがその把握法となる。

しかしいわゆる「診断」的な視点が強いと，問題点や不適切な側面といったネガティヴな部分に目が向きがちになってしまうため，アセスメントは，対象となる患者やクライエントのポジティヴな部分も含めた広い視点が必要となる。

すなわち単にレッテル張りのためだけに行ってはならないし，被験者の立場に立ってそのメリットを考慮した扱いをしなければならないのがアセスメントの基本である。

2．インフォームドコンセントとインフォームドアセントについて

そのためアセスメントの実施に当たっては，対象者との関係性を重視せねばならない。例えば被検者が拒否的だったり疑心暗鬼なまま検査へ導入したところで，既述のようなアセスメントの目的を果たせないことは想像に容易いである。

よって対象者に対しては先ず，「なぜ」「どういった」アセスメントを実施するのか？というような，アセスメント実施における目的やその内容などの理解は必要である。これは心理アセスメントに限らず，医療行為を中心として他の対人援助サービスにおいて共通することであり，「インフォームドコンセント」と呼ばれ，主に医療現場における概念として用いられてきた。

具体的にインフォームドコンセントとは，「治療や検査の目的，方法，期間，さらに効果や副作用などをその受け手が解るよう説明を行い，それに対して疑問があれば解消し，内容について被験者が十分納得したうえでその行為に同意すること（拒否できることも含む）」である。

すなわち医師の医療行為に対する「説明，納得，同意」に訳される概念であり，患者の自己決定・選択・自由な意思を尊重するという立場に基づいた関わりのことである。

心理臨床の現場においても，こうした医療行為に対する関わりと同様に，臨床家が行うべき努力義務として重要な部分に位置づけられている。

ただしこういった姿勢をとろうにも，対象者の年齢や状態によって，理解力や判断力が十分でなく，自己決定に難しい場合も生じることがある。具体的には対象者が児童や高齢者であったり，症状の程度により耐久性や持久力が低かったりする場合である。

その場合は従来，保護者や後見人といった代理の人物からインフォームドコンセントを得ていたが，現在はその対象者の状態に応じた形で，なるべく直接同意を得るべきであるといった立場も考慮されている。そういった対象者に「わかりやすい説明，納得，同意」のことを，「インフォームドアセント」と呼び，インフォームドコンセントの実施に関連する重要な概念となっている。

このように，アセスメントや治療において臨床心理学的なアプローチを行う際には，臨床家は被験者の状況に寄り添った関わりが求められ

ている。

加えてこうしたプロセスを踏まえたとしても，「アセスメント（査定）」すること自体，多かれ少なかれ被検者に「負荷（ストレス）」を与える行為であることは理解すべきである。

それは心理アセスメントに限らず，他の分野での「査定」や「評価」においても同様である。

例えばリハビリの際に，セラピストが患者に身体的な接触を行わざるを得ない場面でも，その行為が患者に様々な影響を与える可能性があることは常に意識せねばならない（例・異性のセラピストから直接触れられることへの抵抗感の有無等）。

心理アセスメントにおいてもそれは同様であり，質問の内容やその行為自体がどのような影響を与えるのか？ということへの配慮は忘れてはいけないのである。

このように心理アセスメントを実施することは，実際には治療プロセスの一環として位置づけられるものであり，治療や援助に対する判断材料として行われたとしても，その背景を踏まえた運用が求められるべきものである。

3．心理アセスメントの方法

方法としては，対象者の行動を観察してパーソナリティを調べる「行動観察法」，対象者と直接会って質問を交わしながらパーソナリティを調べる「面接法」，パーソナリティの測定用に作成されたテストや作業を通じて調べる「検査法」の３つが挙げられる。ここでは実際の測定で用いられることの多い，面接法，および検査法について説明する。

なお「第８章　パーソナリティ」において，検査法の具体的な紹介があるため，ここではごく簡単な概略に留めることとする。

1）面接法

面接法の形式は主に以下の３つに分けられる。

◇非構造化面接：質問内容や順序が決まっておらず面接者が自由に質問していく方法。

◇構造化面接：決められた質問を決められた順序通りに提示していく方法。

◇半構造化面接：内容は決まっているが相手に合わせて順序や聞き方を変化させていく方法。

2）検査法

◇発達・知能検査：物事の理解や知識，課題を解決するための力といった，認知機能を測定するための心理検査。

◇パーソナリティ検査：人格（パーソナリティ）を測定するための心理検査。実施法，形式的な違いから「質問紙法」「投影法」「作業検査法」の３つに大別される。

質問紙法

パーソナリティ特性について予め決められた質問項目に対して，「当てはまる・当てはまらない・どちらとも言えない」等の複数の選択肢から回答する方法。

投影法

視覚的または言語的に意味の曖昧な刺激を提示し，それに対する被検者の連想や想像などの反応を基にパーソナリティ調べる方法

作業検査法

被験者が一定の作業課題に取り組み，その経過や結果に基づいてパーソナリティや認知機能について調べる方法。

これらどの方法も，相手と対面して話し合いながら観察し理解していくという点では同じであり，それによってもたらされる様々な情報がその理解に役立てられる。

この様々な情報とは，言語的情報はもとより，相手のしぐさや口調といった，視覚，聴覚等の五感から得られる情報，さらにはその場面での雰囲気なども含めた非言語的な部分も含まれており，質問を行いつつ，対象者のこういった様子に目を向けていくといった，いわゆる「関与しながらの観察」が求められる。

4節　心理療法

1. 心理療法について

心理療法とは，心理的問題を扱うため専門的に教育・訓練を受けたセラピストが，何らかの心理的問題を抱えて援助を求めているクライエントとの間で，主に対話を中心に人間関係を結んでいくなかで，クライエントが自己理解を深め，より積極的かつ建設的な意思決定に基づいた自分らしい生き方ができるよう，セラピストが心理的に援助していくことである。

その際，セラピストとクライエントとの間に成立する対人関係は，かなり特殊なものとなる。前提として，セラピスト側の受容的な姿勢は，様々な心理療法のアプローチ以前に基本的に必要なものであろう。クライエントも自分の抱える心理的な問題に対して，批判や非難をするような援助者には助けを求めたくなくなるのは明らかなことであり，セラピストの受容的かつ共感的な態度は，基本的な対人関係の成立には必須である。しかしクライエントは，セラピストに対して単純に個人的な関係を求めているのではなく，そこに専門家としてのアプローチを求めている。1人の人間としての関わりはもちろんのこと，臨床心理学的な専門性に基づいた技術や知識を用いることもまた，治療関係においては必要なことである。

そのためカウンセラーは，クライエントとの間で生じる親密で感情的且つ主観的な側面に身を投げ入れつつ，同時に冷静で科学的な視点を持ち続けることもまた求められるのである。これは「関与しながらの観察」と呼ばれ一見矛盾した行為であるが，心理療法を行う上でクライエントとの治療関係を守り，問題の解決を目的とするためには，非常に大切な意味を持つ事柄であり，セラピストとしての基本的な姿勢のひとつである。心理療法は，このような「特殊な関係性」によって進められ成果を上げてきた。以下にそのアプローチの大枠について，いくつかの分類を紹介する。

2. 精神力動的な心理療法

症状そのものよりも，その症状の背景にある心理的な問題（主にそれらは過去の体験によって心の奥底に作られた傷など）に焦点をあて，それを克服することが特徴で，この立場の中心となる理論が，フロイトの提唱した精神分析である。

彼は人の心の中に「無意識」が存在しそれがあらゆる行動の原動力となっており今の症状にも影響を与えている，さらに幼少期からの体験がその人物の性格を形成している，との考えを提唱し，無意識にある，何かしら今の状態に影響を与えているであろう幼少期からの出来事を意識化すること，それによって患者が苦しみから解放されることが治療であるとした（このプロセスを「カタルシス」と称した）。

無意識の存在，防衛機制，精神性的発達，コンプレックスなどの精神分析学の理論，さらに治療上，患者との関係性などについて言及した治療構造や転移分析に関する理論は，その後の臨床心理学や心理療法の発展に大きな影響を与えた。

カウンセリングにおける「思い浮かぶものがあったら，それをそのまま自由に口にして良い」，そしてその守秘義務は守られる，というカウンセリングの基本姿勢も，学派を超えて様々な立場で用いられており，その功績は計り知れない。

3. 行動論的な心理療法

学習理論に基づいて人間の行動や情動を変えていくやり方であり，実験的に確認された諸原理を運用して不適応行動を制御，除去したり，逆に適応行動を学習・強化していく方法である。

パブロフの犬で有名な条件反射学に影響を受けた心理学者ワトソンによって提唱，実践された条件づけの実験がその基となっており，その後，アイゼンクやウォルピによる実験・検証を経て，主に不安症や恐怖症のほか，様々な症状除去へのアプローチとして成立してきた。

精神分析や他の心理療法と異なり，「無意識の中にある原因」や「心の深層」といったことを問題とせず，症状あるいは問題行動そのものを治療の対象とすることが特徴であり，その方法は多数開発されている。

さらに認知の歪みを修正するために開発された認知療法との統合により，現在は認知行動療法としてのアプローチも主流となっている。

4. 人間学的な心理療法

ロジャーズによって生み出された来談者中心療法がそれにあたり，心理カウンセリングの代表的な技法である。

それまでの臨床が，医師が患者を治療するという行為が中心的であったのを，カウンセラーとクライエントとの対等な関係性を重視するようにしたこと，そしてクライエントの問題を，カウンセラーが分析や操作的な指導は行わず共感的に理解していく方法を取り，クライエントが自ら苦しみから脱することに寄り添っていくことを提示したことがその特徴である。

こうした行為を行う上で，カウンセラーとしての求められる基本的態度としては，「無条件の肯定的関心をクライエントに向けること（受容）」，「クライエントの感情体験をカウンセラーがあたかも自分自身の体験であるかのように感じ取っていくこと（共感的理解）」，「クライエントとの関係でカウンセラーが自分自身の立場や感情を裏表なく表せること（自己一致）」の3点が挙げられる。

5. 現実的・具体的な側面に沿った心理療法

既述の通り認知療法と行動療法を統合した認知行動療法がこれにあたり，2010年より医療機関における保険適応となったことから，近年浸透してきている心理療法である。

具体的な導入ならびに実施法は，ある出来事に対するクライエント自身の物の見方や考え方（認知），さらにその認知に付随して生じる（感情），加えてその結果の（行動）について，クライエント特有のパターンをセラピストと共に整理。分析，検討することから始まる。

さらにこうした検討から，クライエントの問題点となる特有のパターンを見出し，その問題に対して，行動療法的なアプローチを行うことで，問題となるパターンの修正を行っていくのが実施法であり，これらのプロセスを経て，クライエント自身による症状のセルフコントロールを得ることを目標としている。

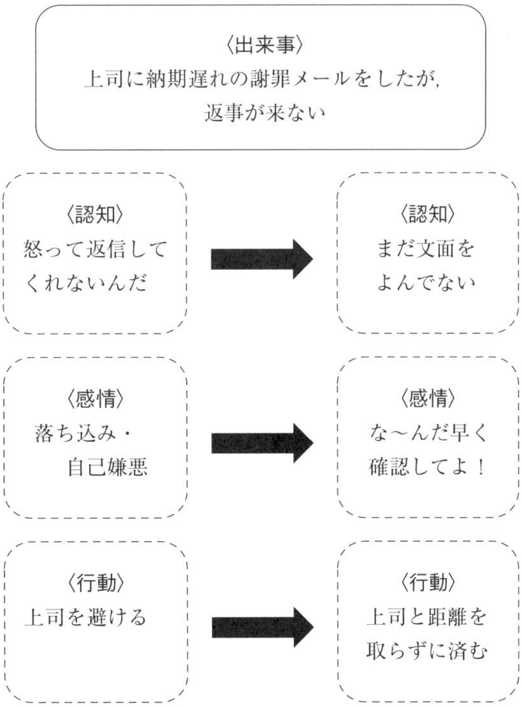

〈出来事〉
上司に納期遅れの謝罪メールをしたが，
返事が来ない

〈認知〉 怒って返信してくれないんだ	→	〈認知〉 まだ文面をよんでない
〈感情〉 落ち込み・自己嫌悪	→	〈感情〉 な〜んだ早く確認してよ！
〈行動〉 上司を避ける	→	〈行動〉 上司と距離を取らずに済む

図12-1　パターン修正の例

第5節　心理的援助

1. 心理士の職域

医療，教育，福祉，司法など，臨床心理士，公認心理師の活動の領域は多岐に渡っている。

1）医療関連領域

病院・クリニック（精神科・心療内科・小児科・婦人科・脳神経外科・物忘れ外来・ホスピス・緩和ケア他）・精神保健センター・医療福祉センター等

心理テスト，心理療法のほかに，デイケアやコンサルテーション等が主な業務。心理的な問題への対応の他，病気やケガ等の受症者への心理的サポート，また市町村の保健センターでは，小児科医や保健師とともに乳幼児の健康診査・発達相談などにも関わる。また最近は認知症対応のサポートとして，地域コミュニティでの啓蒙活動なども行われている。元々は精神科領域が活動の中心となることが多かったが，このように現在は他科における活動も広がりつつある。こうした傾向により，医師や看護師，ケースワーカーやソーシャルワーカー，作業療法士や理学療法士などの関連する他職種との連携が求められることが多い現場である。

2）教育関連領域

公立の小中学校，私立も含めた高校・大学・専門学校などの機関における相談室，地方自治体が設置する教育相談所，教育センター等。

本人との面接のほか，親との面接，教師へのコンサルテーションなどを実施し，必要に応じて他機関との橋渡し役などの連携業務も担う。スクールカウンセラー制度導入以降，こうした学校機関での活動はごく当たり前の状況となってきており，その他，各種専門学校，教育機関においても設置されていることが多い。さらに共稼ぎ世帯や核家族化の増加から，特に都市部における放課後学童サービスの現場でのニードも目立ってきている。

3）福祉関連領域

児童相談所，障害者福祉センター，作業所などの福祉施設等。

子どもの心身の発達，非行，障害児・者，女性問題，高齢者の問題など，福祉に関する幅広い領域に対し，心理的側面から援助を行う。行政との連携が強い現場であり，特に昨今は虐待の問題などから児童相談所における活動が重要視されつつある。また児童だけでなく，障害者，高齢者への関わりや，さらにその家族へのサポートも必要とされている。

4）司法関連領域

家庭裁判所，少年院や鑑別所，刑務所，警察関連の相談室等。

社会的処遇を決定する際の心理的側面に関するテストや調査，矯正に向けての心理面接などを行う。またこうした加害者側への教育や矯正といった関わりだけでなく，最近では被害を受けた側へのケアとして，被害者相談窓口への対応などにも必要とされるようになってきている。

5）産業関連領域

企業内の健康管理室や相談室，公立職業安定所，障害者職業センター等。

職業生活の遂行のために，面接や職場内へのコンサルテーションなどを行うほか，就業の相談では，職業への適性をめぐる問題等の心理的援助を行う。国の政策もあり従業員支援プログラム（Employee Assistance Program: EAP）の一環として，企業内でのメンタルヘルスに取り組もうとする現場は多くなっており，健康管理部門に配置される場合も多い。また守秘義務への懸念から，後述の私設相談機関が外部機関として関わる場合も増えてきている。その他，障害者などの社会復帰や進出のサポートといった上記福祉領域との連携などにも心理的援助の現場が設けられている。

6）大学・研究所

大学（学生相談室を含む），短期大学，専門学校，研究所・研究機関，大学付属臨床心理センター等。

臨床心理学的な研究の他に，心理士の養成や教育を担う。臨床心理士や公認心理師養成の制度の関係もあり，その役割を担う大学では，相談室や臨床心理センターを設け，当該校の学生だけでなく地域住民へのサポートや貢献という役割にて相談業務も担っている。

7）その他の領域

開業心理相談室　カウンセリングセンターなど臨床心理士，公認心理師による私設の開業相談室。各種心理療法，カウンセリングによる対応が中心であるが，関与する心理士の専門性を活かした対応（例・リラクゼーション法や体験学習等の教育的なプログラム）を行っている所もある。主に都市部での開業が多い傾向にあったが，ネット環境の進化やコロナ禍の影響もあり，近年ではオンラインでの対応も可能な所も多数見られるようになってきている。

2．心理臨床家としての資格およびスキル

現在，臨床心理学的な知識や技術を用いて，人の心理的問題に対してアプローチを行っていく，「心の専門家」であるのが，「臨床心理士」と「公認心理師」である。

臨床心理士は公益財団法人が認める資格であるが，公認心理師は国家資格として認められており，その経緯により資格取得までのプロセスに違いはあるが，臨床の現場において求められる役割や能力などに大きな違いは見られない。

それぞれの役割等を列挙すると，臨床心理士に求められる役割としては，①心理査定，②心理面接，③コンサルテーション，④これら3点に関する調査・研究，である。

一方，公認心理師に求められる能力としては，「臨床力」「教育力」「研究力」「連携力」の4点であり，面接，査定のスキル，並びに他職種との協働が求められるのは共通している。

心理臨床の現場は多岐に渡っており，こうした側面はどの現場においても求められる部分であろう。現場毎でその具体的な関わり方は変わるかもしれないが，ケースに関わっていくスキル，並びにそこから得られた情報を取捨選択し，分かりやすく他の同僚と共有，そしてそれを適切にケースへ還元していく，というのは，対人援助職として基本的に共通する能力であると言える。

加えて「教育力」もまた，これからの心理学的な援助にとってより求められる分野であろう。これはいわゆるスーパービジョンのような，臨床に携わる者を教育していくことだけでなく，いわゆる啓蒙活動や患者への心理教育などのスキルも含まれており，多職種との連携においても大いに関連する部分である。

さらに公認心理士法施行規則で定められた履修科目一覧を見ると，臨床心理学だけでなくより広範な心理学領域の科目，さらには医学や福祉学，関係行政論といった関連領域の科目も数多く含まれており，精神医療や精神保健領域で働く他の専門職と同様の支援が求められる職種である。

その結果，他の項で既に述べられているが，医療，教育，福祉，司法と，臨床心理士，公認心理師の活動の領域は多岐に渡っているのが現状である。

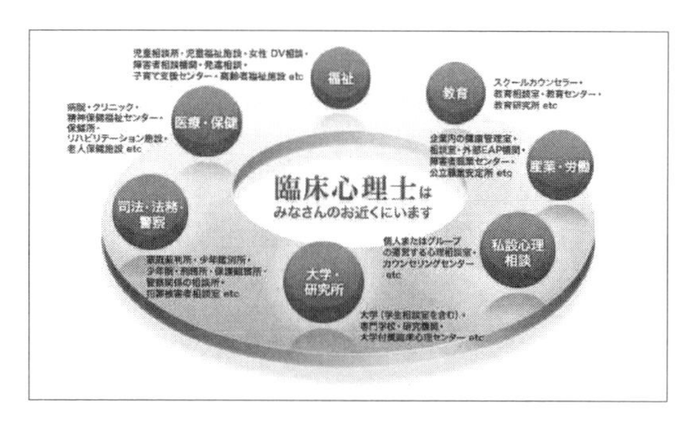

図12-1　臨床心理士の活動の場

第13章　産業・組織

1節　キャリア

1. キャリアとは

キャリア（career）とは，一般的に職業・技能上の経験，経歴を表す言葉として用いられている。また特定の試験に通って採用されている，上級公務員職という意味で使われることもある。なお，医療現場では，ウイルスや細菌の保菌者のことをキャリアというが，これは英語の運び屋（carrier）を表すため意味が異なる。キャリアという言葉に含まれる要素として渡辺（2018）は4つを上げている。①「人と環境の相互作用の結果」して，個人が長年にわたって積み重ねた働く経験の連続やより個人と組織の相互作用に着目するである。②「時間の流れ」は，キャリアは過去・現在・未来を含むものとして扱うことが必要である。③「空間的広がり」は，働く環境が，その構造，文化，規模，目的などが異なり多目的であることをいう。④「個別性」は，キャリアは個人が主体的に形成するものであり，そこには個人の価値観や個性が反映されていることが重要である。

日本では，欧米ほど個別性やそれを主張することの価値が認められていない。また，長期雇用の習慣もあり，キャリアを個人ごと異なるというよりも，ある型にはまった定型パターンとして捉えがちである。

2. キャリアの理論

キャリアの理論には概ね2つある。1つは，伝統的キャリア観が主流であった時代のものである。代表的なものとしては，スーパーとシャインによる理論である。彼らのモデルは，個人のキャリアは一定の方向に向けて発達することを想定する，ある種の典型的な発達モデルである。2つ目はバウンダリーレス・キャリアである。バウンダリーレス・キャリアとは，デ・フィリッピとアーサーによると「ひとつの雇用環境の境界を越えた連続した職務の機会」と定義されている。

3. ライフ・スパン／ライフ・スペースキャリア

スーパーは，キャリアに関する理論的アプローチとして14個の命題をまとめている。そこでは，個人差，時間による変化，自己概念といった理論的アプローチを特徴づける概念が，どのようにキャリア発達に関与するのかを，キャリア発達に時間と役割の視点を取り組むライフ・スパン／ライフ・スペースキャリアとして報告している。ライフ・スパンの特徴は段階的な発達として，次の段階に進むまでの移行期が存在する（図13-1）。

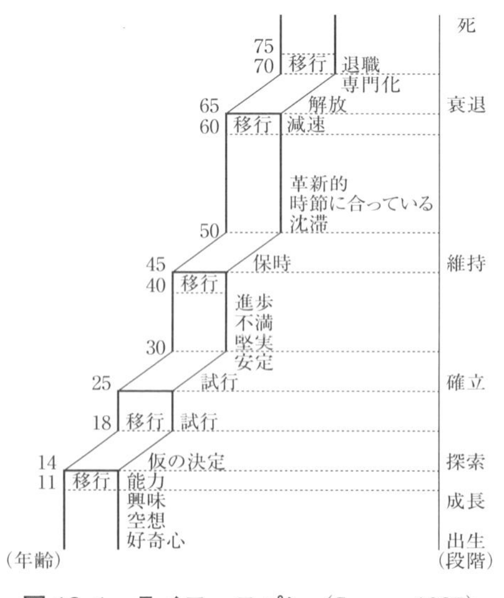

図13-1　ライフ・スパン（Super, 1985）

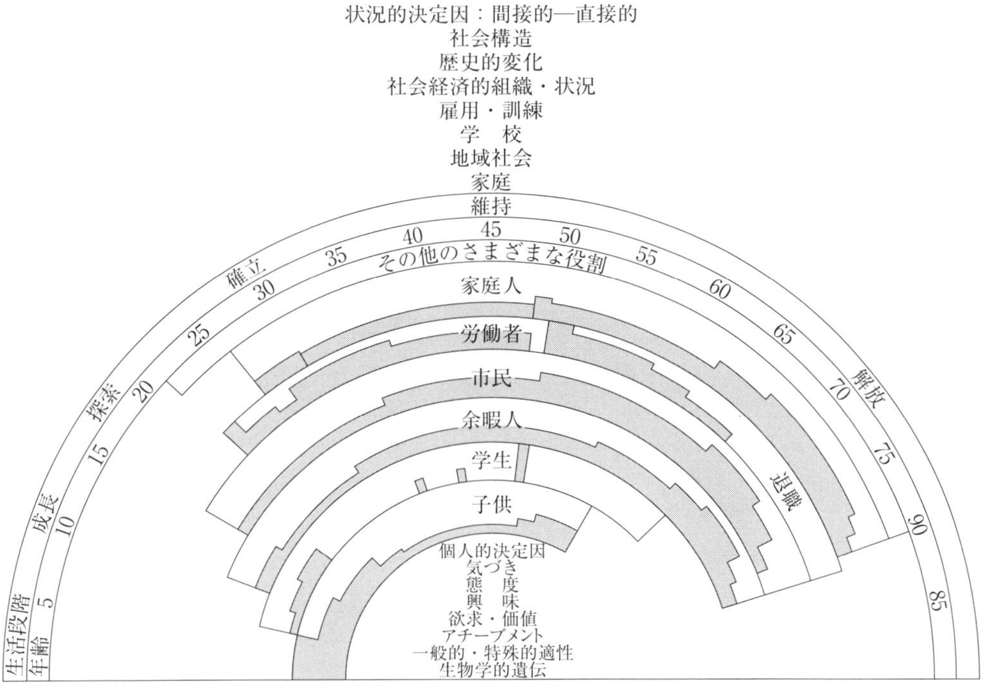

状況的決定因：間接的—直接的
社会構造
歴史的変化
社会経済的組織・状況
雇用・訓練
学　校
地域社会
家庭
維持
その他のさまざまな役割
家庭人
労働者
市民
余暇人
学生
子供
個人的決定因
気づき
態　度
興　味
欲求・価値
アチーブメント
一般的・特殊的適性
生物学的遺伝
生活段階　成長　探索　確立　解放　退職
年齢　5　10　15　20　25　30　35　40　45　50　55　60　65　70　75　90　85

図 13-2　ライフ・キャリア・レインボー（Super, 1980 改変）

ライフ・スペースは役割によるキャリアの捉え方である。職業に限らないさまざまな役割を，個人がある時点で並行して担う。（図 13-2）。この2つを用いて，個人はライフ・スパンやライフ・スペースにおける自己を捉え，さらに考えて自己概念を形成する。形成された自己概念は，それをベースに現在や未来の環境に適応する方法を考えるのに役立つ。個人はさらに行動し，その結果を受けて自己概念を形成する。

4. キャリア・アンカー

シャインは，個人と組織の相互作用によってキャリアが発達すると考えた。日本では，組織内キャリアが大勢を占め，企業が従業員のキャリア開発を考える際，他のキャリア理論よりも参考になる点が多くあった。

シャインは，人が役割を持つ領域を3つのサイクルに分けた。①「生物学的・社会的」サイクルは，生物学的年齢やそれにともなう発達課題などが含まれる。②「家族関係」サイクルは，子どもの成長に合わせた役割の変化などである。③「仕事・キャリア」サイクルは，入社や昇進，退職などが含まれる。このサイクルのうち，「仕事・キャリア」を核とした円錐形の3次元モデルを考え，モデルは組織内のキャリアの様子を表現し，「外的キャリア」とした。また，本人が主観的に認知するキャリアを「内的キャリア」とし，その発達に関係するものとして「キャリア・アンカー」を提唱した（表 13-1）。

5. エンプロイアビリティ

バウンダリーレス化が進む中で，エンプロイアビリティ（雇用される能力やその可能性の高さ）という概念が着目されている。エンプロイアビリティの中には，特定の職務遂行に必要な能力やスキルのほか，態度や指向，性格特性などの個人特性も含まれるが，組織が行うべきエンプロイアビリティ保障は，職務遂行能力が扱われる。具体的な能力の内容とレベルは，それを保障やあるいは求める組織によって異なる。

表 13-1　キャリア・アンカー（Schein, 1990）

保障・安定 Seculity / Stability	仕事に関する主たる関心事はその仕事が経済的に保障されており，安定しているかである。仕事の内容以上に，雇用主が安定した仕事を提供してくれるかや，福利厚生や退職プランの充実が重要である。他の仕事の価値も認めるかもしれないが保障・安定は仕事におけるもっとも大切なものである。
自律・独立 Autonomy / Independence	仕事を自分のコントロールのもとに行うことをもっとも大切にする。一般に組織の規則に従うことや定型業務を好まない。自分の自由を失う場合は，昇進や高い給与を得る仕事であってもそれを望まない。
専門的・機能的なコンピテンス Technical or functionalcompetence	仕事では自分の持つ特定の専門性を発揮することに価値を置く。その専門性をより高いレベルで発揮することが，自分らしい仕車の仕方であると考える。管理職への昇進は，そこで専門性が発揮できる場合においてのみ望ましいと考える。
一般管理的なコンピテンス General management competence	組織の中で昇進して，より上位の管理を行う仕事に就くことに価値を置く。そして自分が管理する組織の成功が自分のパフォーマンス評価になる。専門的なスキルは組織で昇進するために必要なものと考える。
企業家的創造性 Enterpreneurial creativity	このアンカーを持つ人は自分の創造性を活かして事業を起こしたり，新しい製品やサービスを創りたいと考える。小さな改善活動ではなく自分自身の拡張として大きなものを創り出すことに喜びを感じる。結果的に大金を得ることがあるがあくまでも成功の指標であって，お金を得ること自体が目的ではない。
奉仕・社会的貢献 Service/dedication to a cause	自分の大切にする社会的価値の実現に貢献することが仕事であると考える。医療や福祉公的サービスの仕事に従事する人にはこのアンカーを持つ人が多いもののどの仕事であってもこのアンカーも待つ人はいる。たとえば研究者であっても，研究テーマの追求ではなく，研究知見を社会貢献に役立てることを重視する人がいる。
純粋な挑戦 Pure challenge	仕事では，いつも不可能と思えるようなチャレンジや強敵があって，それを克服してると感じられることを好む。課題を解決できたりライバルに勝つことが重要で仕事の内容にはあまりこだわりはない。仕事の成否を勝ち負けで表現する傾向がある。
ライフスタイル Life style	自分の仕事生活やキャリアはそのほかの全般的な生活（家族や固人的な成長欲求など）と，うまく統合されていることを望む。統合のためにはキャリアを犠牲にすることもある。とくに共働きの夫婦の場合には，協働して家庭を築くため，統合が難しい局面に遭遇することがある。

6. キャリアコンピテンシー

キャリアを成功させるための3つのコンピテンシーをデ・フィリッピとアーサーは提案している。①「理由を知ること（know-why）」②「方法を知ること（know-how）」③「誰かを知ること（know-whom）」である。「理由を知ること」は，自分が働く価値や意味づけを知ることで，キャリア選択の際の重要な基準となる。「方法を知ること」は，職務の遂行に関連する能力やスキルを持つことであるが，加えて，特定組織の中でどのように組織貢献をすべきかを知っていることも含まれる。「誰かを知ること」は，キャリアにとって価値のある対人ネットワークを有することである。また転職後の活躍のためにも，新たな組織において，キーパーソンを知ることや，職務遂行の協力者を得ることも，組織社会化の成功に欠かせないことである。

7. 社会人基礎力

「社会人基礎力」は，「前に踏み出す力」，「考え抜く力」，「チームで働く力」の3つの能力（12の能力要素）から構成されており，「職場や地域社会で多様な人々と仕事をしていくために必要な基礎的な力」として，経済産業省が2006年に提唱した。「人生100年時代」や「第四次産業革命」の下で，2006年に発表した「社会人基礎力」はむしろその重要性を増しており，有効であるが，「人生100年時代」ならではの切り口・視点が必要となっていた（図13-3）。

こうした状況を踏まえ，2017年度に開催した「我が国産業における人材力強化に向けた研究会」において，これまで以上に長くなる個人の企業・組織・社会との関わりの中で，ライフステージの各段階で活躍し続けるために求められる力を「人生100年時代の社会人基礎力」と新たに定義した。社会人基礎力の3つの能力／12の能力要素を内容としつつ，能力を発揮するにあたって，自己を認識してリフレクション（振り返り）しながら，目的，学び，統合のバランスを図ることが，自らキャリアを切りひらいていく上で必要と位置づけられる（表13-2）。

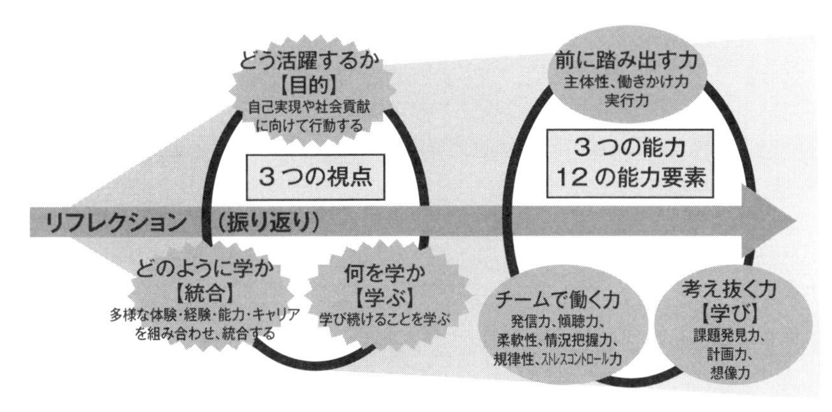

図13-3　社会人の基礎力（経済産業省，2018）

表13-2　社会人基礎体力（厚生労働省，2017）

職業基礎能力	職業人意識	
	P 1：責任感	社会の一員として役割の自覚を持っている
	P 2：向上心・探求心	働くことへの関心や意欲を持ちながら進んで課題を見つけ，レベルUPを目指すことができる
	P 3：職業意識・勤労観	職業や勤労に対する広範な見方・考え方を持ち，意欲や態度等で示すことができる
社会人基礎力	前に踏み出す力（アクション）――　一歩前に踏み出し，失敗しても粘り強く取り組む力	
	A 1:主体性	物事に進んで取り組む力
	A 2：働きかけ力	他人に働きかけ巻き込む力
	A 3：実行力	目標を設定し確実に行動する力
	考え抜く力（シンキング）――　疑問を持ち，考え抜く力	
	Th 1：課題発見力	現状を分析し目的や課題を明らかにする力
	Th 2：計画力	課題の解決に向けたプロセスを明らかにし準備する力
	Th 3：創造力	新しい価値を生み出す力
	チームで働く力（チームワーク）――　多様な人々とともに，目標に向けて協力する力	
	Te 1：発信力	自分の意見をわかりやすく伝える力
	Te 2：傾聴力	相手の意見を丁寧に聴く力
	Te 3：柔軟性	意見の違いや立場の違いを理解する力
	Te 4：状況把握力	自分と周囲の人々や物事との関係性を理解する力
	Te 5：規律性	社会のルールや人との約束を守る力
	Te 6：ストレスコントロール力	ストレスの発症源に対応する力

2節　人事評価

1. 評価バイアス

人間が共通に持っている認知メカニズムが原因で，人が人を評価する場合，バイアス（歪み）が生じやすく，「対人認知」「帰属理論」で説明が行える。

対人認知の理論は，人が他の人の性格や心の状況などを知ったり考えたりする過程である。意図，態度，感情，能力など人の内面にある心理的な特性を，さまざまな手がかりを使って推測することである。また自分と同じ人間であるから，認知する側の人は自分自身の経験を利用したりしてしまうことができる。

帰属理論は，自分たちの周りで何かが起こるとそれを説明したり，何かに原因を求めるようにしたりする心理的作用である。部下がある課題においてよい成績を収めたとき，上司は部下の能力や意欲など内的要因に帰属させたり，幸運や課題の難易度など外的要因に帰属したりする。人が行動の原因を帰属させる場合，「事象の原因は，その事象が生起したときに存在し，生起しなかったときには存在しない」という考え方を適用し，①「一貫性」，②「弁別性」，③「一致性」の３つの基準によって判断する。また，人は①「基本的な帰属エラー」②「行為者－観察者バイアス」③「自己奉仕的バイアス」のような帰属の誤りや歪みも生じさせる。

日本では人事評価を教育訓練やコミュニケーションの推進よりも，給与や昇進決定のために用いられることが多い。人事評価の対象としては，個人の業務成績，行動，パーソナリティ特性，態度などが用いられる。評価方法は，特定の基準に基づいて，絶対評価と複数の人を比較する相対評価に大きく分けられる。評定者は，直属上司，同僚，自己評価，直属部下，包括的アプローチなどがある。批評定者は，日本では労働組合員に制度が適用され，労働組合員が評価される。なお，アメリカでは労働組合に適用される人事査定制度が存在しないことが多く，制度が存在しても実質的に適用されず，労働組合員は査定されないことが多い。

2. 教育訓練

教育訓練の目的は，組織にとって好ましい方向に従業員の知識，技術，行動を変化させることである。学習のメカニズムには，①「直接的な経験による学習」②「観察による学習」がある。学習を促進する要因としては，「動機づけ」「強化とフィードバック」「練習の方法」「転移」などがある。

3. 職務システム

職務設計の社会心理学的アプローチにおいて，現在有力な理論は，「職務特性理論」「社会－技術システム論」である。職務特性理論は，ハックマンとオーダムによって５つの基本的職務特性の存在が従業員の中に３つの「臨界的心理状態」を作り出し，その結果さまざまな心理的，仕事上の成果が生じると報告している（図13-4）。

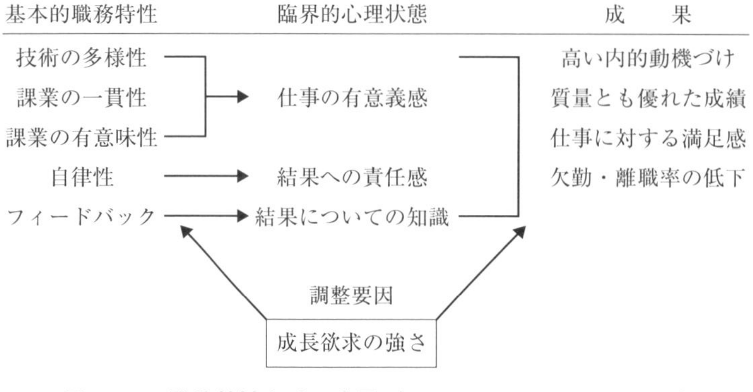

社会－技術システム論は，

図 13-4　職務特性とその成果（Hachman & Oldhan, 1975）

生産組織が技術システムと社会システムからなり，両システムの相互作用によって全体の効率が決定されると主張し，有効な生産組織を作るためには両システムを同時に最適化しなければならないと考える理論である。イギリスの炭鉱では古くから採炭法（短壁法）という２人１組を基本単位とする小集団が採炭の全過程を請け負い，自分たち自身で作業分担の決定や監督を行ってきた。その後，新しく導入された長壁法は，40～50人の集団が１単位となって機械を使って広範囲の切羽で一度に大量の採炭を行う方法である。作業は完全に分業化され，労働者は固定化され単純化された作業を繰り返すことになった。この方式の導入により，生産性を低く抑えるという規範を労働者の中に生じさせ，相互の孤立，責任や負担のなすりつけあい，それを原因とする欠勤などが生じた。その原因は，大量生産技術を工場と異なる環境の炭鉱にそのまま導入したこと，それによって既存の社会的統合を崩壊させたことにあると考え，特に仕事の完結性，作業ペースの自由，そして責任をともなう自律性を持った小集団の意義の重要性を強調した。

4. 報酬システム

報酬システムは，組織がそのメンバーから貢献を引き出すために，それに応じた誘因である。報酬システムには種々のものがあり，用いられる制度も組織に応じて異なっている。これら多様なシステムの違いは，「報酬の内容」「水準」「構造」「個人差」「過程」の５次元で整理ができる。内容は，組織が報酬として何を従業員に提供するのかということである。報酬には，仕事の活動自体に本来的に含まれる内的報酬（自由裁量，意思決定への参加，自己成長の機会など）と，他から与えられる外的報酬がある。また，外的報酬には，非金銭的報酬（上司から賞賛，好ましい仕事環境など）と金銭的報酬があり，後者はさらに現金（給料，賃金など）と給付（健康保険，有給休暇など）に分類される。

水準は，組織が従業員に提供する金銭的報酬の送料，つまりどのくらい報酬を与えるのかということである。報酬の水準は，有効求人倍率などの働きに代表させる企業外労働市場の需要関係の変化，消費者物価の動向，企業の業績ないし支払い能力，および労使関の力関係によって決まる。

構造は，１つの組織の中で金銭的報酬の差異，つまり報酬がどの程度ばらついているのかということである。組織の中に階層がどれくらいあるか，また階層間にはどれくらい差があるか，といったことが問題となる。

個人差は，金銭的報酬の個人差の基準，つまり報酬の差は何によって決まっているのかということである。主要なものは，「職務」「業績」「年功」「技能」などである。職務は，職種や仕事の内容に基づいて報酬を決定する。業績は，仕事の成果に基づいて報酬を決定する。年功は，年齢や組織における在職期間に基づいて報酬を決定する。日本企業の特徴である年功制は能力主義的制度に移行しつつある。多くの企業で職能資格制度が導入さ，年齢給や勤務給などの制度をもつ企業は少ない。

技能は，本人の能力に基づいて報酬を決定する。一般に，もっとも低いレベルから最高のレベルまでの能力に応じた給与等級が設定され，新しいメンバーは初級から初めて，能力向上とともに進級する。日本企業の職能資格制度も職務能力を評価してそれを給与や昇給に結びつけようとするものである。

過程は，報酬のシステムをどのように設計していくのかということである。従業員を報酬システムの設計や運用の各段階で参加させたり，システムの内容や趣旨を伝達したり，情報を公開することなどであるが，これらの過程はシステム自体と同様に重要である。

3節　人事測定

1. 職業適性検査

適性とは，課題や仕事を適切かつ効果的になし遂げられる潜在面，顕在面での能力や特徴のことである。職業を選択する場合，何が自分には適しているのだろうかと考え，自分に向いた職業に就くことができれば，仕事で成功する可能性も高くなり，やる気をもって取り組むこともできる。そこで，どのような職業に適性があるのかを調べる検査を紹介する。

厚生労働省編 一般職業適性検査

運動機能，知的能力，性格傾向，興味などを把握するように構成されている。米国労働省によって作成されたGATB（General Aptitude Test Battery）に基づいて1952年に完成し，1969年，1983年に改訂が行われている。

職業興味検査

職業を選択する際に，進路指導の資料として用いられる。ホランドが構成した職業興味検査が広く活用されている（Holland, 1973）。初版は1953年であるが，1978年版を基にして日本でもVPI職業興味検査が標準化された。

2. 知能検査

人間の知能とは何かということについては，種々の考え方がある。知能を獲得し保持する能力，抽象的思考を行う能力，学習する能力，環境に適応する能力など，協調する点の違いによって，人間の知能はさまざまである。知能検査は，1905年に「ビネー・シモン式知能検査」，1916年に「スタンフォード大学改訂版ビネー・シモン式知能検査」，1939年に「ウェクスラー・ベルビュー知能検査」，1955年に「ウェクスラー成人知能検査（WAIS）」などが作成された。ウェクスラーによると，「知能とは，個人が目的に合うように行動し，合理的に思考し，環境を効果的に処理する総合的，または全体的能力である」と定義している（Wechsler, 1958）。

3. 性格検査

性格検査は，質問紙法，投影法，作業検査法がある。質問紙法は，多数の性格に関するない世の質問が書かれた用紙に回答する方法である。代表的なものとしては，「矢田部ギルフォード性格検査（YG性格検査）」「ミネソタ多面人格目録（MMPI）」「主要5因子性格検査（Big-5）」などがある。投影法は，曖昧な図形や絵，漠然とした文章などに対する自由な反応に基づいて，その人の性格を把握する方法である。曖昧な刺激に対して，その人が独自の意味づけを行うことで，その人らしだが映し出される。代表的なものとしては，「ロールシャッハテスト」「主題統覚検査（TAT）」「P-Fスタディ」「精研式文章完成法テスト（SCT）」などがある。

作業検査法は，一定の条件のもとで作業をさせ，その態度や結果などをみながら性格を把握する方法である。意図的に回答を操作することがしづらく，かつ実施しやすくて回答の整理もしやすい。代表的なものとしては，「内田クレペリン精神作業検査」がある。

4. 心理検査の信頼性と妥当性

心理検査の結果を信頼して活用するためには，標準化（いつ検査しても同様の検査結果が得られる）された検査を用いる。使用する検査には，①「一定の材料があらかじめ測定されている」②「その問題や作業のやり方が一定している」③「実施の教示が明白にされている」④「結果の処理法が明白にされている」⑤「採点の結果が尺度や基準によって客観的に表示される」という5つの要件を満たし，信頼性と妥当性も検討されていることが必要である。

信頼性とは，検査の測定悔過の安定性のことである。同じ人が時間をあけて同じ検査をしたとき，結果がどの程度一致するのかを確かめる再検査信頼性がある。妥当性とは，検査が測定しようとするものを性格にとらえているかということである。内容的妥当性，基準関連妥当性，構成概念妥当性がある。

5. 選抜

採用時に行う適性検査の成績は，採用後の従業員の業績を予測しようとするので「予測変数」という。採用された従業員が実際にどの程度の業績を上げた，人事評価や売上実績などを「基準変数」という。

基準に対する妥当性

適性検査の成績と入社後の業績にまったく相関がなければ，適性検査の結果で合否を判断する必要はない。よい仕事をするであろうと予測して採用したが，実際には成果が出ない人たちもいる（積極的な誤り）と採用しなかった人たちの中でよい仕事をするであろうという可能性を持った人たち（消極的な誤り）である（図13-5）。

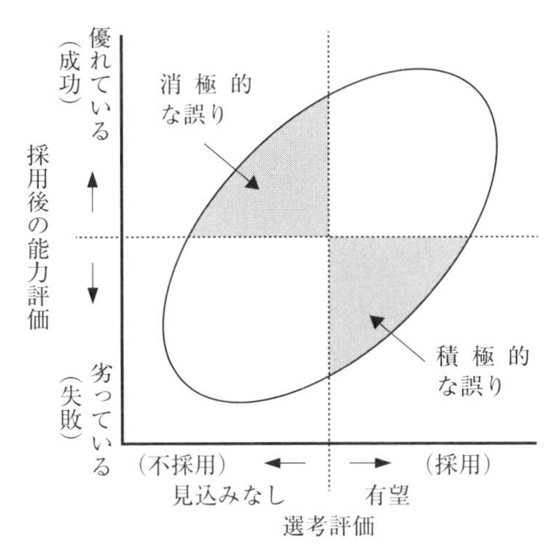

図13-5 選抜意思決定の誤り（大沢，1989）

選抜比率

選抜比率（応募者に対する採用した人数の比率）が厳しいほど，採用した人の中でよい業績をあげる従業員の割合が増える。逆に応募者から多くの人を採用すると積極的な誤りに該当する従業員も多くなる。

職務上の成功と失敗の分岐点

社員として優れているという評価の基準をどこに設定するかによる。非常に高い評価水準をおくのか，よほど失敗がないかぎりよしとするのかの違いである。困難な仕事を成し遂げる非常に優れた社員を選択する場合には，基準関連妥当性の高い検査を活用し，選抜基準を厳しくするということによって可能である。応募者の中に占めるよい仕事をするであろうと考えられる評価基準に合格する人の割合を「基準比率（$A + C/A$）$+ B + D + C$」という。この基準比率が高い（有能な人が多く受験する）ほど，適性検査によって選抜された人の中でよい仕事をする社員の割合は大きくなる。

6. 面接

面接は採用場面で必ずと言っていいほど行われる。面接の方法には，「標準面接法（構造化面接法）」「自由面接法」「グループ面接法」「チーム面接法」「圧迫面接法」などがある。面接者の留意点としては，①「面接者が話しすぎて必要な情報がえられない」，②「質問が場当たり的で受験者すべてに共通の情報が少ししか得られない」，③「職務遂行と関連のない質問をしやすい」，④「受験者の緊張を取り除けず本音の情報が引き出せない」，⑤「自信過剰におちいり，軽率な判断になりやすい」，⑥「ステレオタイプで判断しやすい」，⑦「表情，容姿，態度など言語外の情報に左右されやすい」，⑧「多くの応募者を一度に評価することにより，寛大化傾向，中心化傾向，厳格化傾向などが表れやすい」，⑨「1つの優れた（劣った）点で全体を評価してしまいやすい」，「前の応募者の質に影響を受けやすい」，⑪「面接の最初の1分で評価してしまいやすい」，⑫「自分と似た点をもった受験者を高く評価しやすい」などがある。

4節　リーダーシップ

1. 特性アプローチ

リーダーシップをとれる人は，リーダーではない他の集団成員に比べて優れた資質を備えている。優秀なリーダーは，知能，教養，責任感，参加性，地位の点で他の成員より優れているものの，相矛盾する報告が多く，リーダーの特性だけでは適切なリーダーシップを予測することは困難であると指摘されている。

2. 行動アプローチ

リーダーがどのような行動様式すれば，すぐれたリーダーシップをみなされるのかに焦点が当てられる。

PM理論

P機能（目標達成機能，Performance）は，集団の目標を達成するための計画を立案したり，成員に指示・命令を与えたりするリーダーの行動や機能である。M機能（集団維持機能，Maintenance）は，集団自体のまとまりを維持・強化しようとするもので，成員の立場を理解し，集団内に友好的な雰囲気を作り出したりする行動や機能であると。この2つのリーダーシップ機能からリーダーシップ行動の類型化を行った（三隅，1986）。

マネジリアル・グリッド

組織の管理者に必要とさせる行動要素を「業績に対する関心」「人間に対する関心」の2次元のグリッドとして捉えようとした（図13-6）。

1・9型は，業務向上よりも人間関係を良好にするよう働きかけるリーダー。

9・9型は，業務向上と人間関係ともに関心を持ち両者を調査させるリーダー。

1・1型は，業務向上にも人間関係にも関心を向けないリーダー。

9・1型は，業績中心で人間関係には配慮しないリーダー。

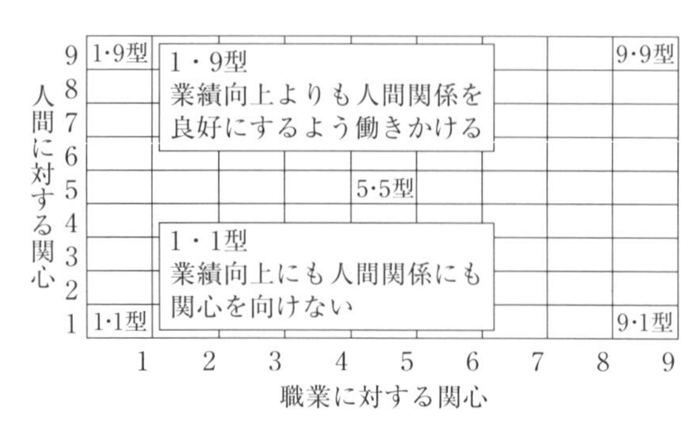

図13-6　マネジリアル・グリッド
（Blake & Mouton, 1964）

5・5型は，どちらにもある程度の関心を向けるリーダー。

3. 状況適合的アプローチ

コンティンジェンシー・モデル

コンティンジェンシー・アプローチとも呼ばれ，集団の置かれた状況が異なるとリーダーとして必要な役割が異なってくる。

フィードラーは，リーダーシップスタイルをLPC（最も苦手と感じられる仕事仲間）得点という独自の尺度でとらえようとした。リーダーに今までの経験の中でLPCに該当する人物を思い浮かべてもらい，その人物を評価してもらう。LPC得点が低いリーダーは，仕事に自分の感情を持ち込まない傾向が強い（課題志向型）とみなされる。LPC得点が高いリーダーは，メンバーを評価するとき，感情的側面を重視する傾向（人間関係志向型）がある（白樫，1976）。

ライフサイクル理論

集団成員にとって効果的なリーダーシップとは成員の仕事に対するレディネス（仕事に対する成熟度）に応じて変化すると考えた。仕事に必要な能力・知識・経験の習得などを「レディネス」と表現している。ライフサイクル理論では，リーダーシップのありようについて4段階のレディネスに区分し，それぞれの段階に効果的なリーダーシップが示されている。

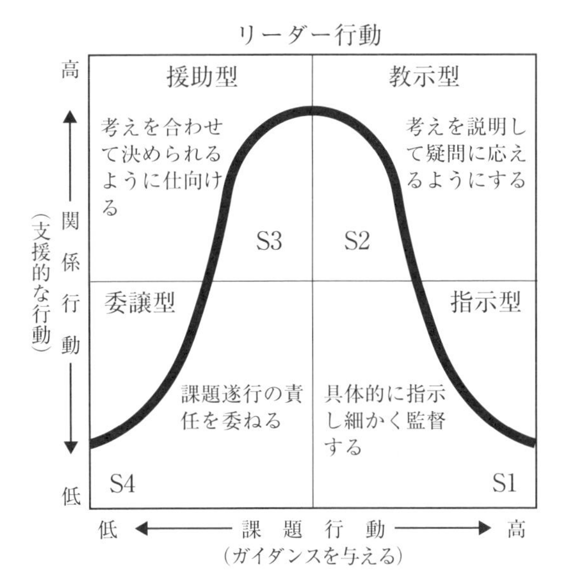

部下の成熟度

高	中		低
R 4	R 3	R 2	R 1
技術とやる気が両方ある	技術はあるがやる気が弱い	技術はないがやる気はある	技術もやる気もない
（自律的）		（他律的）	

図 13-7　リーダーシップの状況

4. 相互作用的アプローチ

LMX 理論

LMX（Leader Member Exchange）理論では，リーダーとフォロワーは交換関係にあるが，この関係はすべてに均等に行われないと仮定する。リーダーは関係の質によって個々に関係が形成され，関係の質は，表面的関係から緊密な関係にわたる。リーダーとフォロワーの関係は，フォロワーの業績，管理に対する満足度，職務満足感，組織コミットメント，役割葛藤，有能感と関連している。

5. 認知的アプローチ

リーダーが実際にどのような行動をとるのかよりも，フォロワーが有能なリーダーとして認めるかどうかがリーダーシップにとって重要である。

暗黙のリーダー像

フォロワーのリーダー像には典型的な特徴があり，リーダーが優れているかどうかは，フォロワーの行動が逐一評価されて判断されるのではなく，彼らの頭の中にある「典型的なリーダー像」に適合しているか否かで判断される。

リーダーシップの幻想

リーダーシップという概念そのものが組織に関連した様々な現象を意味づけるために使われ，因果関係を了解できない現象があったとき，それらの因果関係を説明するのにしばしばリーダーシップを使ってもっともらしい説明をすることがある。

カリスマ的リーダーシップ

ハウスは，カリスマ的リーダーシップを個人特徴としては，①「極端に高い水準の自己信頼」②「他者からの優位性」③「自分の信念の道徳的正義についての強い確信」④「他者へ影響力を及ぼすことへの強い欲求」をあげ，次に行動の特徴としては，①「役割モデリング」②「イメージ形成」③「リーダーやフォロワーに課せられたビジョンや使命の重要性」④「目標達成に必要な情緒的状態を喚起する」をあげている。これに対して，マインドルは，カリスマとはフォロワーが持っている心的世界の反映に過ぎず，それは成功や勝利にまつわる多種多様な原因を並外れたリーダーシップに帰属することによってフォロワーが環境を理解しコントロールしたつもりになっているからに過ぎないと反論した（House, 1977）。

6. リーダーシップのアプローチ

1980 年代以降，古典的なリーダーシップの研究をさらに進めて「変革型リーダーシップ」「代替的リーダーシップ」「サーバント・リーダーシップ」「倫理的リーダーシップ」「オーセンティック・リーダーシップ」などの理論が報告されている。

5節　売り手と買い手

1. 要請技法と悪徳商法

セールスマンや販売員は様々な方法を用いて顧客に購買を決意させる努力を行っているが，その手法の中には，心理学の知見を正しく利用している場合と悪く利用している場合がある。

フットインザドア技法（段階的要請技法）

はじめに小さな依頼をしてそれに応じさせ，その後，本命の大きな依頼をするという方法である。こうすることで，いきなり大きな依頼をするよりも本命の依頼に対して高い応諾率が期待される。この技法の効果は，最初に小さな要請に応じることによって，「私はそのような要請を受け入れる人間」という自己知覚が生じ，それの応じた態度変化導かれる。

ドアインザフェイス技法（譲歩的要請技法）

大きな要請をして，それをわざと断らせてから，譲歩する形でより小さな本命の要請をする方法である。この技法の効果は，返報性の原理（相手が譲歩した場合，こちらもある程度譲歩するべきという暗黙の規範）の存在と知覚のコントラスト（最初の行動や情報が，その後の知覚に影響を与える）により説明されている。

ローボール技法（承諾先取り技法）

魅力的な商品を示しておいて，消費者に購買の決定をさせ，決定がなされてから契約するまでの間に悪い条件を加えたり，いい条件のいくつかを取り下げたりする。一度ある決定を受け入れた消費者はあまりそれを撤回しようとしない心理をついた方法である。車や住宅の販売といった場面では，この技法がよく使われている。格安の本体価格のみを提示したものがほとんどで，消費者に検討している商品の購入を決心させる。その上で多くの物がオプションであるといった不利な条件を知らせるが，一度購入を決心した消費者はそれを購入してしまう。

資格商法

「この資格をとれば手当が支給される」「受講するだけで簡単に国家資格がとれる」「近く国家資格になる」等の虚偽のセールストークで，講座への入会を執拗に勧誘し，勝手に入会手続きを行ったり高額な受講料を要求してきたりする方法である。

催眠商法

販売員が該当でチラシや無料の商品を配ったりして主婦や老人を集め，ある程度客が集まると客を別の会場に連れて行き，「時間です」「定員です」といって会場を締め切った状態にする。業者が「この商品を無料でほしい人は」という問いかけに「ハイ」と答えると無料で日用品がもらえるということを何度も繰り返し，雰囲気を盛り上げて興奮状態にする。雰囲気が盛り上がったところで，「特別に今日来てくれた方に超高級羽毛布団を 40 万円でほしい人」などというと，催眠商法にはまっている人は手度上げてしまう。

かたり商法

水道局，消防署，NTT などの公共事業団体の関係者を装って家庭を訪問し，水漏れ，火災報知器，電話機を販売する商法である。

アポイントメント・セールス

デート商法ともいわれ，異性に好意を抱かせて言葉巧みに高級商品を売りつける手口である。

電子メールによる悪徳商法

「選ばれたあなた」「あなただけ」という受信者のみを特別視するような文章のメールを送信し，受信者を偽りのサイトに誘導し不当に利益を上げることを目的としているものが多い。

2. 消費者調査とその分析

POS（Point of Sales; 販売時点情報管理）は，小売店の商品などが販売された時点の情報を管理するシステムである。POS システムは，商品が購入された日時，店舗，個数，商品名，商品価格，さらにポイントカードなどの個人情報も管理している場合は，性別，商年齢層のような情報も蓄積する。現代はインターネットを含むネットワーク環境が整備され，企業は自動的かつ大量にPOSシステム関連データやECサイトの取引データを収集でき，それらの大量なデータを安価な記憶装置に保管できようになった。この蓄積された大容量データを用いた分析方法が近年注目されているデータマイニングである。

ライフスタイルによる消費者行動分析は，電子データによる顧客特性の分析とは異なり，消費者の個人特性を明らかにする分析がある。

AIOアプローチ

AIOとは，Activities（活動；労働や余暇の時間の過ごし方），Interests（関心；生活環境の中での興味），Opinions（意見；社会的問題と個人的問題でどのような立場をとっているか）の頭文字をとったものである。

VALS（Values and Lifestyle）

SRIインターナショナルによって1970年代後半に開発されたもので，約800問の価値やライフスタイル，消費者行動に関する質問から9つの価値類型を抽出したものである。

3. 広告効果と広告情報処理

AIDMAは，人はその商品の広告に注目（Attention）し，その商品に興味（Interest）を持つようになり，その商品を欲しい（Desire）気持ちになり，それを記憶・貯蔵（Memory）し，最終的には購買などの行為（Action）に至るというモデルである。コーレイは，AIDMAを洗練させ広告の役割をコミュニケーション機能に限定し，広告の目標はある種のコミュニケーション課題が，特定化され請求対象に決められた程度だけ，決められた期間で達成されるというDAGMAR（Defining Advertising Goals for Measured Advertising Results）を主張した（Dutka & Colley, 1995）。

4. さまざまな広告

広告には，「比較広告」「タイアップ広告」などがある。比較広告は，公正取引委員会によると「自己の提供する商品またはサービスについて，これと競合関係にある特定の商品等を比較対象として示し，商品または取引条件に関して，客観的に測定また評価することによって比較する広告」と定義されている。タイアップ広告は，複数の広告主が共同で1つの広告の制作したり，番組提供しているスポンサー以外の広告主がCMを流したり，媒体社と協力して広告紙・誌面を作製したりするケースである。

5. マーケティングの心理理論

市場には，商品そのものとは無関係に購買意欲を駆り立てる要因として，①「バンドワゴン効果」②「スノッブ効果」③「ヴェブレン効果」があると報告している（Leibenstein, 1950）。

バンドワゴン効果は，「人々が他者と同じものを購入しようとする心理的傾向」である。その商品をみんなが持っている，その商品が大ブームであるなどという情報をマスメディアや友人から知らされると自分も欲しくなるという同調行動の心理である。スノッブ効果は，「人々が他者と異なったものを購入しようとする心理的傾向」である。ニッチな考え方により，他の人と違った物を持ち，他の人と同じに見られるのを嫌がり，それまで好きで利用していた物でも手放し，差別化を意識し自己満足を得る心理である。ヴェブレン効果は，「人々が低価格なものよりも高価格なものを購入しようとする心理的傾向」である。ブランド商品などを周りの人に見せびらかしたいという思いで欲しくなったり，低価格な品物より高額な品物に価値を見出し，それを欲しくなるという自己顕示欲の心理である。

第14章　犯罪・矯正・防犯

1節　犯罪の原因

1. 個人内要因

個人内要因は，犯罪者個人に何かしらの問題があったので犯罪に走った，それを追求しようとする立場である。イタリアの監獄医であり実証主義的犯罪学の父と呼ばれているロンブローゾは，生物学的な発想による「生来性犯罪者」説を主張し『犯罪人論』という著書を出版した(Lombroso, 1887)。ロンブローゾは，当時の科学的知見に基づきデータを収集し，「人相学（目，耳，鼻などの距離と犯罪行動との関係)」や「骨相学（頭蓋骨の形状と犯罪行動との関係)」をもとに調査を行い，さらに男子犯罪者の身体調査，兵士と精神疾患者の身体的・精神的特徴などを調査し，犯罪者の先天的な特徴を指摘した(Lombroso, 1888)。その後，知能と犯罪の関係や人格障害として犯罪を理解する立場もある。

一方，パーソナリティ特性という視点から，次のような犯罪者の認知の歪みがあると指摘している。①「敵意バイアス：他者の行為を悪意に満ちたものととらえる」，②「反社会的スクリプト：他者に対応するときにまず強制的手段が思い浮かぶ」，③「偏った報酬への関心：人から信頼され受け入れられることにより，他者を支配し物質的利益えるなど偏った方向に注意を向ける」，④「自己正当化：相手の方が悪い，だれでもやっている，などと考えることで罪悪感や不安を和らげようとする」，⑤「ポジティブ・バイアス：自分の行為にともなうリスクを低く見積り向こう見ずな行動をする」などである（大渕，2006)。

2. 社会的要因

特定の地域や階層，集団に犯罪が多発しやすい，社会が犯罪を誘発するような条件を持っていると考えることもできる。環境要因を少年がどう受け止めるのかによって「緊張理論：人は追いつめられると罪を犯す」「副次文化論：朱に染まることで人は罪を犯す」「統制理論：人が罪を犯さないようにコントロールしているのはどのような要因かを明らかにする」という枠組みで考えられている。

犯罪は主体と環境との相互作用である限り，犯罪を起こしにくい環境にあれば犯罪の動機そのもののも弱まるし，割れた窓ガラスを1枚でも放置すれば破壊行為が誘発（割れ窓理論）され，やがて町全体が荒廃する。

3. 集団非行の発生過程

少年犯罪の凶悪化や低年齢化などさまざまな問題が報告されているが，その中でも特に犯罪や非行の集団性が問題視されている。反規範的相互作用過程（反規範的な会話に賛同することで，半規範的は会話が促される）を逸脱訓練と呼び，逸脱訓練に携わる少年は将来的に非行に関与すると報告している。少年が「ギャング集団に加入する前」「ギャング集団に加入」「ギャング集団から脱退」の3つの期間を設け，各期間に関与した非行の頻度を比較した。少年がギャング集団に加入している期間は他の期間に比べて非行に関与する頻度が明らかに高かった。これはギャング集団に加入する前には非行に関与しなかった少年がギャング集団に加入すると非行に関与し，脱退すると再び非行に関与しなくなることを示していた。(Thornberry et al., 2003)。

4. 行動モデル

日本で初めての犯罪行動モデルは，吉益脩夫による累犯者を分類した「犯罪生活曲線」である（吉益，1958）。累犯者383名を分析資料として，①「早期犯罪・遅発犯罪（25歳未満，25歳以上）」②「犯罪の反復と間隔」③「犯罪の方向（5群）」の組み合わせによって，犯罪の類型化を試みた。犯罪者の行動に関し，次の概括的なモデルを福島（1982）が提案している。

犯罪行動＝f（ae 人格・ct 環境））

人格は生物学的な先天的要因（a）と後天的に獲得形成された要因（e）で構成され，環境も犯罪行為時の環境要因（c）と発育時に影響をもたらした環境要因（t）で構成されるとし，犯罪の発生要因を犯罪者の行動主体に説明を試みたモデルである。犯罪発生の状況に焦点を当てた試みとして，ルーティン・アクティビティ理論による，動機づけられた犯行者，格好の標的，監視者の不在の3要素が空間的要因と重なると犯罪発生の可能性が高くなるというモデルである（Felson, 2002）。

犯罪＝（犯行者＋標的－監視者）（場所＋時間）

ルーティン・アクティビティ理論を発展させ，ブラッティンガム（Brantingham, 1995）は，犯罪者の意識空間と知覚された犯行対象が重なる場所で犯罪が発生すると考え，犯行地点選択モデルを提唱した（Rossmo, 2000）。

5. 犯罪の原因

19世紀の社会学者デュルケームは，『犯罪のまったく存在しないような社会状態は異常で病理的』とした。道徳意識の束縛が強く，それに反対する者がまったくいないという息の詰まる社会といえる。しかし，社会の発展には必ず一定量の逸脱者の存在があったことを歴史が物語っている。ローレンツは同種間で致命的な打撃を与えるのは人間だけで，同種間殺戮といい，他の動物が同種の敵に対して，攻撃するにしても手加減をするのに対し，人間はひとり殺戮を行う。これは人間の種族保存という本能部分が破壊されたためであるという。人間は生まれながらにして，犯罪を行わない（性善説）と考えるか，そうではなくそもそも犯罪を行う（性悪説）と考えるかという立場がある。

伝統的にシカゴ学派を中心としたアメリカ犯罪学は，非行少年のおかれた劣悪な環境を指摘し非行や犯罪は，フォーマルないしはインフォーマルな社会統制力の低下した地域の非行文化の所産と考えていた。シカゴ学派は，「マートンの緊張理論」「コーエンの非行副次文化理論」「レックス，マッツァ，ハーシらのコントロール理論」「サザーランドの学習理論」などを生み出した。マートンの緊張理論は，スラム街に住む少年たちは社会的上昇が善だと教えられるが，階級社会のなかで社会的に上昇する手段・機会を与えられておらず，苦境を脱出すべく，違法な手段によって目的を達成しようとする存在として描かれている。サザーランド（Sutherland, 1949）の学習理論は，性善説にもとづき犯罪も学習され，犯罪傾向のある者と接触を重ねて非行的価値を学習したものが非行者になるとした（平兮，2008）。コントロール理論は，犯罪を人間本性の一部とし，人に対する種々の統制しだいでは，犯罪を減らすことも増やすこともできるとしている。人間は放任すれば何をするかわからない存在と理解する。人はもともと罪を犯す存在であるから，「犯罪者はなぜ罪を犯したか」ではなく，「犯罪者以外の人々はなぜ犯罪を行わないか」が問題となる。非行を犯した場合には，非行抑制動機がなぜ働かなかったのかが問われる。マッツァは，非行少年は常時非行活動に従事しているのではなく，通常は一般少年と同様に遵法行動を行っておりいわば遵法と違法の間を漂流しているとする漂流理論を呈示している。

2節　さまざまな犯罪

1. 凶悪犯罪

殺人

犯罪率（人口10万人当たりの発生件数）で日米比較をすると，2022年の殺人事件の認知件数は847件でその年の日本人口は1億2,494万7千人のため，殺人事件の犯罪率は0.68である。なお，事件の被害者となって死亡した方の人数（254人）では，犯罪率が0.20となる（警視庁，2022）。同年の米国人口（3億3,328万7千人）の場合は，認知件数（18,930件）で犯罪率が5.68であった（FBI, 2024）。実に日本の8.35倍で日本の犯罪率は，米国より低いことが明らかとなった。

性犯罪

性暴力（強姦，強制わいせつなど）は，「魂の殺人」と言われるくらい，被害者にとって心理的に深刻な影響を与える（板谷，2000）。被害者に急性ストレス障害（Acute Stress Disorder; ASD）や心的外傷後ストレス障害（Post-Traumatic Stress Disorder; PTSD）が生じ，一部には自殺する被害者もいる。性犯罪のデータで注意しなくてはならないのは，「暗数（警察などに認知されない犯罪数）」が多いことである。

強盗

刑法236条によると，「暴行又は脅迫を用いて他人の財物を強取した者は，強盗の罪とし，五年以上の有期懲役に処する。」と規定されている非常に重い刑罰が科さられている。

放火

放火とは，故意に目的物の焼損を発生させる行為をいう。建物などに直接火をつける行為はもちろん，新聞紙や枯れ木などの媒介物に火をつけたうえで建物に火をつける行為も放火にあたる。焼損とは，火が媒介物を離れて目的物に燃え移り，独立して燃焼を継続するようになった状態をいう。

2. 日常に潜む犯罪

窃盗

窃盗の動機や手口は多種多様である。窃盗の背景には，「欲しかった」「お金がなかった」などの物質的欲求，経済的貧困の表面的なもののほかに，仲間の誘いを断り切れなかったという対人関係，対人的な欲求に基づく動機など心理的要因がある。

万引き

万引きはどの時代でも悪いこととわかっているが，規範意識や罪悪感を打ち消す中和化が起きやすい犯罪であると大久保（2016）は指摘している。中和化とは，これは悪ことではない，たいしたことではない，仕方がない，相手が悪い，などの合理化・正当化する心理過程である。

特殊詐欺

特殊先とは，「被害者に電話をかけるなどして対面することなく信頼させ，指定した預貯金口座への振り込みその他の方法により，不特定多数から現金などをだまし取る犯罪（現金などを脅し取る恐喝も含む）」を総称している。特殊詐欺の犯罪手口には，主なものとして「オレオレ詐欺」「架空請求詐欺」「融資保証金詐欺」「還付金詐欺」「ロマンス詐欺」などがある。

薬物犯罪

覚醒剤，大麻，麻薬および向精神薬などの輸入・輸出，使用，所持，譲り渡し・譲り受けなどの行為を行うことである。麻薬や覚醒剤の化学構造を少し変えた物質により，脱法ドラッグ・危険ドラッグは作られているため，身体への影響はほぼ同じである。薬物使用者が他の犯罪を引き起こしたり，その利益が反社会勢力の資金源になっていることもある。

ストーカー犯罪

ストーカー行為等の規制等に関する法律（ストーカー規制法）は，2016年に12月に法改正され，「つきまとい等」「位置情報無承諾取得等」「ストーカー行為」の3つが規制の対象となる。

つきまといは，警告を求める旨の申し出を受けた場合，つきまとい等の行為者に対し，更に反復してつきまとい等を行ってはならない旨を警告（第4条），さらに行為者が更に反復してつきまとい等を行うおそれがあると認めるときは，更に反復してつきまとい等をしてはならない旨の命令（第5条）を発することができる。

ストーカー行為は，ストーカー行為等を受けている人から援助を受けたい旨の申し出があれば，自衛策の教示など必要な援助を行う（第7条）。

ドメスティック・バイオレンス（DV）

配偶者や恋人などの親密な関係にある（または関係にあった）者から振るわれる暴力という意味で使用されている。「配偶者からの暴力の防止及び被害者の保護等に関する法律（DV防止法，配偶者暴力防止法）」は，配偶者からの暴力を防止し，被害者を保護する目的で2002年から施行された。

3. ホワイト・カラー犯罪

サザーランドは，社会から脱落した人々が犯罪を生むとする犯罪者観に対し，ホワイト・カラーと称される社会的に信望を有する高い地位にある階層の者も，その職務の過程において社会的に大きな害をもたらす逸脱行為を行っている事実を明らかにした（平野・井口，1955）。ホワイトカラー犯罪の例を挙げるとすれば，企業の経営陣・管理職など，高い政治的・経済的地位を有し，社会の上層部に位置する人々によって行われる犯罪である。職務上の地位を利用してその職務の過程において行われる横領・背任や，脱税，贈収賄，インサイダー取引，独占禁止法違反，経済法規違反，消費者詐欺，環境汚染などである。

4. テロリズム（テロ）

広く恐怖又は不安を抱かせることにより，その目的を達成することを意図して行われる政治上その他の主義主張に基づく暴力主義的破壊活動（暗殺や建造物破壊など）をいうと規定されている（警察庁組織令第39条）。

5. 洗脳・マインドコントロール

洗脳は，監禁，脅迫，虐待，拷問，違法薬物，電気ショックなどの暴力的手段を用いて，相手の心を支配する強制的な思想改造である。

マインドコントロールは，催眠，心の隙に入り込み，情に訴えたり巧みな会話で相手の心を変え，思いのままに操作することである。

どちらも相手の心（精神）をコントロールするということでは同じであるが，コントロールするまでの手法が異なっている。

6. いじめ

いじめ防止対策推進法第2条に「いじめ」とは，「児童生徒に対して，当該児童生徒が在籍する学校に在籍している等当該児童生徒と一定の人的関係のある他の児童生徒が行う心理的又は物理的な影響を与える行為（インターネットを通じて行われるものも含む）であって，当該行為の対象となった児童生徒が心身の苦痛を感じているもの。」とする。なお，起こった場所は学校の内外を問わない（文部科学省，2019）。

いじめは，人間という生物種が，生存率を高めるために，進化の過程で身につけた「機能」なのではないか報告している（中野，2013）。

いじめをシステムとして捉え，個と全体との相互作用について説明しうるモデルを設けること，およびそれに基づく介入プログラムを開発することであろう。特に，関係性攻撃を含む間接的いじめにおいて被害者が置かれる状況の理解と，そこから脱するための介入プログラムが必要である（久保，2014）。

3節　ハラスメント

1. ハラスメントとは

ハラスメントとは，相手に対して言葉や行動などで嫌がらせや。相手の嫌がることをして不快感を覚えさせる行為全般を意味する。職場においては，上司が部下に対して，先輩が後輩に対してなど，上下関係を背景に嫌がらせを行うパワーハラスメントや男女問わず性的な嫌がらせを行うセクシャルハラスメントなど，さまざまな種類のハラスメントがある。

2. 職場のハラスメント

職場では種々のハラスメントが存在している（図 14-1）。

「パタハラ」は，男性従業員の育児に関する嫌がらせである。「ロジハラ」は，論理を用いた精神的な嫌がらせである。「テクハラ」は，ITなどに関する嫌がらせである。「ジタハラ」は働き方，改革としての「時短」に関する嫌がらせである。また，「ハラハラ」と言われる企業がハラスメント対策に注力していることを逆手にとって，上司から注意されたり，少し怒られたりしただけで不快と感じ「セクハラ」「パワハラ」と騒ぎ立てる場合もある。

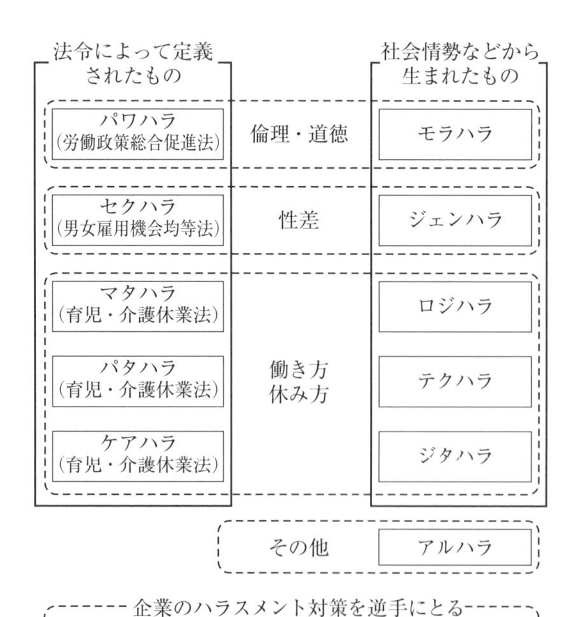

図 14-1　職場での種々のハラスメント

企業は，ハラスメントの事実やハラスメント対策が不十分であることが外部に公表されてしまうと，企業のイメージが大幅に低下する。特に，最近ではSNSにより瞬く間に悪いイメージが拡散する。一度，悪いイメージが広まると，取引先との関係にも少なからず影響が出たり，求職者も減ってしま。一度低下したイメージを回復するために，追加の宣伝広告費や求人広告費などが必要になるなどの企業損失がある。

3. パワーハラスメント

「優越的な関係を背景とした言動」「業務上必要かつ相当な範囲を超えたもの」「労働者の就業環境が害されるもの」の3つを全て満たすものをいう。優越的な関係を背景とした言動とは，業務を遂行するに当たって，当該言動を受ける労働者が行為者とされる者に対して抵抗や拒絶することができない蓋然性が高い関係を背景として行われるものである。業務上必要かつ相当な範囲を超えたものとは，社会通念に照らし，当該言動が明らかに当該事業主の業務上必要性がない，又はその態様が相当でないものを指す。労働者の就業環境が害されるものとは，当該言動により，労働者が身体的又は精神的に苦痛を与えられ，就業環境が不快なものとなったために能力の発揮に重大な悪影響が生じる等の当該労働者が就業する上で看過できない程度の支障が生じることを指す。

4. カスタマーハラスメント

カスハラとは，顧客などから商品，サービス，性能，保証などに関し，消費者が必要以上に攻撃的であったり，感情的な言動をとったり，悪

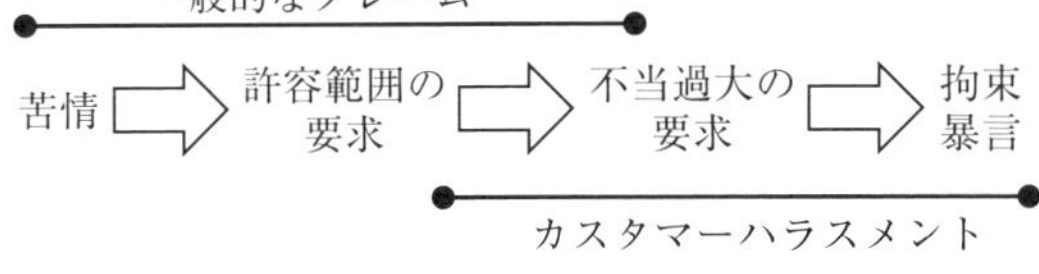

図 14-2　クレームとカスハラの違い

意を感じる過度な金品や謝罪の要求をすることで，特に悪質で労働者の就業環境が害されるほどの行為を指す（図 14-2）。また，カスハラはハラスメントとして捉え，特に接客対応者が受ける精神的負担が問題視される。

5. アカデミックハラスメント

大学などの教育機関，研究機関で起きるハラスメントのことをいう。パワハラの一種で，立場の違いから権力が強い人が弱い人に対して，嫌がらせなどの不快にさせる行為である。アカハラの具体例としては，「学習や研究活動の妨害」「卒業や進級の妨害」「進学や就職の妨害」「権力の濫用」「暴力や誹謗中傷」「研究成果やアイデアの盗用」「プライバシーの侵害」などの行為が該当する。アカハラは，大学や研究施設などの教育・研究機関で起こるハラスメントのため，一般企業のハラスメントとは異なっている。そのためアカハラが起きる理由としては，「環境が閉鎖的である」「力関係がはっきりしている（教員と学生，上級生と下級生など）」「教育機関等には公的機関による介入が行われず被害が露呈しにくい」と言われている。

6. モラルハラスメント

道徳や倫理に反する嫌がらせ行為である。パワハラは，「優越的な関係」が背景に行われハラスメントであるのに対して，モラハラは優越的な関係を背景とはしていない従業員同士などの間で行われる嫌がらせ行為をそう呼ぶ。例えば同僚間で，「人格を否定するような侮辱する」「会話や連絡を無視する」「仕事上で嫌がらせをする」「プライベートを過度に詮索・監視する」「特定の人を仲間はずれにする」などが行われた場合はそれに当たる。なお，モラハラにあたる行為をする人の特徴としては，「自己中心的傾向が強い」「プライドが高い」「他責志向が強い」「感情の起伏が激しい」などが挙げられる。

7. セクシャルハラスメント

職場におけるセクシャルハラスメント（同性も含む）は，「職場」において行われる「労働者」の意に反する「性的な言動」により就業環境が害されることである。性的な言動の例としては，「性的な内容の発言（性的な事実関係を尋ねること，性的な内容の情報を流布すること，性的な冗談やからない，食事やデートの知るような誘い，個人的な性的体験談を話すなど）」「性的な行動（性的な関係を強要すること，必要な身体へ接触すること，わいせつな図画を配布・掲示すること，強制わいせつ行為，強姦など）」がある。セクハラの状況は多様であり，判断にあたり個々の状況を斟酌する必要がある。また，「労働者の意に反する性的な言動」「就業環境を害される」の判断にあたっては，労働者の主観を重視しつつも，事業主の防止のための措置義務の対象となることを考えると一定の客観性が必要となる。

一般的に意に反する身体的接触によって強い精神的苦痛を被る場合には，一回でも就業環境を害すことになり得る。継続性や繰り返しが要件となるものであっても，「明確に抗議しているにもかかわらず放置された状態」「心身に重大な影響を受けていることが章中な場合」には，就業環境が害されていると判断し得る。男女の認識の違いにより生じている面があることを考慮すると，被害を受けた労働者が女性である場合には「平均的な女性労働者の感じ方」を基準とし，被害を受けた労働者が男性である場合には「平均的な男性の労働者の感じ方」を基準とすることが適当である（厚生労働省 , 2020）。

4節　矯正

1. 刑事施設

2024年（令和6年）現在，日本には，法務省が所管とする矯正管区が8庁，刑事施設が74庁ある。刑事施設の内訳は，刑務所59庁，少年刑務所7庁，拘置所8庁である。また，少年院は37庁，少年鑑別所は44庁である。

少年院は，家庭裁判所の決定により保護処分として送致された少年を収容し，在院者の特性に応じた適切な矯正教育その他の健全な育成に資する処遇を行うことで改善更生と円滑な社会復帰支援等を行う施設である。

そして，少年鑑別所は，①「家庭裁判所の求めに応じ，鑑別対象者の鑑別を行う」②「観護の措置の決定が執られて収容される者等に対し，観護処遇を行う」③「地域社会における非行及び犯罪の防止に関する援助を行う」ことを目的とする施設である（図14-3）。

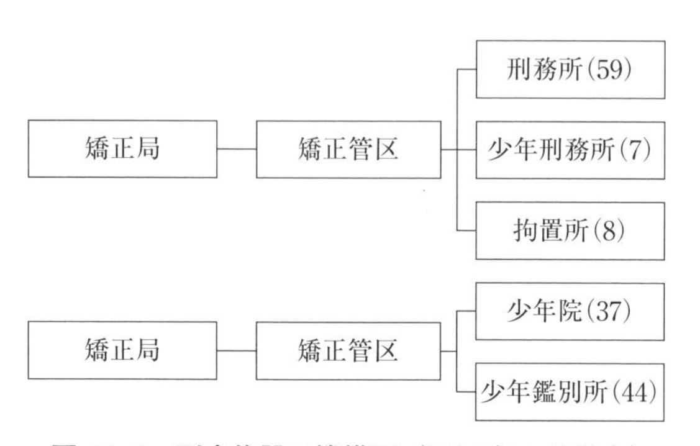

図14-3　刑事施設の機構図（2024年4月現在）

2. 矯正処遇

受刑者の処遇は，刑事収容施設及び被収容者等の処遇に関する法律において，その者の資質及び環境に応じ，その自覚に訴え，改善・更生の意欲の喚起及び社会生活に適応する能力の育成を図ることを旨として行う。

この受刑者処遇の原則を達成するため，受刑者には，作業，改善指導及び教科指導の3つの柱で構成される矯正処遇が行われる。

作業

刑務作業は，受刑者に規則正しい勤労生活を行わせることにより，その心身の健康を維持し，勤労意欲を養成し，規律ある生活態度及び共同生活における自己の役割・責任を自覚させるとともに，職業的知識及び技能を付与することにより，その社会復帰を促進することを目的としている。この刑務作業の一態様として，受刑者に免許や資格を取得させ，又は職業的知識及び技能を習得させるため職業訓練を実施している。また，社会性を涵養するための指導訓練を兼ねて刑事施設の外塀の外で実施する作業や，刑事施設の職員の同行なしに，受刑者を刑事施設外の事業所に通勤させて外部事業所の業務に従事させる，外部通勤作業も実施している。

改善指導

改善指導は，受刑者に犯罪の責任を自覚させ，社会生活に適応するのに必要な知識や生活態度を習得させるために必要な指導を行うもので，すべての受刑者を対象とした一般改善指導と特定の事情を有することによって改善更生，円滑な社会復帰に支障が認められる受刑者を対象とした特別改善指導がある。特に，特別改善指導には，次のものがある。

①薬物依存離脱指導：薬物に依存していた自己の問題を理解させた上で，再使用しないための具体的な方法を考えさせる。グループワークを中心に，薬物依存からの回復を目指す民間自助団体や医師などの協力を得て実施する。

②暴力団離脱指導：暴力団に加入していた自己の問題点について考えさせ，暴力団の反社会性を学ばせるとともに，離脱の具体的な方法を検討し離脱の決意を固めさせて，出所後の生活設計を立てさせる。

③性犯罪再犯防止指導：性犯罪につながる自己の問題性を認識させ，その改善を図るとともに，再犯しないための具体的な方法を習得させ

る。事前に詳細な調査を行い，再犯のリスクや性犯罪につながる問題性の程度に応じて指導の密度や科目が指定される。認知行動療法等の技法を取り入れ，グループワークを中心に，カウンセリングなども組み合わせて行う。

④被害者の視点を取り入れた教育：被害者・遺族の方による講演や視聴覚教材を通じて，命の尊さを認識させ，具体的な謝罪方法についても考えさ，被害者の命を奪ったり，重大な被害をもたらした受刑者に対して，罪の大きさや被害者・遺族の方の心情を認識させるとともに，再び罪を犯さない決意を固めさせる。

⑤交通安全指導：被害者の生命や身体に重大な影響を与える交通事故を起こした者や重大な交通違反を繰り返した者が対象に，交通違反や事故の原因について考えさせ，遵法精神，人命尊重の精神を育てる。

⑥就労支援指導がある。：就労先で円滑な人間関係を保ち，職場に適応するための心構えや行動様式，職場で直面すると思われる問題解決場面への対応方法，就労に必要な基礎的知識や技能などを修得させる。生活技能訓練（Social Skills Training; SST）や就職面接の練習を行い，就職活動やその後の就労生活に役立つ内容となっている。

教科指導

受刑者の中には，義務教育を修了していない者あるいは修了していても学力が不十分である者も少なくない。そこで，社会生活の基礎となる学力を欠くことにより改善更生や円滑な社会復帰に支障があると認められる受刑者に対しては，小学校または中学校の教科の内容に準ずる指導を行っている。また，学力の向上を図ることが円滑な社会復帰に特に資すると認められる受刑者に対しては，その学力に応じて，高等学校又は大学で行う教育の内容に準ずる指導を行うことができる。

3. PFI 刑務所

PFI（Private Finance Initiative）とは，公共施設等の建設，維持管理，運営等を民間の資金，経営能力及び技術的能力を活用して行う手法のことである。現在，このような PFI 手法を用いて，美祢社会復帰促進センター（山口県美祢市）及び島根あさひ社会復帰促進センター（島根県浜田市）の 2 つの刑事施設の整備・運営事業を行っている。これらに加え，2017 年度からは，東京都昭島市に八王子医療刑務所（現：東日本成人矯正医療センター），矯正研修所等を移転集約し，新たに設置した国際法務総合センターの維持管理及び運営業務の一部について，PFI 手法を活用した民間委託を行っている。また，「簡素で効率的な政府」の実現のため，国が行う業務について，競争を導入することにより，業務実施主体の創意工夫を促すという認識の下に成立した「競争の導入による公共サービスの改革に関する法律」に基づき，刑事施設の各種業務の民間委託を行っており，現在，刑事施設の運営業務及び被収容者に対する給食業務の民間委託を行っている刑事施設がある。このように，官民が協働して施設の運営を行うことで，透明性の向上を図りつつ，外部に開かれた矯正施設を目指している（図 14-4）。

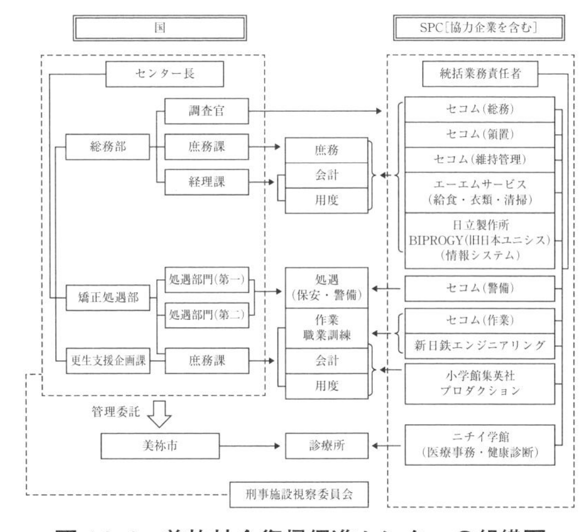

図 14-4　美祢社会復帰促進センターの組織図
（美祢社会復帰促進センターを加工して作成）

5節　防犯

1. 守りやすい空間

ニューマンは,「低層よりも高層住宅で犯罪率が高い」「集合住宅のどのような場所で犯罪が起きているのか」について調査を行い,「守りやすい空間（Defensible Space)」の原則として「領域性」「自然監視」「建物のイメージと場所柄」を報告している（Newman, 1996)。領域性とは，動物がなわばりをはって棲みかを守るように，われわれ人間も誰もが入ることのできるパブリックな表通りからプライベートな家族の住戸まで階層的な領域（テリトリー）を廻らせている状態のことである。領域の境界を示すためのデザインとしては,「関係者以外立ち入り禁止」といった掲示看板，通りからの段差や象徴的なゲート，舗装面の仕上げや塗装色の変化などがあり，それらによって内部と外部が区別できる。

自然監視は，住民同士が互いに見守ることによって犯罪の発生が抑止されるとするものである。「建物のイメージと場所柄」の影響については，当時のアメリカの公営住宅に付随した悪いイメージを払拭するデザインをすべきであることや，周辺の環境を考えて敷地選定すべきであるといったことである。

図 14-5　立ち入り禁止（大野，2005）

2. CPTED

ジェフレイ（Jeffery, 1971）は，ニューマンの守りやすい空間がその主眼を建築空間，とりわけ集合住宅における犯罪抑止のための物理的なデザインのガイドラインを示すことに置かれていたのに対して，より広域の防犯を視野に入れ，場所に付随した領域性よりもメンテナンスなど人が防犯的な状況を作る行動を重視する「防犯環境設計（Crime Prevention Through Environmental Design; CPTED)」を提唱した。監視については，ニューマンが窓の配置などの物理的要素を考慮した自然監視を強調したのに対し，警備員などによる組織的な監視や監視カメラなどによる機械監視の有効性を挙げている。また時間的に変化する場所の状況（空間だけでは決まらない要因を指摘)，適切な空間利用のスケジュールの重要性や空間的な距離によって孤立する状況を防ぐためにコミュニケーションの有効性などを示した。

3. 日本の防犯活動

防犯活動の対策には，屋外照明の改善や監視カメラの設置，窓ガラスや鍵の強化といったハードな面と，地域ボランティアによる見回り活動や教育機関などが行う子どもへの防犯教育といったソフトな面がある。

前兆事案の対策

性犯罪等の前兆事案としては,「声かけ」「つきまとい」「痴漢」「覗き・盗撮」「身体露出」「その他（不審者や不審行為)」がある。前兆とみられる声かけ，つきまとい等の不審者遭遇情報は，その後の性犯罪発生のリスクを高める前兆事案として考えられ，重大な結果になる前の段階で，検挙，警告等の措置を講ずる先制・予防的な対策を強化することが求められる。

被害情報発信活動

各都道府県警察で行っている「女性や子どもに対する声かけ等事案」「身近な犯罪の発生状

況」を地域住民に対して情報を発信する活動なのである。犯罪情報マップは2週間に1回の更新であるが，事案や犯罪などの情報をタイムリーにメールで提供してくれるサービスもある。

通学路の安全対策及び被害防止教育の推進

警察では，子どもが安全に登下校することができるように学校や防犯ボランティア等と連携しつつ，通学路等のパトロールや防犯教室，地域安全マップ作成会などを，関係機関・団体と連携して定期的に開催している。

4. 非行・犯罪を防ぐ

非行・犯罪の多くは，過去もしくは現在置かれている状況の中で，他者や社会との関わりにおいて感じている不適応感，無力感，社会的な劣位感，被害感，自尊感情の傷つき，怒りといった否定的感情を背景にした反社会的な思考や態度に基づく行動である。否定的な感情が，ただちに反社会的行動に結びつくというわけではなく，それまでの間にそうした行動を支持する反社会的な思考・認知・態度があった。非行・犯罪を防ぐ介入としては，次のものがある。

①再発防止モデル：行動を変えようとしている個人に，犯罪の危険性を増加させる高危険状況を気づかせ，いかに高危険状況を避け，逸脱的でないやり方で対処していくいくかを教えるための自己統制プログラムである。

②リスク・ニード・反応性の原則：リスク原則は，対象者の再販リスクの水準に応じた処遇を行うことである。ニード原則とは，犯罪行動と直接結びつき，かつ介入によって変化可能なリスク要因（犯罪誘発性のニード）を介入ターゲットとすることである。反応性の原則とは，対象者が介入から最大限の利益を得られるように年齢，学習スタイル，動機づけ，性格特徴などの個別の要因を考慮に入れることである。

③グッド・ライフ・モデル：人間は，だれしも自分にとって価値あるものを手に入れるために行動するものであるということを前提にし，犯罪はそれを社会的に受け入れられない方法で得ようとする行動であるとした。そこで，自分にとって価値のあるものを手に入れる方法を理解させ，社会的に受け入れられる方法として必要なスキルを身につけることを目的としている。

5. サイバー犯罪

コンピュータやインターネットを悪用した犯罪のことで不正アクセスやコンピュータ・ネットワークを利用した犯罪などをいい「フィッシング」「違法情報・有害情報」「マルウェア」「ワンクリック請求・サポート詐欺」「インターネット上の犯行予告」などがある。フィッシングは，使われる偽サイトは巧妙に作られていて，見た目では分からないものがほとんどである。メールに書かれているリンク表示は偽装ができるため，安易にリンクをクリックせず，実際に見ているサイトのURLが本物かどうかを確認する。違法情報・有害情報は，インターネット上には，違法薬物の販売広告，金融機関の口座売買，児童ポルノ・わいせつ画像などの違法情報，犯罪の請負や集団自殺の呼び掛けなどの有害情報が氾濫している。これらの違法情報・有害情報を発見した際は，情報提供する。マルウェアは，ウイルス対策ソフトのインストール，不審なメールは開かない・添付されたファイルは開かないなどをする。ワンクリック請求は，意思確認画面（年齢確認や利用規約の同意）で容易に「はい」ボタンをクリックしない，有害ブロックソフトやサービスを利用する。インターネット上の犯行予告は，犯行予告があった際は，警察による捜査，警戒，検索等の対応を早急に実施し，予告された犯行の未然防止を図ることが必要となる。そのため，インターネット上において「殺害予告」や「爆破予告」などの犯行予告を発見した場合は，警察に通報する。

第15章　食 行 動

1節　食行動とは

1. 食行動の生理的背景と心理的背景

私たちは何のために「食べる」という行動をするのか。これは，生存上必要な栄養物質の欠乏などにともない生じる飢餓を満たすための摂食行動が主である。しかしながら，例えば，つい先ほどお昼を食べたばかりにもかかわらず，おいしそうなスイーツを見たり香りを嗅いだりしただけでお腹が減ったという気になる人もいるし，目の前にお菓子がおいてあるというだけで気がついたらそれらを全部平らげてしまったりすることがある。また，空腹でイライラした気分も食べれば落ち着いたりする。このように，「食」という字は「人」を「良」すると書くだけあって，食べるという行動は栄養を摂取するというためだけのものではなく，そこには様々な心理的背景が含まれているのである。

記録測定

ボタン押し
（空腹感の報告）

胃の拡張
（ゴム球による操作）

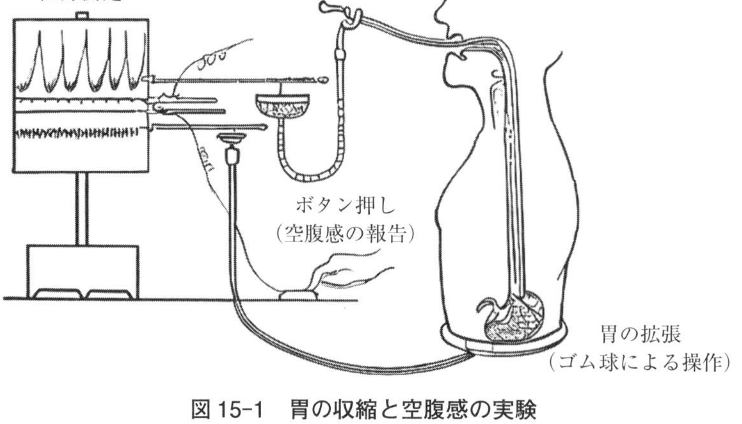

図 15-1　胃の収縮と空腹感の実験
（Cannon & Washburn，1912／中村，1982より作成）

2. 食欲に関する生理的背景

体内の調節を目的に欲求をコントロールするのが，大脳の深部にある視床下部という部分である。視床下部は，内分泌系や自律神経をコントロールし体内バランスを保つ働きをするものであるが，摂食行動もまたこの監督下に置かれている。この部位には食事の開始と終了を決定する「摂食中枢」と「満腹中枢」が存在し，体内のエネルギーの過不足を感知して機能するのものである。

では，体内のエネルギーの過不足はどのようにして視床下部に伝えられるのか。これについては長い間多くの議論が交わされてきたが，現在は主に以下の３要因としてまとめられている。

1）胃の収縮

キャノンとウォッシュバーン（Cannon & Washburn, 1912］は飢餓による摂食行動を胃の収縮の結果であると考えた。彼らの実験はゴム球を実験参加者の胃の中で膨らまし，胃の収縮運動をゴム球の圧迫によって記録した。この際，ボタン押しによって空腹感を報告させたところ，胃の収縮と空腹感とが極めてよく一致していることを明らかにした（図 15-1）。

2）口腔要因

食べるということは，食物を咀嚼し，口で味わい，飲み込むという一連の行為が含まれるが，これをひとまとめに口腔要因という。例えば，図 15-2のように，食道を途中で切断し口腔要

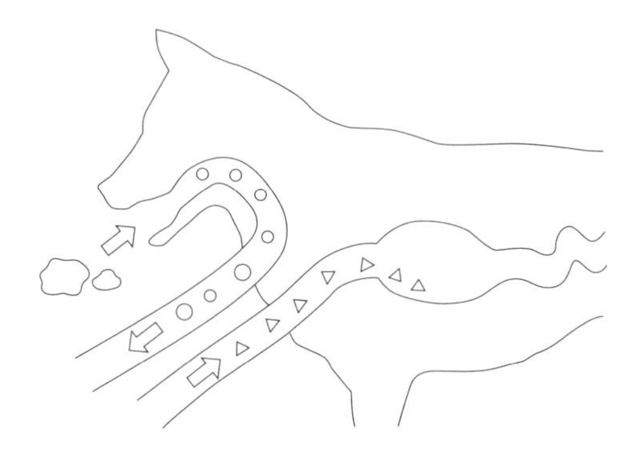

図 15-2 食道切断法
（今田，1989／中島，2020 より）

因と胃要因を分離した「食道切断法」を動物に適応すると，胃を膨満させるよりも口腔での行為を優先させて食事を終了させる（満腹感）ということが明らかとなっている。

3）血糖値と血中脂肪酸

視床下部には血中のグルコース（糖）濃度を感知する神経細胞があり，血糖値が上がると摂食中枢が抑制され満腹中枢が刺激されるというものである。また，グルコース濃度が低下（糖がエネルギーとして代謝されたことを意味する）すると逆のことが起こり，空腹感が起こるとともに摂食行動が喚起されるという。さらに，これらの神経細胞は脂肪酸によって影響を受けることも明らかとなっている。血糖値が下がるとインスリンというホルモンの濃度が下がり，これによって脂肪細胞から脂肪酸が放出される。この脂肪酸が増えると，摂食中枢の神経細胞が活性化し満腹中枢の活動を下げるという。

3. ホメオスタシス

摂食行動や空腹感や満腹感といった意識体験の生起を理解するうえで重要な意味を持っているのが，1932 年に生理学者キャノンによって提唱されたホメオスタシスという概念である。例えば，気温の高い日には，皮膚の血管が広げられたり汗腺から汗を出したりすることで，体の熱が発散され体温の調整がされる。血液中の糖分が消費されれば，肝臓で補給され常に安定した状態が保たれるようになっている。このように，ホメオスタシスとは体内の恒常性を保つために人体に備わった防御反応のことであり，この機能があるからこそ私たちは外界の状態が大きく変化しても，私たちの体内状態は一定保つことができるのである。しかしながら，このホメオスタシスが体内調整のみで間に合わないときもあり，このような場合には生体は欠乏するものを外部環境から補給する必要がでてくる。すなわち，各種の栄養分や水分を補充し生理的均衡を復元しようとする力動的作用（食欲）が内部で発生し，食物や飲物に対して働きかける行動や意識体験が生じるのである（第 9 章参照のこと）。さらに摂食行動の場合，体内の状態に応じ不足した栄養素を補充するような部分的な飢餓欲求が生じるとされる。これは特殊飢餓と呼ばれる。ヤング（Young, 1936）のカフェテリア実験でも実証されている。ヤングは，カフェテリアボックスと呼ぶ実験装置を用いて各種栄養素を含んだ溶液を自由に選択し接種できるようにして配置し，ある種の栄養素だけ与えずに飼育したラットを装置内に入れて実験した（図 15-3）。その結果，ラットは自身に欠乏している栄養素に応じた溶液を摂取したという。このような現象は，人の場合でも同様に観察されており，ホメオスタシスがいかに巧妙に働くものであるのかを示している。

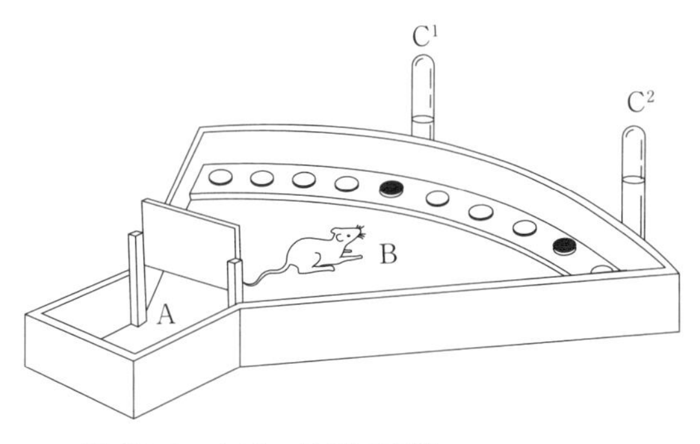

図 15-3 カフェテリア実験
（Young, 1936／中村，1982 より）

2節　食行動と認知

1. 食物の「おいしさ」とは

食物を摂取することは生命を維持する為に必要な行動である。しかしながら，技術の進歩にともなって生産技術が向上し，容易に食物を手に入れることができるようになった現代においては，食物摂取の目的が「生命の維持」よりもむしろ「おいしさ」や「楽しみ」を重視するものになってきた。では，そもそも私たちは何をもって食物を「おいしい」と感じているのだろうか。私たちは食物を見て，咀嚼し，口で味わい，飲み込むという一連の動作を普段何気なく行い，単純で一瞬で終わってしまうようなこの短い間に様々な情報を受け取ることで「おいしい」と感じるわけである。例えば，チョコレートを目にすれば甘いだろうと想像し，さらに高級菓子店などの見た目がいいものであれば「おいしさ」に対しての期待も大きくなる。そして，チョコレートを口に運びとろけるような食感を楽しみながら，ほろ苦い味覚と鼻を突き抜けるカカオの香りが統合して風味を感じる。なお，ここでいう「味」と味覚は別物である。舌で得られる味覚情報と鼻から入ってくる嗅覚情報，目から得られる視覚情報が脳で統合されることにより食物の「味」を知覚することができるのである。ただし，この段階ではまだ「おいしい」という判断は下さず，空腹や満腹といった生理的な状態や，場合によってはテレビや雑誌による情報などが加わり，私たちは総合的に「おいしい」という判断をしているのである。

2. 食行動における味覚

前述のように，私たちの食の楽しみは様々な諸条件によって決定されるわけだが，食物の味を構成する上で重要な役割を果たしているのが味覚情報である。味覚には，基本味として甘味，塩味，酸味，苦味の4つがある。これは受容器である舌の味細胞に飲食物に含まれる化学物質が接触して生じる感覚で，口の中に入ってきたものを摂取すべきか，吐き出すべきかを判断するためのものとされる。一般に，甘いものには栄養のあるものが多く，苦味には有害物質が入っていること，酸味は食物が古くなったことを知らせるサインとされる。私たちは食べ物を「おいしい」「おいしくない」という基準で判断する時ばかり味を意識しがちだが，味覚には生命維持に直接かかわるような根本的な役割が備わっているのである。なお，現在では上記の基本味に「うま味」を加えて5つとされるが，これはグルタミン酸ナトリウムやイノシン酸ナトリウムによって発生する味で，日本人によって発見されたものである。また，辛味というのは味ではなく香辛料などによって発生する「痛み」の感覚で，純粋な味覚とは区別されている。

3. 味覚に影響を及ぼす視覚情報

食物の視覚的要素のうち最も基本的なものとして，食物の色が挙げられる。例えば，ラビンとローレス（Lavin & Lawless, 1998）は，フルーツジュースの色の濃度を統制して参加者に飲み比べさせたところ，無味無香の色素を用いて濃い赤色に着色されたジュースは薄い赤色に着色されたジュースに比べて甘みが増すことを明らかにしている。また，デュボーズら（DuBose et al., 1980）は様々に着色されたフルーツジュースを参加者に飲ませ，そのフレーバーを判断させたところ，色とフレーバーが常識的に一致した組み合わせの場合は（赤色のサクランボジュースなど），そうでない組み合わせの場合（緑色のサクランボジュースなど）と比べて，フレーバーを正しく判断できる確率が高まることを報告している。また，常識的に一致しない組み合わせの場合には色を頼りとした誤った判断（例えば，緑であればライムジュースなど）がなされやすいとしている。

また，食品を載せる皿の色によって味の濃度が異なるという多数の報告がされており，このように食品パッケージや容器が影響する場合もある。例えば，全く同じヨーグルであっても，パッケージが円形であるよりも角形の方が味わいを強く感じるといった報告がされている（Becker et al., 2011）。ロビンソンら（Robinson et al., 2007）の研究では，マクドナルドのロゴが印刷された包み紙のハンバーガーと無地の包み紙のハンバーガーを子どもたちに食べ比べさせたところ，中身が同じであるにもかかわらず，マクドナルドの包み紙のハンバーガーをより好むことが明らかにされた。さらに興味深いことに，このようなロゴに関する影響は牛乳やニンジンなどマクドナルドで販売されていない食品にまで及ぶという。

4. 味覚に影響を及ぼす嗅覚情報

風邪で鼻が詰まっていると食事の味がよくわからなくなってしまうという経験をすることがある。これは，舌の感覚が鈍くなっているからではなく，鼻が利かなくなっていることに原因がある。小早川・後藤（2015）は，2つの感覚刺激を様々な時間間隔を設定して呈示し，これらが同時に起こっているかどうかを参加者に判断させる実験を行ったところ，味覚と嗅覚は分離されにくく，他の感覚よりも密接に結びついていることを明らかにした。つまり，味覚と嗅覚の違いを認識しにくいというわけである。この結果は，私たちが食物の味を楽しむときには，味覚と嗅覚をともに働かせていること，味覚には嗅覚が大きな刺激を与えていることが窺えるものである（図15-4）。

5. 食物に対する期待の効果

一般に，食物についてよい情報や味を保証するような期待をもつと，より「おいしく」感じるとされている。シーグリストとコーズィン（Siegrist & Cousin, 2009）は実験参加者にワインのテイスティングを行わせ，試飲前後でワインについてのポジティブな情報あるいはネガティブな情報を与えることで，食物に対する情報が「味」にどのような影響を及ぼすかを検討した。その結果，ワインを飲む前に情報が与えられた場合にはネガティブ情報よりもポジティブ情報の方が評価は高められ，試飲後に与えられた情報はポジティブ・ネガティブともに影響を及ぼさないことがわかった。つまり，これは事前に得られたポジティブな情報によって食物に対する期待をもち，「味」の感じ方を変容させたことになる。私たちは日常，「おいしい」ものを食べるためにメディアや知人の良い評価をもとに購入したり，評価の高いブランド食品を選択したりするが，このような情報収集こそが食行動の楽しみに繋がっているのかもしれない。

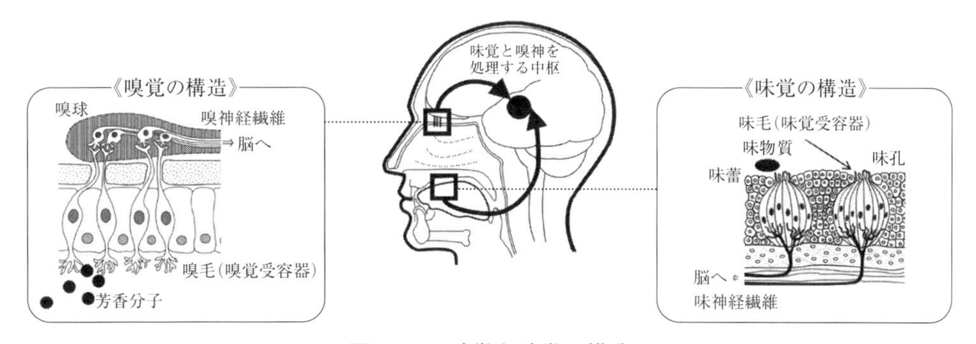

図15-4 味覚と嗅覚の構造

3節　食行動における学習の影響

1. 食行動に対する習慣の獲得

1）食事を開始する習慣

それまでは空腹を感じていなかったにもかかわらず，ふと時計を見ると昼の12時を指し示しており，そのとたんに食欲がわいてきたというような経験が人によってはあるだろう。私たちは，普段12時を指し示す時計を見ては昼食を食べるという行動を繰り返してきた。このため，昼食（無条件刺激：US）を食べる（無条件反応：UR）に対して，12時を示す時計「刺激」を何度も対呈示された結果，12時（条件刺激CS：）に食べる（条件反応：CR）の学習が成立し，この行動に駆り立てるための体内準備として食欲が生じたものと考えられる（第5章参照のこと）。

例えば，バーチら（Birch et al., 1989）の実験は，子どもの参加者に対して，ランプと音楽を使用した2つの複合刺激条件（A, B）を設定し，空腹状態でそれぞれの刺激で訓練を行った後，満腹状態でテスト試行を実施するというものであった。刺激Aは食べ物を対呈示する条件に使用し，刺激Bは食べ物を与えない条件に使用して訓練を行った。テスト段階で刺激Aを呈示すると子どもたちはすぐに食物を食べ始めるのに対し，刺激Bの呈示では食べ始めるまでに長い時間を要したという。また，刺激B呈示時に比べ刺激A呈示時の方が摂取量も多いことから，満腹状態であるかにかかわらず，条件づけられた食行動は空腹状態と同様に行われていることがわかる。

2）食事を終了する習慣

私たちは食物のカロリーの高低に合わせて，食事の摂取量を調整することができるようになっている。すなわち，カロリー量が高い場合は食物の摂取は少なく，カロリーが低ければ多くなるように体内でコントロールされているのである。一方，日常の食行動においては，摂取する栄養に基づくものではなく，その風味から過去に学習された条件性の満腹感（条件性飽和）によるところが多い。例えば，揚げ物を作っている際に油の匂い（CS）にさらされ続けていると，食する前からお腹がいっぱい（CR）になってしまったりすることがあるが，これは以前に揚げ物を食べた経験によって学習された結果であると考えられる。

バーチら（Birch & Deysher, 1985）は，バニラ風味のプリンとチョコレート風味のプリンを用いて，これらのカロリーを統制することで条件性飽和を調べた。これは，それぞれのプリンを一定量摂取した後，クッキーやクラッカーを好きなだけ食べさせ，その摂取量からプリンを食べた際の満腹感の程度を測るという方法がとられた。訓練段階ではバニラ風味のプリンを低カロリーに，チョコ風味は高カロリーに設定された。一方，テスト段階では両風味ともに中カロリーにされる。つまり，プリンから摂取したカロリーによって満腹感が決まるのであれば，テスト段階では両条件ともにクッキーやクラッカーの摂取量は同じになるはずである。しかしながら，結果は訓練段階のカロリーに引きずられたもので，風味に対する条件反応として満腹感が生じることを伺わせるものであった。

2. 食の好みの学習

どの食物を選好するかについては未解明な点が多いが，特定の味や匂い（風味）を好きになる過程は古典的条件づけで解釈することができる。これは風味選好条件づけと呼ばれ，生得的に好まれる栄養やそれにともなう味覚がUSとして呈示されることで，特定の風味刺激へ条件づけがなされることをいう。例えば，甘みのあるものは，満腹中枢を刺激するグルコースを含み，またカロリーも高い場合が多いため，多くの動物は生得的に好んで摂食するわけである。これは，チョコレートやクッキー，和菓子など，様々な風味の甘い食品が嗜好品として世の中多くあふれていることからも理解できる。

一方で，チョコレートは好きだけどあんこは嫌い，甘すぎるものは苦手など，ある特定の食品や味覚を嫌悪する場合もある。これは味覚嫌悪条件づけによるもので，体内の不調などの嫌悪的出来事がUSとして食品と対呈示されることで条件づけられた結果である。上述の例でいうと，甘いものは生得的に好まれる傾向にあるが，これらの食品に含まれる糖分を過剰に摂取しすぎると体調不良に陥ることがある（インスリン分泌にともなう疲れ・だるさ・眠気，糖の消化にともなう胃酸過多など）。このような味覚嫌悪条件づけは，通常の古典的条件づけとは異なり，食品を摂取してからかなり時間がたった後に嫌悪的出来事（US）が呈示されても成立し，1回の対呈示でも学習される。また，1度学習されるとなかなか消去されないといった特徴がある。

3. 模倣による食行動の変容

私たちは自らの経験を通して学習するだけでなく，他者の行動を見ることで行動を変容させることがある。これは模倣と呼ばれ，食行動においても顕著な結果が示されている。ニスベットとストームズ（Nisbett & Storms, 1974）は，味覚評定といったダミー実験を称して実験参加者を募集し，参加者を装った協力者（サクラ）の食行動が実際の参加者に影響を及ぼすのかを確認した。この実験では，3つの条件群を設定し，参加者が評定に使用するクラッカーをどれほど摂取するのかが測られた。1つ目の条件群には相対的に多めにクラッカーを摂取する実験協力者を同席させ，2つ目の条件群では相対的に少ない摂取の協力者を同席させた。また，統制条件群として協力者を同席させず1人で味覚評定をするようにした。この結果，協力者の摂取量が多い場合には参加者のクラッカー摂取量も増加し，協力者の摂取量が少ない場合には参加者の摂取量も減少している。このように，私たちの食行動は思いのほか他者からの影響を受け変化しているようである。

4. カフェインやアルコールの条件づけ

私たちは日常的な食事の中で食物に含まれるカフェインやアルコールといった薬物を摂取し，その効能を実感しているだろう。一方，薬物がない状態でも，それらと対呈示されていた刺激によって，摂取した際と同方向または反対方向の反応が生じることが知られている。

例えば，福田ら（2014）は日常的にコーヒーを摂取する大学生がコーヒーを目の前に置かれた状態で課題を行うと，何も置かない状態よりも成績が良くなるとしている。一般的にカフェインは認知機能を向上させることが知られているが，日常生活の中でコーヒーの見た目や匂いの刺激がカフェインの効能的反応と条件づけられた結果と考えられる。

一方，アルコールにおいても条件づけは他と同様に成立するのだが，効能とは真逆の条件反応が出現するとされる。本来アルコールは認知機能を低下させるものであるが，アルコールと条件づけられた刺激を呈示すると課題の成績は逆に向上することが報告されている（Birak et al., 2011）。このような現象は薬物における条件づけでよく確認されており，これは主に体内の不均衡を安定した状態に保とうとするホメオスタシス性の機能が関係している。つまり，条件づけによって身体が薬物効能（認知機能の低下）することを予期し，できるだけ正常状態を維持するように予め反対の反応が生じさせるのである（条件性補償反応）。

4節　食行動における社会的要因

1. 食行動の社会的促進

家よりもカフェや図書館など人がいるところで勉強した方がはかどったり，スポーツで観客の声援が励みとなってパフォーマンスが上がったりすることがある。このように，私たちの日常の行動場面には自分以外の人々が存在し，これらの他者の存在によって自身の行動が促進されることを社会的促進という。これは食行動場面においても例外ではない。ベリーら（Berry et al., 1985）は，1人条件群と，3～4人の小集団条件群に参加者を振り分け，アイスクリームの味覚評定を名目に食事をさせてその摂取量を計測した。その結果，アイスクリームの摂取量は1人条件群よりも小集団条件群の方が多く，社会的促進を認めるものであった。

また，その後のクレンデネンら（Clendenen et al., 1994）の研究では，他者との関係性に着目し，1人条件，友人同士条件，見知らぬ他人同士条件で実験を行われている。結果は，1人条件よりも他者がいる条件の方が食物の摂取は多く，さらに，見知らぬ他人よりも友人同士の方がより促進することが明らかにされている。

2. 食行動の抑制的規範説

他者の存在が食事摂取量の促進要因とする報告がある一方で，他者存在を抑制要因とする考えもある。例えば，他者との食事場面では，おいしい物を心置きなくたくさん食べたいと思う一方で，人の目が気になってなかなか行動に移すことができないと思うことはないだろうか。このような他者の影響は，ハーマンら（Herman et al., 2003）よって抑制的規範説としてまとめ上げられた。彼らは，自分を良い方向に印象づける1つの手段として，社会的な食事場面では他者に「食べすぎだ」と思われないように自己の摂取量を抑制するとしている。この時，「食べすぎだ」と思われない摂取量の規範は食事を共にする他者の摂取量に設定して抑制されるため，例えば他者の摂取量を模倣するような行動が生じるとしている。

この抑制的規範説は他者の前では食事量を抑制することが強調されるため，前述の社会的促進と一見相反するように思われる。しかしながら，互いに相手の摂取量を規範にしているという点に注目すると社会的促進の説明も可能となるのである。つまり，自身が相手の摂取量に合わせて一口食べれば，相手の摂取量の上限が上がり相手も一口食べるようになり，これによって自身の摂取量の上限がさらに上がりまた一口食べる，というようなやり取りが繰り返される。ハーマンは，このように双方の摂取量が増え続けていく相互作用の摂食行動が繰り返されることで社会的促進につながると解釈しているのである。

3. 食物の選好に関する社会的要因

ここで示される「選好」とは，その食物が好きであるとまで言えないが食べる選択肢に入れることができるという意味で，これは食行動において非常に重要なことである。いわゆる「食べず嫌い」と称され多くの問題を抱える「偏食」などの予防の手がかりとして，以下に3つの要因を挙げる。

1）単純接触効果

食行動における単純接触効果は，特定の食物が家族や文化集団などの社会的文脈の中で何度も接触することで結果的にその食物が選好対象になることを指す。人間をはじめとする雑食性の動物の多くは，今まで一度も口にしたことのない食物や液体の摂取を躊躇する傾向（食物新奇性恐怖）を持っている。例えば，旅行先で出された未知の食材や異国の料理に対して強い不安を感じるなどである。一方，幼少のころから何度も食べてきた料理には新奇性恐怖は生じない。このように，いわゆる「なじみのある」食物であるか否かは個人の食の選好に十分に影響を及ぼすものである。長谷川（1982）によると動物の場合には特に出産直後や離乳直後に単純接触効果による食物の選好が増加するとされており，このことから人間においても幼少期の早い段階での影響が大きいことが示唆される。

2）社会的強化

他者や社会集団などにより与えられる称賛，受容，承認などの刺激によってオペラント行動が強化されることを社会的強化という。食行動においては，食物を与える者の態度が社会的強化子となり食行動を変容させることが考えられる。例えば，バーチ（Birch, 1981）は，大人が赤ん坊を可愛がりながら食べ物を繰り返し与えるとその食物への選好頻度が増加することを示している。また，この実験では食物を機械的に与え続けるのみでは選好対象が変化しないことも確認されており，このことからも食行動における社会的強化の影響は大きいものと思われる。

3）モデリング

食行動におけるモデリングは，他者の食行動を見ることで自身の食の好みを変容させるといったものである。なお，学習場面でみられる「模倣」と同義のものである。バーチ（Birch, 1980）は3～5歳の子どもを4人1組にして昼食をとらせ，モデリングの影響を検討した。実験は，実験対象となる子どもを1人，その子どもが嫌いな野菜を好む3人の子どもを組にして，自分の嫌いな野菜を3名が先行して食べる様子を観察させるというものであった。この際，食卓には実験対象の子どもだけが好きな野菜と，その子は嫌いであるが他の3名全員が好む野菜が並んでおり，好きな方を選ばせ食事をさせている。実験の結果，実験対象となった子どもは，もともと嫌いだった野菜を選好するようになり，さらにその野菜が「おいしい」と答えるようになったという。このように，私たちは他者の食行動を観察することによって食の好みをも変化させるのである。

4）希少価値の効果

私たちは多くの他者が求めるような手に入りにくい対象の魅力や価値を過大評価する傾向にある。これは希少価値の効果と呼ばれ，「数量限定」「季節限定」「地域限定」など様々な限定品においても確認され，入手困難であるがゆえにその商品の価値が高められるものである。これについて，ウォーシェルら（Worchel et al., 1975）はクッキーを使用した希少性効果の実験を行っている。この実験では，クッキーの魅力や好ましさを評定するために集められた参加者に対して，評定に使用するために呈示されるクッキーの枚数を操作することで評定結果に違いがあるかが検討された。その結果，目に見える商品個数が希少性価値を決定する1要因であることを示すものであった。例えば，話題のスイーツ店に行って商品を購入しようとしたとき，「最後の1つ」を購入することができたら喜びは大きく，またそれを食することへの期待も高まることであろう。あるいは，旅行に出かけたとき，そこでしか食べられないといわれる食物を食べ感動するが，家に帰りインターネットで簡単に取り寄せられると聞いて少しがっかりするといった経験はないであろうか。このように，私たちはなかなか手に入らないものに価値を見出し，これを食した際の感じ方にも大きな影響が及ぼされているのである。

5節　食行動における諸問題

1. 摂食障害

摂食障害とは，食欲不振（拒食）や食欲亢進（過食）といった健康とは決していえない症状をともなう食行動の病である。これは，脳の視床下部の機能不全や，様々な心理的・社会的要因が組み合わさって生じると考えられている。また，個人で対処することは症状を進行させる恐れがあり，重症化した場合には専門医による治療を受けなくてはならないものである。一般には，薬物療法の他に，集団療法や家族療法による心因へのアプローチ，行動療法や認知療法による生活習慣の立て直しなどが有効とされているが，寛解は必ずしも容易ではない。

1）拒食

拒食は肥満や体重増加を気にすることによって食行動に異常をきたすことをいい，極端な場合には神経性無食欲症（AN：anorexia nervosa）といった診断が下される。これは体重増加への恐れや体形への過敏といった心因症状，生理機能の不順や停止などをともない，標準の15％以上の体重減少がある場合をいい，極端な拒食が続くと命を失うことにもなりかねない。例えば，モデルや芸能人などに自己を投影し，体型で評価されるような業界の価値基準を絶対的なものとして「痩せれば痩せるほど優れている」という考えに支配されて食事を全く摂ろうとしなくなったりすることがある。こうした価値観を規制するために欧米各国ではBMIの値を基準として痩せすぎのモデルを規制する運動が進む一方，日本では一歩遅れた現状が指摘されている。

2）過食

拒食とは逆に衝動的に食べるという食行動の異常は過食と呼ばれ，極端な場合には神経性大食症（BN：bulimia nervosa）と診断される。この病状には代償行為がともなっており，食べた後に体重増加を恐れて自己誘発性嘔吐をしたり，下剤や浣腸，やせ薬を多量に使用したり，過度の運動を行ったりすることで無理やり体重を減らそうとするなどの排出行動がみられるものである。この病状には，過食後に罪悪感を抱くことが多く，食べた物のカロリーばかりに固執する傾向があるとされる。一方，過食にともなう頬の唾液腺の腫れから顔全体が膨らんで見える，反復嘔吐にともなう胃酸によって歯のエナメル質が溶けてしまうなどの外見的変化がみられることが多いとされる。一方，必ずしも代償行為のともなわない過食は過食性障害（BED：Binge eating disorder）と呼ばれ，神経性大食症を患っている人と違って過体重や肥満状態である場合が多いとされる。

2. 肥満

肥満とは，代謝に関わる遺伝的要因，栄養学的要因，心理社会的要因など様々な要因が複雑に絡み合い生じるものである。ガーニイ（Gurney, 1936）によると，両親のどちらも肥満でない場合に子どもが肥満になる確率は約10％とされるが，両親のいずれかが肥満であれば約40％，両親ともに肥満であれば約70％にまで上昇するとしている。また，経済協力開発機構（OECD）や世界保健機関（WHO）などの国際機関による肥満に関する調査報告から，肥満の出現頻度には性差がみられ，環境的要因や経済状況，食文化の違いによっても異なっていることが明らかとされている。なお，成人の肥満度の判定は国際的な標準指標であるBMIが用いられ，これは体重（kg）を身長（m）の二乗で割って算出される。男女とも標準とされるBMIは22.0であり，これは統計上で肥満との関連が強い糖尿病，高血圧，脂質異常症（高脂血症）に最もかかりにくい数値とされている。一方，BMIが25.0以上になると脂肪が過剰に蓄積した状態にあたるとして，これが肥満と判定される基準になっている。

1）肥満とストレス

私たちは日常，家庭や職場での問題や睡眠不足など様々なストレスにさらされるが，ストレスを感じると体内でコルチゾールというホルモンが分泌される。コルチゾールは恐怖などの情動にともなう身体的生体的反応を呼び起こすホルモンで，緊急時の対応ができるように一時的に身体活動を活発にするために体内の糖を放出し血糖値を上昇させる働きをもっている。しかしながら，慢性的なストレス状態の場合には，実際には糖を消費するほどの身体活動が必要とされているわけではないため，やがてはインスリンによって細胞内に不要となった糖が押し込まれ血糖値が下げられるのである。そして，この時放出されるインスリンは脂肪を蓄える作用も持っており，これによって長期的にストレスにさらされた状態では太りやすい体質になってしまうわけである。また，コルチゾールが過剰に分泌されるとレプチンという摂食中枢に働く食欲抑制ホルモンの分泌が著しく低下し，カロリーの高い甘い物や好みの食物を大量に食べたくなるということもわかっている。なお，これはホメオスタシスや生理的要因を超えた食欲のもとになっているものである。このようにストレスないしはコルチゾールによる刺激が慢性的にあるとインスリンの分泌と肥満が増えるというわけである。

2）ダイエットと食物渇望

偏った食事制限によって体内栄養素のバランスが崩れると「無性に○○が食べたい」といった食物渇望が生じるようになる。これは体内の均衡状態を保とうとするホメオスタシスによる欲求であるが，誤った形で作用する場合もある。例えば，カリウムが不足すると体内の排泄機能が弱まり水分をため込みやすくなる。ここで純粋にカリウムが豊富に含まれた食物が渇望されればよいのだが，体内では手っ取り早く均衡を保とうとする働きが生じるため体内水分量に合わせ脂を摂取するような欲求が生じてしまうのである。その結果カロリーの高い揚げ物などが無性に食べたくなるというわけである。この欲求は，満たされたところで本来の原因が取り除けるわけではないため繰り返し生じることになり，また，欲求が解消されない場合はストレスや新たな食物渇望を生み出すことになるため悪循環に陥りやすい。肥満の解消にと安易な食事制限を行うと逆に状況を悪化させてしまう可能性があるのである。

3）ダイエットと心理学的効果

近年，過度な運動や特定の食物摂取に頼らず，日常の食行動の習慣を見直すことで肥満予防する方法が様々考案されている。「よく噛んで食べる」とヒスタミン分泌により摂食中枢の働きが抑制されるといったものや，「ゆっくり食べる」と血糖値上昇にともなって満腹中枢が働きやすくなるといったものが有名であるが，これは体内の生理的機能に基づき推奨される方法である。一方，心理学では食環境を統制することによって満腹中枢を満足させるなどの方法が提供されている。例えば，「エビングハウスの錯覚」に倣うように取り皿を小さくすることで取り分けられた食物が多く見え摂取量が減少するなどである。これは食物がただ多く見えるだけではなく，私たちは視覚情報を頼りにして摂取量を調整する傾向があるためダイエットに有効な方法とされている。またこれに関連して，テレビなどを見ながらの「ながら食べ」によって食物に対する視覚情報が損なわれることは食べすぎの原因になることも明らかになってる。

これらの何気ない行為は一見なんの効果も得られないように思われがちだが，習慣として身につけることによって，ダイエットないしは健康に大きな成果をもたらすものかもしれない。

第16章　スポーツ

1節　スポーツと健康

1. 健康とは何か

1948年に世界保健機構（WHO）は健康を「健康とは，病気でないとか，弱っていないということではなく，肉体的にも，精神的にも，そして社会的にも，すべてが満たされた状態にあることをいう」と定義している。つまり，肉体的健康・精神的健康・社会的健康のどれかひとつでも損なわれれば，それはWHOの定義する健康ではないということになる。そして肉体的・精神的・社会的健康を満たすためには，スポーツはなくてはならない存在となった。スポーツが肉体的・精神的・社会的健康に与える影響は以下のとおりである。

2. 肉体的健康

肉体的健康とは，体の各機能が正常に働き，病気や障害がない状態を指す。健康の三原則に運動・栄養・休養という言葉があるように，肉体的健康を目指すうえでスポーツは欠かせない要素である。

スポーツが肉体に与える影響として，体力や筋力・骨密度の向上，心肺機能の向上，生活習慣病やがんの予防といったものがあげられる。

1）体力や筋力・骨密度の向上

適度なスポーツは筋肉や骨を強化し，基礎代謝の上昇，血糖値のコントロール，姿勢の維持，骨粗しょう症の予防につながる。また，高齢者にとっては転倒や骨折のリスクを軽減させることにつながる。

2）心肺機能の向上

適度なスポーツは心肺機能を向上させ，運動や日常生活での持久力が向上する。また，血液循環の改善や疲労回復の促進，病気の予防につながる。心肺機能が低下すると疲れやすくなるだけでなく，心不全などの心疾患発症の可能性を上昇させる要因となる。心肺機能が低い人と高い人では死亡リスクが約2倍違うという研究結果もあるように，心肺機能の向上は健康を目指すうえで重要となる。

3）生活習慣病やがんの予防

厚生労働省は生活習慣病を「食事や運動，休養，喫煙，飲酒などの生活習慣が深く関与し，それらが発症の要因となる疾患の総称」と定義している。具体的には，心筋梗塞や脳梗塞，高血圧，糖尿病などを指す。適度なスポーツは先に述べたように心肺機能を向上させ，また肥満の予防・改善などの効果があることから，生活習慣病のリスクを軽減させる。

また，さまざまな研究によって身体活動が大腸がんを予防することは確実であるとされている。さらには大腸がんだけではなく結腸がん，乳がん，子宮内膜がん，肺がんや前立腺がんのリスクを低下させるとも言われている。これは適度にスポーツを行うことでホルモン調整や免疫機能の向上，適正体重の維持といった効果が期待できるからである。

3. 精神的健康

スポーツは肉体的健康に影響を与えるだけではなく，精神的健康にも大きな影響を与える。定期的に体を動かすことでストレスや不安の軽減，集中力や注意力の向上，チームワークや社交性の発達など，さまざまな面で精神的健康に影響を与えることが多くの研究で明らかにされている。スポーツが精神的健康に与える影響は以下のとおりである。

1）ストレスや不安の軽減

ストレスとは，心や体にかかる外部からの刺激によって生じるさまざまな反応のことである。ストレスを受けると心理面・行動面・身体面でさまざまなストレス反応が表れる。

厚生労働省が2019年に実施した国民生活基礎調査によると，12歳以上の者について，日常生活での悩みやストレスが「ある」と答えた割合は47.9%であり，「ない」と答えた割合は50.6%となっている（不詳1.6%）。また，悩みやストレスがある者の割合を男女別にみると，男性が43.0%，女性が52.4%となっている。このことから，12歳以上の日本人の約半数（47.9%）が日常生活での悩みやストレスを抱えながら生活していることがわかる。

スポーツを行うと脳内の神経伝達物質であるエンドルフィンやセロトニン，ドーパミンが分泌され，それにより幸福感を感じ，気分の向上と改善や，精神的な落ち着き，うつ病や不安症状を軽減すると考えられている。

スポーツ庁が2019年に実施したスポーツの頻度と日常生活における充実感に関する調査では，1週間の内に1日もスポーツをしない人で日常生活に充実を感じている人の割合は43%，3日以上運動する人では76%と，1週間のスポーツ頻度が多い人ほど日常生活に充実を感じている割合が高くなることが報告されている。

2）集中力や注意力の向上

石田ら（2018）は，小学生男子と中学生女子について，スポーツ頻度が高いことが学力へ与える正の効果を与えることを報告している。スポーツを行うことで血流が改善され，脳を活性化させ，前頭葉が鍛えられることで集中力・注意力を高めることにつながる。

3）チームワークや社交性の発達

社会生活を送っていくうえで他者との関わりを避けて生きていくことはできない。また，人間の基本的な欲求として挙げられる「社会的欲求」や「承認欲求」は他者の存在があって成り立つものであり，コミュニケーション能力の向上は精神的健康を目指すうえで重要である。

スポーツは体を動かしたりゲームをするうえで仲間と声を掛け合う，協力して練習を行う，タイミングを計るなどの能力が求められることから，コミュニケーション能力の向上に効果的であると考えられている。また，仲間とだけでなく，先輩や後輩，先生や外部の人と関わる機会を多く得ることができることもスポーツの持つ魅力のひとつであると言える。

4．社会的健康

社会的健康とは，人間関係がうまくいくことや他人から認められること，孤独を感じていないことなどを言う。

孤独というのは身体的な病気ではないが，それが健康へ与える影響は大きい。社会的孤立が免疫機能の低下や睡眠障害，不安感や抑うつなどの精神的な健康に関連していることは多くの研究で明らかにされている。アメリカで行われた孤独と死亡率の研究では，孤独でない人に比べ，状況的に孤独な人は1.56倍，慢性的に孤独である人は1.83倍，死亡率が高かったことを報告している。

スポーツには「する」「みる」「支える」「知る」といった多様な関わり方があり，スポーツ経験の有無だけでなく，国や性別，体格の壁を越え，すべての年代の人がつながることができる。スポーツを通じて他者との交流が深まり，新しい友人を作り，社会的なつながりや連帯感を感じることができるだろう。

2節　メンタルトレーニング

1. メンタルトレーニングとは何か

メンタルトレーニングとは，自分自身の感情や行動，思考をコントロールする力を身に付ける訓練・方法のことである。1950年代に旧ソビエト連邦で宇宙飛行士の不安や緊張を意識的にコントロールするために開発されたと言われており，その後，オリンピック選手などのパフォーマンス強化の手段として発展してきた。日本では1960年頃から東京オリンピックに向けた選手育成のために研究が行われ，1985年頃から本格的に取り入れられるようになったとされている。その後もメンタルトレーニングの重要性は注目され，現在では多くの著書が出版されている。

宇宙飛行士やオリンピック選手など，肉体的・精神的に厳しい環境にいる人たちがストレスや不安をコントロールし，安定したパフォーマンスを発揮する手段として発展してきたメンタルトレーニングだが，現代では生産性の向上や集中力の向上，自己分析や高いモチベーションの維持などを目的として，ビジネスの世界でも多くの人に取り入れられている。

2. メンタルトレーニングの必要性

スポーツ選手のパフォーマンスは心の状態に大きく影響を受けるとされている。過度の緊張は筋肉の緊張や硬直を引き起こし，集中力や意思決定に悪影響を及ぼすからである。また，緊張しなさすぎることもパフォーマンスを低下させると言われており，高いパフォーマンスを発揮するためには適度な緊張感を保つことが重要である。また，ビジネスマンや生徒・学生にとっての過度な緊張は不眠や頭痛などの身体的な不調や，うつ病などの精神的な不調を引き起こす原因となる。

適度な緊張感は気分をやる気にさせ，集中力や注意力を高め，さまざまなパフォーマンスを向上させる。そのため，メンタルトレーニングはストレスにさらされるすべての人にとって重要である。

3. メンタルトレーニングの方法

メンタルは身体能力や技術と同様にトレーニングによって鍛えることができる。メンタルトレーニングの方法を学ぶことで，感情に振り回されなくなり，心身ともに健康に過ごせるようになり，安定したパフォーマンスを発揮できるようになる。

メンタルトレーニングにはさまざまな方法があるが，ここではイメージトレーニング，ポジティブシンキング，リラクセーションについて述べる。

1）イメージトレーニング

イメージトレーニングとは，イメージを用いてパフォーマンスの向上を目指すものである。ゴールを明確にしなければ取り組みが曖昧になり，モチベーションアップにつなげることができない。ゴールを明確にイメージし目標設定することで，今の自分に必要なことが明確になる。成功した人，憧れている人を観察し，同じ行動をすることも効果的である。また，自身の感情や考えをノートに書きだすなど，客観的に心理状態を見つめ直すことも重要である。

2）ポジティブシンキング

ネガティブな思考はパフォーマンスを低下させると言われている。また，失敗したことに対しネガティブな思考を持つことは苦手意識を強くし，同じ場面に遭遇した際に成功イメージを持つことができなくなる，あるいは避けるようになってしまう恐れがある。

反対に，ポジティブな思考は身体的・精神的に良い効果をもたらすことが研究によって示されている。また，ポジティブな思考はパフォーマンスを向上させるだけでなく，モチベーションの向上やストレスの軽減も期待できる。

自分の存在や言動を認める表現を考えることもよいとされている。ピグマリオン効果という言葉があり，他者からの期待により能力やパフォーマンスが向上すると言われており，これは自分自身に対しても使えるとも考えられている。前向きな思考は脳を刺激し，無意識のうちにプラス思考が植えつけられるため，ポジティブな気持ちで行動を起こすことにつながる。ただし，過度なポジティブ思考は現実逃避や認識の歪み，リスクの見落としなどの危険もあることから注意が必要である。

3）リラクセーション

リラクセーションとは，自律訓練法（AT：autogenic training）や呼吸法によって不安や緊張を軽減させ，心を落ち着ける技法である。

自律訓練法

自律訓練法とは，1932年にドイツの精神科医であるシュルツにより生み出された，いわゆる自己暗示を用いた訓練のことで，これによりストレスの軽減だけでなく，集中力の向上や意欲の向上，疲労回復，不眠の改善などにも役立つとされている。また，心身症の治療技法としても用いられている。

ATを習得するには，受動的注意集中といわれる心身感覚に対する心的態度が不可欠である。受動的注意集中は「注意集中活動の成果に対し，さりげない態度および機能的受動性をもって向かうこと」と定義される概念である。さりげなくぼんやりと自分の身体感覚の変化に注意を向け，気持ちが落ち着いている様子，重たい，温かい感覚を感じる態度である。

ATの中心となる練習を「標準練習」という。ゆったりした姿勢で言語公式を心の中で繰り返しながら公式に関する身体部分にぼんやりと注意を向けて，そのときの心身の感覚を感じる（表16-1）。

表16-1 自律訓練法「標準練習」の公式

練習の段階と（名前）	公式の内容
背景公式（安静練習）	気持ちが落ち着いている
第1公式（重感練習）	腕（脚）が重たい
第2公式（温感練習）	腕（脚）が温かい
第3公式（心臓調整練習）	心臓が静かに打っている
第4公式（呼吸調整練習）	楽に呼吸している
第5公式（腹部温感練習）	お腹が温かい
第6公式（額部涼感練習）	額が心地よく涼しい

ATは以下の手順で練習を進める。

①何回か自分のペースで深呼吸して，心身を落ち着かせる。

②すでにいつもよりほんの少し落ち着いているその感じを確認するつもりで「気持ちが落ち着いている」という公式を頭の中で数回，自分のペースで繰り返す。

③両腕（右腕）に，ぼんやりと注意を向ける。

④すでにいつもよりほんの少し肩の力が抜けて楽になっている感じを確認するつもりで「両腕右腕）が重たい」という公式を頭の中で数回，自分のペースで繰り返す。

⑤消去動作

⑥ゆっくり目を開けて練習を終了する。

呼吸法

呼吸法とは，坐禅，瞑想，ヨガなどで使われる呼吸を意識的に行うことにより心を落ち着かせる技法である。具体的にはタクティカル・ブリージングや片鼻呼吸法，4－7－8呼吸法などがある。また，坐禅，瞑想の場合には，鼻から吸って丹田の周りに呼気が溜まるように意識して膨らませる丹田式呼吸法が用いられている。

これらは気持ちを落ち着かせるだけでなく，集中力や睡眠の質の向上，免疫力や基礎代謝の向上，血流の改善といった効果も期待できる。

3節　スポーツと発達

1. スポーツと発達の関係

スポーツは，身体的健康を維持するだけでなく，認知的，社会的，心理的な発達においても重要な役割を果たしている。特に子どもや青少年にとって，スポーツを通じた経験は全体的な発達に大きな影響を与え，生涯にわたって続く重要なスキルや価値観の形成を助ける。スポーツが身体的，認知的，社会的，心理的な発達にどのように寄与するのかは次のとおりである。

2. 身体的発達

スポーツは子どもたちの身体的成長において重要な役割を果たしている。定期的な運動は筋力や柔軟性を向上させ，骨密度を高め，心肺機能を強化している。スポーツが身体的発達に及ぼす影響は以下のとおりである。

1）運動能力の向上

スポーツは身体の動きをコントロールする力を鍛える。子どもたちはスポーツを通して，走る，跳ぶ，投げるなどの基本的な動作を学び，身体の調整力（コーディネーション）を発達させる。

2）健康維持と病気予防

身体活動は肥満や糖尿病，心臓病などの生活習慣病のリスクを軽減するため，子どもが健康な生活を送るための基盤となりうる。

荒川ら（2005）が平均年齢23歳の学生を対象に実施した研究では，運動をよくすることは過体重を防ぐだけでなく，肥満を防ぐ効果があることを報告している。また，どちらかといえば肥満を防ぐ効果のほうが高いことも報告している。肥満は糖尿病，高血圧，心筋梗塞や睡眠時無呼吸症候群等の病気を引き起こす原因となるため，適度な運動によって肥満を防ぐことは非常に重要である。

3）柔軟性と筋力の強化

成長期にスポーツを行うことで，筋肉や骨が強化され，柔軟性も高まる。これは怪我のリスクを減らすために重要である。一方，スポーツ障害という言葉があり，繰り返される運動負荷により筋肉や関節，骨が損傷することがある。そのため，発達段階に合わせた適度な運動を行うことが重要である。

3. 認知的発達

スポーツは脳の発達にも貢献し，学業や日常生活における問題解決能力や集中力を高めることができる。スポーツが認知的発達に及ぼす影響は以下のとおりである。

1）集中力と問題解決能力の向上

多くのスポーツでは戦略を立て，迅速な判断が求められる。これにより子どもたちは複雑な状況下での集中力を鍛え，迅速な問題解決スキルを発達させる。

2）脳の成長と認知機能の強化

運動は脳の神経可塑性（脳が新しい情報を学習する能力）を高め，認知機能の向上に大きな影響を与える。運動をする子どもは学業成績が向上しやすいことは多くの研究で示されている。

3）創造的思考の促進

チームスポーツや個人競技において，予想外の状況に対処するために即座に対応する力が養われ，これが創造的な思考を促進している。

4. 社会的発達

スポーツは社会的スキルを育む上でも重要である。特にチームスポーツは，他者と協力する力やコミュニケーション能力を発達させる。スポーツが社会的発達に及ぼす影響は以下のとおりである。

1）協調性とリーダーシップ

チームスポーツでは，チームメイトと連携して目標を達成するため，協力やリーダーシップが求められる。この経験により，他者との良好な関係を築くスキルが養われる。

2）フェアプレー精神

スポーツを通して，子どもたちはルールを守り，他者を尊重する重要性を学ぶ。これは社会生活での倫理観や規範意識の形成につながる。

3）ミュニケーション能力の向上

チームスポーツでは，効果的なコミュニケーションが勝利に直結する。これにより対人スキルや協力の仕方を学ぶ。

5．心理的発達

スポーツは子どもたちの感情的な成長にも重要な役割を果たし，ストレスの軽減や自己肯定感の向上につながる。スポーツが心理的発達に及ぼす影響は以下のとおりである。

1）ストレス解消

運動はエンドルフィンなどの神経伝達物質の分泌を促進し，精神的な安定を保ち，ストレスを軽減する。特に思春期の子どもにとって，スポーツは感情の調整や心の健康を保つための重要な手段である。

2）自己効力感と自己肯定感の向上

スポーツを通じて成功体験を積むことで「自分はやればできる」という感覚が育まれる。これは自己効力感や自己肯定感を高め，挑戦に対する積極的な姿勢を促している。

3）挫折と忍耐の学び

スポーツでは勝ち負けや競争がつきものであり，時には失敗や挫折を経験する。しかし，これにどう対処するかを学ぶことで，忍耐力や精神的な強さが育まれる。

6．発達障害や障害児への影響

スポーツは発達障害や身体的障害のある子どもたちにとっても非常に有益である。適切に調整されたスポーツプログラムに参加することで，これらの子どもたちも身体的，社会的スキルを発達させることができる。スポーツが発達障害や障害児へ及ぼす影響は以下のとおりである。

1）運動能力の発達

発達障害や身体的障害があっても，スポーツ活動を通じて基本的な運動能力や身体の柔軟性，持久力を高めることができる。足が不自由な人では歩くことや立つことが難しいため，健常者と比べて筋肉量が減少する。筋肉量の減少や運動不足は，先に述べたようにさまざまな病気を引き起こす原因となるため，障害を持つ人にとっても適度な運動は重要である。

2）社会的スキルの向上

障がいを持つ子どもたちも，スポーツを通じて他者とのコミュニケーションや協調性を学ぶことができる。日本では2003年頃から「アダプテッドスポーツ」という言葉が使われるようになった。アダプテッドスポーツとは，その人の身体の状態に合わせてルールや道具を工夫し，誰もが参加できるスポーツのことである。このように，子どもや高齢者，運動が苦手な人だけではなく，障がいの有無に関係なく誰もが楽しめるスポーツというのは数多く存在する。

7．スポーツの発達的要素

スポーツは，身体的な健康を促進するだけでなく，認知的，社会的，心理的な発達にも深い影響を与える。特に成長期の子どもにとって，スポーツを通じて得られる経験は生涯にわたって続く重要なスキルや価値観の基礎を築く。また，発達障害や身体障害のある子どもたちにとってもスポーツは自己肯定感を高め，社会的スキルを育む貴重な手段である。そのため，スポーツはすべての子どもの発達において欠かせない要素といえる。

4節　武道における心理学

1. 武道とは

武道は，日本の伝統的な文化の一部であり，剣道，柔道，空手道，合気道，弓道などの武術を通じて，精神と身体の両方を鍛える「道」として発展してきた。

武道は，古来より日本で伝えられてきた武術を基に，技術の向上だけでなく，自己鍛錬や精神修養を目指すものである。「道」としての武道は，戦闘技術を超えた精神的な成長や人格形成を追求するための手段とされている。武道の鍛錬では，「礼に始まり礼に終わる」という礼儀や礼節の重要性が強調されるため，単なる技術の習得ではなく，人格育成の手段としても位置づけられている。

武道には，自己制御力やストレス耐性，集中力の向上といった心理的な成長要素が含まれている。また，武道では「無我の境地」や「平常心」といった，競技者の心の安定を目指す状態が重要視されており，精神的安定が技の完成度にも直結するという心理学的な側面もある。

2. 歴史と現状

武道の起源は，戦国時代における戦闘技術にさかのぼる。武士たちが，剣術や柔術といった「術」としての武技を身につけていたことが，武道の源流とされている。しかし，江戸時代に平和の時代が訪れると，武道は「武士道」としての精神的側面が強調され，戦闘技術から自己鍛錬や人格形成の手段へと転換してきた（寒川，2017）。明治時代以降は，嘉納治五郎による柔道の確立など，近代教育の一環として武道が取り入れられるようになり，現代まで続いてきている。

現在では，武道はスポーツ競技の一環として国内外で広く普及しており，日本の教育現場でも柔道や剣道などが取り入れられている。また，武道は日本国外でも広まり，自己防衛術や精神鍛錬としての価値が評価されている（新渡戸，1938）。しかし，古来より伝えられてきた武道が，近年のスポーツ競技化が進む中で，伝統的な武道の精神的な側面が軽視される傾向も見られ，これが武道の価値観や理念にどのように影響するのかが課題となっている。

3. 武道とスポーツの違い

武道とスポーツは似た要素もあるが，根本的に異なる目的を持っている。スポーツは勝敗や記録の向上を目的とし，観戦者にエンターテインメントを提供することが多い。一方，武道は自己の成長や精神的修養を目的とし，相手を尊重する姿勢を重要視している（前坂，2009）。

スポーツ心理学においては，競技パフォーマンスの向上を目的としたモチベーション管理や，ストレスコーピングが重視される。これに対し，武道心理学では「心の静けさ」や「自己制御」といった内面的な安定が重視され，これは「平常心」や「無我」のように，内面的な状態のコントロールを目的とする要素が強くなる（湯川，2024）。武道では勝敗だけでなく，精神的な成長や内面的な充実が重要とされる。

また，日本から発進していく「正統派」の現代武道はアマチュア精神を重んじ，特に日本武道協議会に所属する9種目の武道団体は商業化問題にとても敏感である。オリンピックなどに関わりがある限り商業化は避けて通れない問題となるが，国際普及において，日本政府，日本武道館と各武道連盟は武道の文化的整合性を守ることを第一としている。

ほとんどの国際連盟が日本（国際柔道連盟除く）から発しているが，これを裏付ける動機の一つとして各武道が国際的に普及されている方法を管理し，武道の宗主国としての日本の立場を守るためであることが挙げられる（表16-2）。

表16-2 国際統括組織の名称，結成年度・加盟国など（Benette, 2021）

日本語表記	国際表記
国際柔道連盟	International Judo Federation（略称：IJF）
国際剣道連盟	International Kendo Federation（略称：IKF）
国際空手道連盟	World Karate Federation（略称：WKF）
国際合気道連盟	International Aikido Federation（略称：IAF）
少林寺拳法	World Shorinji Kempo Organizasion（略称：WSKO）
国際相撲連盟	International Sumo Federation（略称：IFS）
国際なぎなた連盟	International Naginata Federation（略称：INF）
国際弓道連盟	International Kyudo Federation（略称：IKYF）
全日本銃剣道連盟国際部	All Japan Jukendo Federation International（略称：AJJF）

略式名称	結成年度	発足時の加盟国数	現在の加盟国数	現在の会長国
IJF（柔道）	1951	11ヶ国	199ヶ国・地域	オーストリア
IKF（剣道）	1970	17ヶ国・地域	47ヶ国・地域	日本
WKF（空手道）	1970	33ヶ国	173ヶ国	スペイン
WSKO（少林寺拳法）	1974	16ヶ国	36ヶ国	日本
IAF（合気道）	1976	29ヶ国	42ヶ国・地域	日本
INF（なぎなた）	1990	7ヶ国	13ヶ国	日本
IFS（相撲）	1992	25ヶ国	88ヶ国	日本
IKYF（弓道）	2006	17ヶ国	17ヶ国	日本
AJJF（銃剣道）	2018	6ヶ国	6ヶ国	日本

4. 研究と動向

武道における心理学の研究は，主にストレス管理や自己制御，感情のコントロールなどに関するものが中心である。武道の訓練がストレス耐性の向上や感情調整に役立つことが示されており，例えば合気道では，身体的・心理的調和が得られるとされている（森山，2013)。また，武道の経験が心理的な安定感をもたらすことが，実証的なデータによっても支持されている。

近年では，武道が教育現場やメンタルヘルスケアにおいて再評価されている。特に，学校での柔道教育が，自己効力感や対人関係の改善に役立つとの報告もある。また，ビジネスやリーダーシップの分野においても，武道の「精神統一」や「自己鍛錬」の要素が注目され，自己管理や集中力を養うための研修にも導入され始めている（入野，2023)。

5. 課題と展望

武道の競技化が進むことで，勝敗に対する意識が高まり，礼儀や精神的な鍛錬が軽視される傾向がある。この競技化が，武道の伝統的な価値観と矛盾する点が問題視されている。また，指導者の資質の向上が求められており，特に心理学的な知識を取り入れた指導方法の確立が課題となっている（酒井ら，2011)。

武道が持つ精神的な価値を社会に活かすため，教育や医療の分野での導入が期待されている。心理学と武道の融合により，自己効力感や感情コントロール力を高めることができ，現代のストレス社会におけるメンタルヘルスケアにも貢献できる可能性がある。さらに，国際的な文化交流を通じて，武道が持つ「精神的価値」が広く伝わることで，異文化理解や相互尊重が促進されることも期待される（Benette，2021)。

武道における心理学は，単なる身体鍛錬を超え，自己制御や精神的成長を追求する重要な要素である。現代における武道の意義は，勝敗を超えた自己鍛錬や精神的な成長と捉えられており，武道がもたらす心理的な安定やストレス耐性の向上は，現代社会の中で重要な意義を持ち，教育や医療分野，さらには国際交流においても大きな可能性を秘めている。

5節　運動部活動の心理

1. 運動部活動とは

運動部活動は学校教育の一環として，生徒が参加するスポーツを中心とした課外活動である。学校教育の一部として，教育課程外に位置づけられ，教育目標の達成とともに，生徒の健全な心身の発達や社会性の向上を目的としている。運動部活動に参加することにより，生徒の自己肯定感や仲間意識，リーダーシップ，忍耐力などを育むことが期待されている。

スポーツ庁（2018）では，運動部活動は「スポーツは，スポーツ基本法に掲げられているとおり，世界共通の人類の文化であり，人々が生涯にわたり心身ともに健康で文化的な生活を営むうえで不可欠なものとなっています。特に，心身の成長の過程にある中学校，高等学校の生徒にとって，体力を向上させるとともに，他者を尊重し他者と協同する精神，公正さと規律を尊ぶ態度や克己心を培い，実践的な思考力や判断力を育むなど，人格の形成に大きな影響を及ぼすものであり，生涯にわたる健全な心と身体を培い，豊かな人間性を育む基礎となるものです。運動部活動において生徒がスポーツに親しむことは，学校での授業等での取組，地域や家庭での取組とあいまって，スポーツ基本法の基本理念を実現するものとなります。」と述べられており，単なる運動能力の向上に留まらず，精神面の発達にも大きな影響を与えることが強調されている。このように，運動部活動は，個人の成長や社会的スキルの獲得を支援する重要な役割を果たしている。

2. 歴史と現状

わが国におけるスポーツは，近代学校教育制度の基礎が確立した明治初期の大学や軍隊において，当時来日した諸外国の教師や将校が，学生に海外の各種スポーツを伝えたことに由来する。当時の学生制度は，諸外国の教育制度の影響を強く受けて整備されていったため，スポーツについても「児童の品性は校庭における遊技で育成され，紳士は運動場で養成される。」という英国の教育的価値が重視された。明治時代（1880年代）には，外来スポーツを愛好していた学生たちが，課外活動組織として学内にスポーツクラブ（運動部）を作り，学生のスポーツ活動が活発になった。その後，大学でスポーツを行ってきた教師たちが全国に広めていき，文部省が課外スポーツを奨励するようになり，運動部活動が学校教育活動に位置付いていった。戦後の高度経済成長期には，部活動が盛んになり，運動部活動は学校教育の重要な柱となった。その後，スポーツの全国大会の開催なども増え，競技志向が高まった。

しかし，近年では，運動部活動における「過重な負担」が問題視されるようになっている。長時間の練習や大会への参加による生徒や教師の負担，また競技志向による精神的・身体的な負担もあり，文部科学省は2023年の「運動部活動の在り方に関する指針」で，指導者の配置や活動時間の適正化を進める方針を示している。また，少子化や学校の統廃合により，部員数の減少や部活動の存続の困難さも課題として挙げられている。

3. 研究と動向

運動部活動の心理的効果として，生徒の心理に与える影響は，さまざまな研究により解明されている。部活動に参加することは，自己効力感（Bandura, 1997）や仲間意識の向上に関連するとされている。また，先行研究では，運動部活動が生徒のストレス耐性を高め，学業成績にもプラスの影響を与える可能性があることが示唆されている（笹山ら，2014」。さらに，運動部活動におけるチームの一体感やリーダーシ

表 16-3　運動部活動の効果の類主な測定型と対象の効果（今宿，2019 より一部転載）

類型	論文	測定対象の効果	下位尺度／観測変数
学校適応	白松（1995）	生徒文化	学校適応，友人志向，逸脱志向，怠学志向
	石田・亀山（2006）	学習意欲	勉強はおもしろい，授業は熱心に聞いているなど
	岡田（2009）	学校への心理的適応	順応感・享受感
		学校への社会的適応	反社会的傾向・孤立傾向
学力	笹山ほか（2014）	学業成績	9 教科の 5 段階評定
	洲（2016）	リテラシー	情報収集力，情報分析力，課題発見力，構想力，言語処理能力，非言語処理能力
性格	野口ほか（1957）	性格特性	社会的内向，思考的内向，抑うつ性，感情不安定性，のんきさ，一般的活動性，神経質，空想性，攻撃性など
	青木・松本（2006）	攻撃性	身体的暴力，敵意，いらだち，言語的攻撃，間接的攻撃，置き換え
ストレス・精神健康	中村（1962）	精神健康度	対人的親和度，対人的技術，集団参加度，勉強・遊びの調和度，生活観，行動の未成熟，情緒の不安定など
	手塚ほか（2003）	ストレス反応	不機嫌・怒り，抑うつ・不安，身体的反応，無気力
	青木（2004b）	充実感	充実感気分，連帯・孤立，自律・自信，信頼・時間的展望
	今野ほか（2007）	孤独感	

ップの体験は，生徒にとって自己肯定感や社会的スキルの向上につながるとされている（今宿，2019）。一方で，過度の競争や長時間の練習が，逆に精神的なストレスを引き起こすこともあり，心理的負担の軽減が今後の課題とされている。また，実証研究で対象とされた運動部活動の効果を分析した結果，「学校適応」「学力」「性格」「ストレス・精神健康」「心理社会的発達」などの 11 類型が導出された（表 16-3）。

指導者の指導法や生徒への接し方は，生徒の心理に大きな影響を与える。指導者が生徒の自主性や主体性を尊重し，支援的なアプローチを取ることが生徒のモチベーション向上に寄与することが明らかになっている。一方で，厳格な指導方針や一方的な指示は，不安感やストレスをもたらす場合もあり，指導者のコミュニケーションスキルの重要性が指摘されている。

運動部活動における仲間との交流や競技を通じた成長は，社会的スキルや自己肯定感の向上に寄与する。例えば，共同作業やチームワークを学ぶことにより，協調性やコミュニケーション能力が高まり，成功体験や目標達成を通して自己肯定感や成長感を得ることができる。

4. 課題と展望

現在，運動部活動において問題視されているのが長時間練習や過度な競争の問題である。文部科学省の「運動部活動ガイドライン」でも，活動時間の適正化と生徒の学業や生活との両立が提言されている。特に，長時間の練習は生徒の心身に負担をかける可能性があり，運動部活動の目的である「心身の健全な発達」を損ねる恐れも指摘されている。今後は，効率的なトレーニング法や短時間での集中した練習が求められ，運動部活動のあり方も見直されていくだろう（文部科学省，2023 年）。

運動部活動の心理的効果を最大化するためには，指導者の役割が重要である。指導者には専門的な知識とスキルが求められるが，特に地方の学校などでは経験の少ない教員が担当することも多く，指導の質が十分でない場合もある。そのため，指導者に対するトレーニングや研修の充実，支援体制の整備が課題とされている。

また，生徒が競技のプレッシャーや勝敗へのこだわりからストレスを感じる場面も多く，運動部活動の中で生徒が健全に成長できる環境作りが期待されている。

文　　献

第1章

Ekman, P. (1973). *Darwin and facial expression.* Academic Press.

金政 祐司 (2006). 愛に関するいくつかの理論 齊藤 勇（編） イラストレート恋愛心理学 (pp. 46-59) 誠信書房

軽部 幸浩 (編著) (2023). こころの行動と発達・臨床心理学　福村出版

Kilmann, R. H. (2023). *Mastering the Thomas-Kilmann Conflict Mode Instrument.* Kilmann Diagnostics.

大渕 憲一 (1993). 対人葛藤　今城 周造（編） 社会心理学―日常生活の疑問から学ぶ (pp. 98-110) 北大路書房

越智 啓太 (2015). 恋愛の科学　出会いと別れをめぐる心理学　実務教育出版

齊藤 勇 (監修) (2021). 男女がうまくいく心理学辞典　朝日新聞出版

齊藤 勇 (2015). イラストレート人間関係の心理学　第2版　誠信書房

第2章

Allport, G. W. (1954). *The nature of prejudice.* Addison-Wesley.

Asch, S. E. (1946). Forming impressions of personality. *The Journal of Abnormal and Social Psychology, 41*, 258-290.

Brewer, M. B. (1988). A dual process model of impression formation. In T. K. Srull & R. S. Wyer, Jr. (Eds.), *Advance in Social Cognition* (pp.1-36). Vol.1. Hillsdale, NJ: Lawrence Erlbaum Associates.

Brewer, M. B., & Miller, N. N. (1984). Beyond the contact hypothesis: Theoretical perspective on desegregation In N. Miller & M. B. Brewer (Eds.). *Group in Contact: The Psychology of Desegregation* (pp.281-302). Academic Press.

Chaiken, S. (1980). Heuristic versus systematic information processing and the use of source versus message cues in persuasion. *Journal of Personality and Social Psychology, 39*, 752-766.

Chaiken, S., Liberman, A., & Eagly, A. H. (1989). Heuristic and systematic information processing within and beyond the persuasion context. In J. S. Uleman & J. A. Bargh (Eds), *Unintended Thought* (pp.212-252). New York: Guilford Press.

Darley, J. M., & Gross, P.H. (1983). A hypothesis-confirming bias in labeling effects. *Journal of Personality and Social Psychology, 40*, 20-33.

Dovidio G., & Gaertner, S. L. (2004). Aversive racism. In M. P. Zamma (Ed.), *Advances in Experimental Social Psychology* (pp.1-52). Vol.36. Academic Press.

Festinger, L. (1957). *A theory of Cognitive Dissonance.* Evanston. IL: Row, Peterson & Company. (フェスティンガー, L.／末永 俊郎（監訳）(1965). 認知的不協和の理論　誠信書房)

Festinger, L., & Carlsmith, J. M. (1959). Cognitive consequences of forced compliance. *The Journal of Abnormal and Social Psychology, 58*, 203-210.

Fiske, S. T. (1980). Attention and weight in person perception: The impact of negative and extreme behavior. *Journal of Personality and Social Psychology, 38*, 889-906.

Fiske, S. T., & Neuberg, S. L. (1990). A continuum of impression formation, from category-based to individuating processes: Influence of information and motivation on attention and interpretation. In M. P. Zanna (Ed.), *Advances in Experimental Social Psychology* (pp.1-74). Vol.23. New York: Academic Press.

深田 博己 (2002). 説得心理学ハンドブック：説得コミュニケーション研究の最前線　北大路書房

Hamilton, D. L., & Gifford, R. K. (1976). Illusory correlation in interpersonal perception: A cognitive basis of stereotype judgment. *Journal of Experimental Social Psychology, 12*, 392-407.

Heider, F. (1958). *The Psychology of Interpersonal Relations*. John Wiley & Sons Inc.

池上 知子・遠藤 由美 (2002). グラフィック社会心理学　第2版　サイエンス社

Jones, E. E., & Davis, K. E. (1965). From act to disposition: The attribution process in person perception. In L. Berkowitz (Ed.), *Advances in Experimental Social Psychology*, Vol.2. (pp.219-266). New York: Academic Press.

Jones, E. E., & Harris, V. A. (1967). The Attribution of Attitudes. *Journal of Experimental Social Psychology, 3*, 1-24.

Judd, C. M., & Park, B. (1988). Out-group homogeneity: Judgments of variability at the individual and group level. *Journal of Personality and Social Psychology, 54*, 778-788.

上瀬 由美子 (2002). ステレオタイプの心理学　サイエンス社

Kelley, H. H. (1950). The warm-cold variables in first impression of person. *Journal of Personality, 18*, 431-439.

Kelley, H. H. (1967). Attribution theory in social psychology. *Nebraska Symposium on Motivation, 15*, 192-238.

La Piere, R. T. (1934). Attitudes vs. action. *Social Forces, 13*, 230-237.

McGuire, W. J. (1985). Attitudes and attitude change. In G. Lindzey & E. Aronson (Eds.), *The Handbook of Social Psychology* (pp.233-346). 3rd ed., vol.2. Random House.

Petty, R. E., & Cacioppo, J. T. (1986). *Communication and Persuasion: Central and Peripheral Routes to Attitude Change*. New York: Springer-Verlag.

Sears, D. O. (1993). Symbolic politics: A socio-psychological theory. In S. Iyengar & W. J. McGuire (Eds.), *Explorations in Political Psychology* (pp.113-149). Duke University Press.

Sherif, M., Harvey, O. J., White, B. J., Hood, W.R., & Sherif, C.W. (1961). *Intergroup Conflict and Cooperation: The Robbers Cave Experiment*. University of Oklahoma.

Tajfel, H., & Turner, J. C. (1979). An integrative theory of intergroup conflict. In W. G. Austin & S. Worchel (Eds.), *The Social Psychology of Intergroup Relations* (pp.33-47). Brooks/Cole.

吉川 肇子 (1989). 悪印象は残りやすいか？　実験社会心理学研究, *29*, 45-54.

第3章

Gibson, J. J. (1950). *The Perception of the Visual World*. Houghton Mifflin Company, Boston. The Riverside Press, Cambridge

石田 潤・岡 直樹・桐木 建始・富永 大介・道田 泰司 (1995). ダイヤグラム心理学　北大路書房

鹿取 廣人・杉本 敏夫・鳥居 修晃・河内 十郎 (2020). 心理学 第5版補訂版　東京大学出版会

川畑 直人・大島 剛・郷式 徹 (監修) 萱村 俊哉・郷式 徹 (編著) (2021). 公認心理士の基本を学ぶテキスト⑦　知覚・認知心理学―「心」の仕組みの基礎を理解する―　ミネルヴァ書房

北岡 明佳 (2007). だまされる錯視　錯視の楽しみ方　化学同人

北岡 明佳 (編著) (2011). 一番はじめに読む心理学の本　⑤知覚心理学　心の入り口を科学する　ミネルヴァ書房

日下部 裕子・和田 有二 (編) (2011). 味わいの認知科学　舌の先から脳の向こうまで　勁草書房

松尾 理 (編) (2022). QUICK 生理学・解剖学　人体の構造と機能・病態生理　羊土社

Müller, J. (1838). Handbuch der Physiologie des Menschen für Vorlesungen. 1,1 Retrived November 14, 2024. from https://www.digitale-sammlungen.de/de/view/bsb10369073

野口 薫 (1976). ‘かたち’の成立　柿崎 祐一・牧野 達郎 (編) 知覚・認知　有斐閣双書　心理学1　有斐閣

Rubin, E. (1921). Visuell wahrgenommene Figuren Gyldendalske Boghandan.
佐々木 正人 (2003). レイアウトの法則　アートとアフォーダンス　春秋社
サトウ タツヤ・渡邊 芳之 (2019).　心理学・入門　心理学はこんなに面白い　有斐閣
貴邑 冨久子・根来 英雄（共著）(2021). シンプル生理学　改訂第８版　南江堂
梅本 堯夫・大山 正・岡本 浩一・高橋 雅延（共著）(2014).　心理学　第２版　心のはたらきを知る　サイエンス社

第４章

Atkinson, R. C., & Shiffrin, R. M. (1971). The control or short-term memory. *Scientific American, 225,* 82-90.

Baddeley, A. (2018). *Exploring Working Memory: Selected works of Alan Baddeley.* Routledge.（バドリー，A. 佐伯 恵里菜・齋藤 智（監訳）(2020). ワーキングメモリの探究―アラン・バドリー主要論文集　北大路書房）

Brooks, L. R. (1968). Spatial and verbal components of the act of recall. *Canadian Journal of Psychology, 22,* 349-368.

Cheng, P. W., & Holyoak, K. J. (1985). Pragmatic reasoning schemas. *Cognitive Psychology, 17,* 391-416.

Collins, A. M., & Loftus, E. F. (1975). A spreading activation theory of semantic processing. *Psychological Review, 82,* 407-428.

Collins, A. M., & Quillian, M. R. (1969). Retrieval time from semantic memory. *Journal of Verbal Learning and Verbal Behavior, 8,* 240-247.

Craik, F. I. M., & Lockhart, R. S. (1972). Levels of processing: A framework for memory research. *Journal of Verbal Learning and Verbal Behavior, 11,* 671-684.

Ebbinghaus, H. (1885). *Über das Gedächtnis. Dunker* (translation by H. Ruyer & C. E. Bussenius) 1913 Memory.Teachers College, Columbia University.（エビングハウス，H.　宇津木保（訳）(1978).　記憶について―実験心理学の貢献　誠信書房）

浜田 寿美男 (2017).「自白」はつくられる―冤罪事件に出会った心理学者　ミネルヴァ書房

Hyman, I. E., Jr., Husband, T. H., & Billings. (1995). False memories of childhood experiences. *Applied Cognitive Psychology, 9,* 181-197.

Johnson-Laird, P. N., Legrenzi, P., & Legrenzi, M. S. (1972). Reasoning and sense of reality. *British Journal of Psychology, 63,* 305-400.

Kahneman, D., & Tversky, A. (1979). Prospect theory: An analysis of decision under risk. *Econometrica, 47,* 263-292

Lachman, R., Lachman, J. L., & Butterfield, E. C. (1979). *Cognitive Psychology and Information Processing: An Introduction.* Lawrence Erlbaum Associates.（ラックマン，R.・ラックマン，J. L.・バターフィールド，E. C.　箱田 裕司・鈴木 光太郎（監訳）(1988).　認知心理学と人間の情報処理Ⅰ～Ⅲ　サイエンス社）

Loftus, E. F., & Palmer, J. C. (1974). Reconstruction of automobile destruction: An example of the interaction between language and memory. *Journal of Verbal Learning and Verbal Behavior, 13,* 585-589.

Miller, G. A. (1956). The magical number seven, plus or minus two: Some limits on our capacity for processing information. *Psychological Review, 63,* 81-97.

Newell, A., & Simon, H. A. (1972). *Human Problem Solving.* Prentice-Hall.

Roediger, H. L., III & McDermott, K. B. (1995). Creating false memories: Remembering words not presented in lists. *Journal of Experimental Psychology: Learning, Memory, and Cognition, 21,* 803-814.

Schmidt, H. G. & Boshuizen, H. P. A. (1993). On the origin of intermediate effects in clinical case recall. *Memory & Cognition, 21,* 338-351.

Shepard, R. N., & Metzler, J. (1971). Mental rotation of three-dimensional objects. *Science, 171,* 701-703.

Slamecka, N. J., & Graf, P. (1978). The generation effect: Delineation of a phenomenon. *Journal of Experimental Psychology: Human Learning and Memory, 4,* 592-604

Sperling, G. (1960). The information available in brief presentations. *Psychological Monographs, 74* (11, Whole No. 498).

Thompson-Cannino, J., Cotton, R., & Torneo, E. (2009). *Picking Cotton: Our Memoir of Injustice and Redemption.* St. Martin's Press, New York. (トンプソン-カニーノ, J.・コットン, R.・トーニオ, E. 指宿 信・岩川 直子 (訳) (2013). とらわれた二人―無実の囚人と誤った目撃証人の物語　岩波書店)

Wason, P. C. (1966). Reasoning. In B. M. Foss (Ed.), *New Horizons in Psychology* (pp.135-151) Harmondsworth, UK:Penguin.

第5章

実森 正子・中島 定彦 (2019). コンパクト新心理学ライブラリ２　学習の心理　第２版―行動のメカニズムを探る―　サイエンス社

日本行動分析学会 (2014). 日本行動分析学会「体罰」に反対する声明　行動分析学研究, *29* (2), 96-107.

小野 浩一 (2016). 改訂版　行動の基礎―豊かな人間理解のために―　培風館

Pavlov, I. P. (1927). *Conditioned Reflexes: An Investigation of the Physiological Activity of the Cerebral Cortex.* Oxford University Press. (パブロフ, I. P.　川村 浩 (訳) (1975). 大脳半球の働きについて―条件反射学― (上・下) 岩波書店)

杉山 尚子・島宗 理・佐藤 方哉・マロット, R. W.・マロット, M. E. (1998). 行動分析学入門　産業図書

Watson, J. B., & Rayner, R. (1920). Conditioned emotional reactions. *Journal of ExperimentalPpsychology, 3* (1), 1-14.

Watanabe, S. (2010). Pigeons can discriminate "good" and "bad" paintings by children. *Animal Cognition, 13* (1), 75-85.

第6章

舟島 なをみ・望月 美知代 (2017). 看護のための人間発達学　第５版　医学書院

軽部 幸浩 (編著) (2023). こころの行動と発達・臨床心理学　福村出版

小野寺 敦子 (2009). 手にとるように発達心理学がわかる本　かんき出版

渡辺 弥生 (監修) (2021). 完全カラー図解　よくわかる発達心理学　ナツメ社

第7章

安藤 寿康 (2014). 遺伝と環境の心理学―人間行動遺伝学入門　培風館.

ダニエル・ゴールマン 土屋 京子 (訳) (1996) EQ―こころの知能指数―　講談社

藤田 主一 (編著) (2015). 新こころへの挑戦　福村出版

軽部 幸浩 (編著) (2023). こころの行動と発達・臨床心理学　福村出版

大村 政男 (1977). EQテスト ズバリ診断！「こころの知能指数」が見えてくる　現代書林

太田 信夫 (監修) 浮谷 秀一 (編集) (2019). 知能・性格心理学　北大路書房

第8章

Allport, G. W. (1937). *Personality: A Psychological Interpretation.* Henry Holt. (詫摩 武俊・青木 孝悦・

近藤 由紀子（訳）(1982). パーソナリティ　新曜社

Baltes, P., Reese, H., & Lipsitt, L. (1980). Life-Span developmental psychology. *Annual Review of Psychology, 31*, 65-110.

Chocholle, R. (1963). Temps de reaction. Fraisse, P. & Piaget, J. (Eds.), *Traité de Psychologie Experimentale*. Frascicule 2: Sensation et Motricite. Press Universals de France, Paris. (萬代 敬之（訳）(1971). 反応時間　感覚と運動 現代心 理学Ⅱ　第２章 (pp89-185)　白水社

Cloniger, C. R. (1994). Temperament and personality. *Current Opinion in Neurobiology, 4*, 266-273.

Eysenck, H. J., & Eysenck, M. (1983). *Mind Watching*. Anchor Books. (田村 浩（訳）(1986). マインドウオッチング人間行動学　新潮選書)

Goldberg, L. R. (1992). The development of markers for the Big-Five factor structure. *Psychological Assessment, 4*, 26-42.

Gray, J. A. (1982). *The Neuropsychology of Anxiety: An Enquiry into the Functions of the Step-hippocampal System*. New York. Clarendon Press.

Hall, E. T. (1976). *Beyond Culture*. New York: Anchor Press/Double day.

Holland, J. L. (1985). *Making Vocational Coices*. Englewood Chiffs, NJ: Prentice-Hall (渡辺 三枝子・松本 純平・館 暁夫訳 (1990). 職業選択の理論　雇用問題研究会

McCrae, R. R., & Costa, P.T. (1996). Toward a New Generation of Personality Theories: Theoretical Contexts for the Five-Factor Model. In Wiggins, J. S. (Ed.), *The Five-Factor Model of Personality: Theoretical Perspectives* (51-87). New York: Guilford Press.

Michel, W. (1968). *Personality Assessment*. New York: Wiley. (詫摩武俊（監訳）(1992). パーソナリティの理論：状況主義的アプローチ　誠信書房)

Norman, W. T. (1967). *2800 Personality Trait Descriptors: Normative Operating Characteristics for a University Population*. Department of Psychology, University of Michigan.

Pervin, L. A., Cervone. D., & John, O. P. (2005). *Personality: Theory and Research*. (9th ed.). New York: John Wilry & Sons.

Rotter, J. B. (1966). Generalized expectancies for internal versus external control of reinforcement. *Psychological Monographs: General and Applied, 80*, 1, 1-28.

Super, D. E. (1961). Vocational develoment theory: Persons, and processes. *The Cunseling Psychologist, Volume 1, Issue 1* (渡辺 三枝子（編著）(2008). 新版キャリアの心理学―キャリア発達支援へのアプローチ―　ナカニシヤ出版)

Vukasovié, T., & Bratko, D. (2015). Heritability of personality: A meta-analysis of behavior genetic studies. *Affiliations Expand, 141*, 4, 769-85.

第９章

Ekman, P. (1971). Universals and cultural differences in facial expressions of emotion. *Nebraska Symposium on Motivation, 19*, 207-283.

Harlow, H. F. (1950). Learning and satiation of response in intrinsically motivated complex puzzle performance by monkeys. *Journal of Comparative and Physiological Psychology, 43*, 289-294.

Heron,W. (1957). The pathology of boredom. *Scientific American, 196*, 52-56.

平井 久 (1992). 情動と動機づけ　梅本 堯夫・大山 正（編） 心理学への招待―こころの科学を知る― (pp.133-156)　サイエンス社

金城 辰夫 (2008). 動機づけ・情動　鹿取 廣人・杉本 敏夫・鳥居 修晃（編）心理学（第３版）(pp.209-235)　東京大学出版会

Lewin, K. (1935). *A Dynamic Theory of Personality*. McGraw-Hill. (レヴィン, K.　相良 守次・小川 隆（訳）(1957). パーソナリティの力学説　岩波書店)

前田 重治 (1985). 図説臨床精神分析学　誠信書房
Maslow, A. H. (1954). *Motivation and Personality.* Harper & Row. (マズロー, A. H. 小口 忠彦 (監訳) (1987). 人間性の心理学―モチベーションとパーソナリティ― (改訂新版)　産業能率大学出版部)
村尾 能成 (1992). 性格　梅本 堯夫・大山 正 (編) 心理学への招待―こころの科学を知る― (pp.133-156)　サイエンス社
松山 善 (1981). 人間のモチベーション　培風館
Murray, H. A. (1938). *Explorations in Personality.* Oxford University Press.
大山 正 (1984). 実験心理学　東京大学出版会
Plutchik,R. (1986). *Emotion: A Psychoevolutionary Synthesis.* Harper & Row.
Schlosberg, H. (1952). The description of facial expressions in terms of two dimensions. *Journal of Experimental Psychology, 44,* 229-237.
Schwartz, G. H., Fair, P. L., Salt, P., Mandel, M. R., & Klerman, G. L. (1976). Facial Muscle Patterning to Affective Imagery in Depressed and Nondepressed Subjects. *Science, 192,* 489-491.
安田 一郎 (1993). 感情の心理学―脳と情動―　青土社

第10章

Caplan, G. (1964). *Principles of Preventive Psychiatry.* NY: Basic Books. (新福 尚武 (監訳) (1970). 予防精神医学　朝倉書店) Gordon, R. (1987). An operational definition of disease.
Caplan, G. (1974). *Support System and Community Mental Health.* Behavioral Publications. (近藤 喬一・増野 肇・宮田 洋三郎 (訳) (1979). 地域ぐるみの精神衛生　星和書店)
Festinger, L., Pepitone, A., & Newcomb, T. (1952). Some consequences of de-individuation in a group. *Journal of Abnormal and Social Psychology, 47,* 382-389.　https://doi.org/10.1037/h0057906
House, J. S. (1981). *Work Stress and Social Support. Reading.* MA: Addison-Wesley.
稲葉 昭英・南 隆男・浦 光博 (1987).「ソーシャルサポート」研究の現状と課題　三田哲學會　哲學, No.85, 12, 109-149.
Moscovici, S., & Lage, E. (1976). Studies in social influence: III. Majority versus minority influence in a group. *European Journal of Social Psychology, 6* (2), 149-174.
Milgram, S. (1974). *Obedience to Authority: An Experimental View.* Tavistock, London.
三隅 二不二 (1984). リーダーシップ行動の科学　有斐閣
Sherif, M., Harvey, O. J., White, W., Hood, R., & Sherif, C. W. (1961). *Intergroup Conflict and Cooperation: The Robbers Cave Experiment.* The University Book Exchange, Norman.
Tajfel, H., & Turner, J. C. (1986). The social identity theory of intergroup behavior. In S. Worchel & W. G. Austin (Eds.), *Psychology of Intergroup Relation* (pp.7-24). Hall Publishers, Chicago.
Tajfel, H. (1978). *Differentiation Between Social Groups: Studies in the Social Psychology of Intergroup Relations.* Academic Press.
Zimbardo, P. G. (1969). The human choice: Individuation, reason, and order versus deindividuation, impulse, and chaos. Nebraska symposium on motivation. Vol.17, 237-307.
Zimbardo, P. G. (2007). *Lucifer Effect.* Blackwell Publishing Ltd. (ジンバルドー, P. G.　鬼澤 忍・中山 宥 (訳) (2015). ルシファー・エフェクト―ふつうの人が悪魔に変わるとき　海と月社)

第11章

天野 惠子 (2019). 性差医療―男女の更年期障害―　健康長寿ネット (公益財団法人健康長寿科学振興財団) Retrieved November 15, 2024, from https://www.tyojyu.or.jp/net/topics/tokushu/Aging-and-Gender/danjyo-kounenkisyougai.html
第一三共ヘルスケア (編集)・寺内公一 (監修) (2021). 女性ホルモンの周期的な“揺らぎ”を知り上手な

付き合いを．くすりと健康の情報局　by　第一三共ヘルスケア．Retrieved November 15, 2024, from https://www.daiichisankyo-hc.co.jp/health/selfcare/femalehormones_for100/01.html

Hochschild, A. R. (1983) *The Managed Heart: Commercialization of Human Feeling.* University of California Press.（ホックシールド，A. R.　石川 准・室伏 亜希（訳）(2000)．管理される心―感情が商品になるとき―　世界思想社教学社）

本間 昭 (2001)．アルツハイマー型痴呆の治療とその実際　老年精神医学会（監修）アルツハイマー型痴呆診断・治療マニュアル制作委員会（編）アルツハイマー型痴呆の診断・治療マニュアル　ワールドプランニング

伊波 和恵 (2014)．心の健康　伊波 和恵・髙石 光一・竹内 倫和（編著）マネジメントの心理学―産業・組織心理学を働く人の視点で学ぶ― (pp. 197-211)　ミネルヴァ書房

こども家庭庁 (2023)．ヤングケアラーについて　Retrieved November 15, 2024, from https://www.cfa.go.jp/policies/young-carer/

公益社団法人日本 WHO 協会 (2024)．健康の定義 公益社団法人日本 WHO 協会 Retrieved November 15, 2024, from https:// japan-who.or.jp/about/who-what/identification-health/

厚生労働省 (2006)．労働者の心の健康の保持増進のための指針（メンタルヘルス指針）．厚生労働省．Retrieved November 15, 2024, from http://www.mhlw.go.jp/houdou/2006/03/h0331-1.html

厚生労働省 (2024)．図表 1-3-5　精神障害の労災請求件数と支給決定（認定）件数．令和 6 年版厚生労働白書―こころの健康と向き合い，健やかに暮らすことのできる社会に― 厚生労働省　Retrieved November 15, 2024, from https://www.mhlw. go.jp/stf/wp/hakusyo/kousei/23/backdata/01-01-03-05.html

Lazarus, R. S., & Folkman, S. (1984). *Stress, Appraisal, and Coping.* Springer.（ラザルス，R. S.・フォルクマン，S.　本明 寛・春木 豊・織田 正美（監訳）(1991)．ストレスの心理学―認知的評価と対処の研究―　実務教育出版）

松本 洸 (2007)．ロハス（LOHAS）・岡村 一成（編著）日本応用心理学会（編集）応用心理学事典 (pp.288-289)　丸善

内閣府 (2008)．仕事と生活の調和とは（定義）「仕事と生活の調和」推進サイト．Retrieved November 15, 2024, from https:// wwwa.cao.go.jp/wlb/towa/definition.html

日本老年医学会 (2014)．フレイルに関する日本老年医学会からのステートメント Retrieved November 15, 2024, from https:// www.jpn-geriat-soc.or.jp/info/topics/pdf/20140513_01_01.pdf

日本医学会連合 (2022)．フレイル・ロコモ克服のための医学会宣言　Retrieved November 15, 2024, from https://app.box.com/ s/sfon74p1ofrm7hbbtzzq9qh6zkiiswk5

Schaie, K. W. (1996). *Intellectual Development in Adulthood: The Seattle Longitudinal Study.* Cambridge University Press

Selye, H. (1936).　A syndrome produced by diverse nocuous agents. *Nature, 138,* 32.

柴田 博・芳賀 博・長田 久雄・小谷野 亘 (1993)．老年学入門―学際的アプローチ―　川島書店

篠﨑 香織・伊波 和恵・田畑 智章 (2015)．仕事・育児・介護の三者間のワーク・ファミリー・コンフリクト　実践女子大学人間社会学部紀要，*11,* 37-49.

障害者福祉研究会 (2002)．ICF 国際生活機能分類―国際障害分類改定版―　中央法規出版

田内 宣生 (2015)．起立性調節障害　恩賜財団済生会　Retrieved November 15, 2024, from https:// www.saiseikai.or.jp/ medical/disease/orthostatic_dysregulation/

山本 芙由美 (2022)．LGBTQ とは わかりやすく活動家が解説―課題や支援事例も紹介―　朝日新聞 SDGs　ACTION !. Retrieved November 15, 2024, from https://www.asahi.com/sdgs/article/14564464?msockid= 0e65f30c5f586de137f 8e 1955e226c95

第 12 章

稲富 正治 (2016). 図解臨床心理学　日本文芸社
一般社団法人日本ソーシャルワーク教育学校連盟 (編). (2021). 心理学と心理的支援　中央法規出版
軽部 幸浩 (編著). (2023). こころの行動と発達・臨床心理学　福村出版
二宮 克美 (他著) (2021). エッセンシャルズ心理学　福村出版
森谷 寛之・竹松 志乃 (編著) (1996). はじめての臨床心理学　北樹出版
野島 一彦・岡村 達也 (編) (2018). 臨床心理学概論 第3巻　遠見書房
小野寺 敦子 (2009). 手にとるように発達心理学がわかる本　かんき出版
杉原 一昭・渡邉 映子・勝倉 孝治 (監編). (2003). はじめて学ぶ人の臨床心理学　中央法規出版
庄司 順一・西澤 哲 (編) (2001). 社会福祉基礎シリーズ 12　ソーシャルワーカーのための心理学　有斐閣
髙橋 三郎・大野 裕 (監訳 (2023). DSM-5TR 精神疾患の統計・診断マニュアル 医学書院 (American Psychiatric Association, DSM-5 Task Force. (2013). *Diagnostic and Statistical Manual of Mental Disorders: DSM-5TM* (5th ed.) American Psychiatric Publishing, Inc.
Rogers, C. R. (1942). *Counseling and Psychotherapy: Newer Concepts in Practice*. Houghton Mifflin.
World Health Organization (WHO). (1993). *The ICD-10 Classification of Mental and Behavioural Disorders*. World Health Organization.

第 13 章

Blake, R., & Mouton, J. (1964). *The Managerial Grid: The Key to Leadership Excellence*. Gulf Publishing Company.
Dutka, S., & Colley, R. (1995). *DAGMAR, Defining Advertising Goals for Measured Advertising Results* (2nd ed.) NTC Business Books.
House, R. J. (1976). *A Theory of Charismatic Leadership: Working Paper Series 76-06*. University of Toronto.
Holland, J. L. (1973). *Making Vocational Choices: A Theory of Careers*. Prentice-Hall.
経済産業省 (2018). 人生 100 年時代の社会人基礎体力 . Retrieved November 8, 2024, from https://www.meti.go.jp/ policy/kisoryoku/
厚生労働省 (2017). エンプロイアビリティチェックシート総合版　Retrieved November 8, 2024, from https://www. mhlw.go.jp/file/06-Seisakujouhou-11800000-Shokugyounouryokukaihatsukyoku/0000199569.pdf
Leibenstein, H. (1950). Bandwagon, snob, and veblen effects in the theory of consumers' demand. *The Quarterly Journal of Economics, 64*, 183-207.
三隅 二不二 (1986). リーダーシップの科学：指導者の科学的診断法　講談社
大沢 武志 (1989). 採用と人事測定―人材選抜の科学― 朝日出版社
Schein, E. H. (1990). *Career Anchors: Discovering Your Real Values*. Jossey-Bass/Pfeiffer. (シャイン, E. H. 金井 壽宏 (訳) (2003). キャリア・アンカー：自分のほんとうの価値を発見しよう　白桃書房)
白樫 三四郎 (1976). フィードラーのリーダーシップ効果性に関する条件即応モデル：批判と評価. 心理学評論, *19* (3), 172-189.
Super, D. E. (1980). A life-span, life-space approach to career development. *Journal of Vocational Behavior, 16* (3), 282-298.
Super, D. E. (1985). Coming of age in middletown: Careers in the making. *American Psychologist, 40* (4), 405-414.
外島 裕・田中 堅一郎 (2024). 産業・組織心理学エッセンシャルズ (第 4 版)　ナカニシヤ出版
Wechsler, D. (1958). *The Measurement and Appraisal of Adult Intelligence* (4th ed.). Williams &

Wilkins Co.
渡辺 三枝子（2018）．新版 キャリアの心理学―キャリア支援への発達的アプローチ―（第2版） ナカニシア出版

第14章

Brantingham, P. J., & Brantingham, P. L. (1995). Criminality of place. *European Journal on Criminal Policy and Research, 3* (3), 5-26.

Federal Bureau of Investigation (2024). *Federal Bureau of Investigation: Crime Data Explorer* (CDE). United States government. Retrieved November 8, 2024, from https://cde.ucr.cjis.gov/LATEST/webapp/#/pages/explorer/ crime/ crime-trend

Felson, M. (2002). *Crime and Everyday Life*. Thousand Oaks, CA: Sage Publications.（フェルソン，M. 守山 正（監訳）（2005）．日常生活の犯罪学 日本評論社．）

福島 章（1982）．犯罪心理学入門 中公新書

平兮 元章（2008）．「分化的接触論」の再検討：少年犯罪の変容 福岡大学人文論叢，39 (4), 1-21.

板谷 利加子（2000）．御直披：レイプ被害者が闘った，勇気の記録．角川書店

Jeffery, C. R. (1977). *Crime Prevention through Environmental Design*. Beverly Hills, Sage Publications.

警視庁（2022）．令和4年版：犯罪被害者白書 Retrieved November 8, 2024, from https://www.npa.go.jp/hanzaihigai/ whitepaper/2022/zenbun.html

厚生労働省（2020）．職場におけるハラスメントの防止のために（セクシュアルハラスメント／妊娠・出産・育児休業等に関するハラスメント／パワーハラスメント）Retrieved November 11, 2024, from https://www.mhlw.go.jp/stf/ seisakunitsuite/ bunya/koyou_roudou/koyoukintou/seisaku06/index.html

厚生労働省都道府県労働局雇用環境・均等部（室）（2023）．職場における・パワーハラスメント対策・セクシュアルハラスメント対策・妊娠・出産・育児休業等に関するハラスメント対策は事業主の義務です！ Retrieved November 11, 2024, from https://www.mhlw.go.jp/content/11900000/001019259.pdf

久保 順也（2014）．児童生徒間のいじめに関する心理学的研究の展望 宮城教育大学紀要，*48*, 229-241.

Lombroso, C. (1887). *L'homme Criminel: Étude Anthropologique et Médico-légale*. Fèlex Alcan.（ロンブローゾ，C. 寺田 精一（訳）（1917）．ロンブローゾ犯罪人論 厳松堂）

Lombroso, C. (1888). *L'homme Criminel: Atlas*. Bocca Frères.

美祢社会復帰促進センター（2007）．施設の概要 Retrieved November 12, 2024, from https://www.mine-center.go.jp/gaiyou. html

文部科学省（2019）．いじめの定義の変遷 Retrieved November 9, 2024, from https://www.mext.go.jp/component/a_menu/ education/detail/__icsFiles/afieldfile/2019/06/26/1400030_003.pdf

中野 信子（2017）．ヒトは「いじめ」をやめられない：「いじめ」と「脳内ホルモン」の危うい関係 小学館新書

Newman, O. (1996). *Creating Defensible Space: Institute for Community Design Analysis*. U.S. Department of Housing and Urban Development Office of Policy Development and Research.

大渕 憲一（2006）．犯罪心理学：犯罪の原因をどこに求めるのか 培風館

大久保 智生（2016）．万引き 日本犯罪心理学会（編）犯罪心理学事典（pp.188-189） 丸善出版

大野 隆造（2005）．犯罪を科学する：建築環境と犯罪．学術の動向．16-20.

Rossmo, D. K. (2000). *Geographic Profiling*. CRC Press, Boca Raton.（ロスモ，D. K. 渡辺昭一（監訳）（2002）．地理的プロファイリング：凶悪犯罪者に迫る行動科学 北大路書房）

Sutherland E. H. (1949). *White Collar Crime*. New York, Dryden Press.（サザーランド，E. H. 平野 竜一・井口 浩二（訳）（1955）．ホワイト・カラーの犯罪：独占資本と犯罪（時代の窓） 岩波書店）

Thornberry, T. P., Krohn, M. D., Lizotte, A. J., Smith, C. A., & Tobin, K. (2003). *Gangs and Delinquency in Development Perspective*. Cambridge University Press.

吉益 脩夫 (1958). 犯罪學概論　有斐閣

第 15 章

青山 謙二郎・武藤 崇 (編) (2017). 心理学から見た食行動　北大路書房

Becker, L., van Rompay, T. J. L., Schifferstein, H. N. J., & Galetzka, M. (2011). Tough package, strong taste: The influence of packaging design on taste impressions and product evaluations. *Food Quality and Preference, 22*, 17-23.

Berry, S. L., Beatty, W. W., & Klesges, R. C. (1985). Sensory and social influences on ice cream consumption by males and females in a laboratory setting. *Appetite, 6*, 41-45.

Birch, L. L. (1980). Effects of peer models' food choices and eating behaviors on preschoolers' food preferences. *Child Development, 51*, 489-496.

Birch, L. L. (1981). Generalization of a modified food preference. *Child Development, 52*, 755-758.

Birch, L. L., & Deysher, M. (1985). Conditioned and unconditioned caloric compensation: Evidence for self-regulation of food intake in young children. *Learning and Motivation, 16*, 341-355.

Birch, L. L., McPhee, L., Sullivan, S., & Johnson, S. (1989). Conditioned meal initiation in young children. *Appetite, 13*, 105-113.

Birak, K. S., Higgs, S., & Terry, P. (2011). Conditioned tolerance to the effects of alcohol on inhibitory control in humans. *Alcohol and Alcoholism, 46*, 686-693.

Cannon, W. B., & Washburn, A. L. (1912). An explanation of hunger. *American Journal of Hysiology, 29*, 441-454.

Clendenen, V. I., Herman, C. P., & Polivy, J. (1991). Social facilitation of eating among friends and strangers. *Appetite, 23*, 1-13.

DuBose, C. N., Cardello, A. V., & Maller, O. (1980). Effects of colorants and flavorants on identification, perceived flavor intensity, and hedonic quality of fruit-flavored beverages and cake. *Journal of Food Science, 45*, 1393-1399.

福田 実奈・畑 敏道・小松 さくら・青山 謙二郎 (2014). コーヒー手がかり呈示が欲求と認知課題成績へ及ぼす 影響　基礎心理学研究, *33*, 28-34.

Gurney, R. (1987). The hereditary factor in obesity: a preliminary report. *Archives of Internal Medicine, 57*, 557-561.

長谷川 芳典 (1982). 食物選択における学習の役割　哺乳類科学, *45*, 29-51.

Herman, C. P., Roth, D. A., & Polivy, J. (2003). Effects of the presence of others on food intake: A normative interpretation. *Psychological Bulletin, 129*, 873-886.

今田 純雄 (1989). 食行動の基礎と環境 臨床栄養, *75*, 729-735.

小早川 達・後藤 なおみ (2015). 食品の味わいと味覚・嗅覚　日本調理科学会誌, *48*, 175-179.

Lavin, J. G., & Lawless, H. T. (1998). Effects of color and odor on judgments of sweetness among children and adults. *Food Quality and Preference, 9*, 283-289.

中島 義明・今田 純雄 (編) (2020). 人間心理学講座 2 たべる (新装版) —食行動の心理学—　朝倉書房

中村 昭之 (編) (1982). 心理学概説　八千代出版

Nisbett, R. E., & Storms, M. D. (1974). Cognitive and social determinants of food intake. In H. London & R. E. Nisbett (Eds.), *Thought and Feeling: Cognitive Alteration of Feeling States* (pp.190-208). Chicago: Aldine.

Robinson, T. N., Borzekowski, D. L. G., Matheson, D. M. M., & Kraemer, H. C. (2007). Effects of fast food branding on young children's taste preferences. *Archives of Pediatrics & Adolescent Medicine, 161*,

792-797.
櫻井 武 (2012). 食欲の科学—食べるだけでは満たされない絶妙で皮肉なしくみ— 講談社
Siegrist, M., & Cousin, M-E. (2009). Expectations influence sensory experience in a wine tasting. *Appetite, 52*, 762-765.
Worchel, S., Lee, J., & Adewole, A. (1975). Effects of supply and demand on ratings of object value. *Journal of Personality and Social Psychology, 32*, 906-914.
Young, P. T. (1936). *Motivation of Behavior: The Fundamental Determinants of Human and Animal Activity.* John Wiley & Sons Inc.

第16章

荒川 浩久・木本 一成・川村 和章・戸田 真司・黒羽 加寿美・宋 文群 (2005). 運動と肥満の関係.14 (1), 3-8. https://www.jstage.jst.go.jp/article/kenkouigaku/14/1/14_KJ00008428699/_pdf/char/ja
Bandura, A. (1997). *Self-efficacy: The exercise of control.* W.H. Freeman & Co.
Benette, A. (2021). 日本人の知らない武士道. 体育史研究, *38*, 19-24.
地方独立行政法人東京都健康長寿医療センター研究所 (2022). 社会的孤立は, 全ての世代の健康に悪影響を及ぼす：高齢者の精神的健康維持には対面接触がベスト, 非対面接触のみは次善の策. Retrieved November 8, 2024, from https://www. https://www.tmghig.jp/research/release/cms_upload/20220318.pdf.
今宿 裕・朝倉 雅史・作野 誠一・嶋崎 雅規 (2019). 学校運動部活動の効果に関する研究の変遷と課題 体育学研究, *64*, 1-20.
入野 信照 (2023). 武道と健康. 芙蓉出版社.
石田 美咲来・小野 真依子・河合 梨花・高橋 恵璃・宮坂 佳華 (2018). スポーツ活動は学力を向上させるのか JSFJ2018 政策フォーラム発表論文 Retrieved November 8, 2024, from http://www.isfj.net/articles/2018/【青山学院大学】【安井健悟研究会】【宮坂佳華】(スポーツ活動は学力を向上させるのか).pdf
河合 克尚 (2022). 身体活動の効果と心身健康科学 心身健康科学, *18* (2), 92-95.
厚生労働省 (2019). 国民生活基礎調査の概況 Retrieved November 8, 2024, from https://www.mhlw.go.jp/toukei/ saikin/hw/k-tyosa/k-tyosa19/dl/14.pdf
厚生労働省 (2023). 健康づくりのための身体活動・運動ガイド2023 Retrieved November 8, 2024, from https://www. mhlw.go.jp/content/001194020.pdf
前阪 茂樹 (2009). 鹿屋体育大学における「武道とスポーツ」の概念に関する考察 鹿屋体育大学学術研究紀要, *39*, 43-45.
文部科学省 (2019). 障害者スポーツ推進プロジェクト (障碍者のスポーツ参加促進に関する調査研究) 成果報告書 Retrieved November 8, 2024, from https://www.mext.go.jp/sports/content/20200519-spt_kensport01-300000786-2.pdf
森山 達也 (2013). 合気道の稽古者はいかに倫理性を身につけるのか：意味生成体験という観点から. 体育学研究. *58*, 225-241.
中西 純司・相部 保美・南條 佳奈・愛合 智典・牧瀬 崇昭・渡部 知博・楊 景文 (2007). 子どもの運動・スポーツ活動と「社会力」との関連性に関する実証的検討 福岡教育大学紀要 (第五分冊, 芸術・保健体育・家政科編), *56*, 133-146.
中野 ジェームズ 修一 (2016). フィジカルエリートが実践する仕事力を上げる「脱疲労」「脱ストレス」の技術 講談社
内閣府 (2023). がん対策に関する世論調査 Retrieved November 8, 2024, from https://www.https://survey.gov-online.go.jp/ r05/r05-gantaisaku/gairyaku.pdf
日本体育学会 (編) (2012). がんと身体活動. 杏林書院

新渡戸 稲造 (1938). 武士道　岩波文庫 .

佐瀬 竜一 (2016). 自律訓練法とバイオフィードバック　バイオフィードバック研究 , 43 (2), 71-75.

酒井 利信・前林 清和・寒川 恒夫ら (2011). 武道に身心統合科学の可能性を探る　～嘉納治五郎の事績にならい , 今をかんがえる～　武道学研究 . *44* (1), 49-58.

寒川 恒夫 (2017). 武術伝書の語り方　. 体育史研究 , 34, 1-11.

笹山 健作・野々上 敬子・多田 賢代・足立 稔 (2014). 部活動の所属 , 運動時間と学業成績の関連　―中学2年生を対象とした検討―　学校保健研究 , *56*, 282-289.

Shiovits-Ezra, S., & Ayalon, L. (2010). Situational versus chronic loneliness as risk factors for all-cause mortality. *International Psychogeriatrics*. *22* (3), 455-462.

スポーツ庁 (2018). 運動部活動の在り方に関する総合的なガイドライン　https://www.mext.go.jp/sports/b_menu/shingi/013_index/toushin/1402678.htm.

鶴原 清志 (2016). わが国のメンタルトレーニングに関する検討　スポーツ健康科学研究 , 38, 1-11.

植田 誠治 (編著) 物部 博文・杉崎 弘周 (著) (2018). 学校におけるがん教育の考え方・進め方. 大修館書店

湯川 進太郎 (2024). 心のコツ！武道家の稽古・鍛錬の心理学　～情熱を持続させるための簡単な意識スイッチ～ . BAB ジャパン .

人名索引

〔ア　行〕

〔カ　行〕

〔サ 行〕

〔タ 行〕

〔ナ 行〕

〔ハ 行〕

〔マ　行〕

〔ヤ　行〕

〔ラ　行〕

〔ワ 行〕

事　項　索　引

〔英　語〕

〔あ　行〕

〔か 行〕

〔さ　行〕

〔た　行〕

〔な　行〕

〔は 行〕

〔ま　行〕

〔や　行〕

〔ら　行〕

〔わ　行〕

執筆者一覧

◎編者

軽部 幸浩（日本大学商学部）

◎執筆者

氏名（所属）	担当
長澤 里絵（湘南医療大学保健医療学部）	第 1 章，第 6 章
山本 真菜（日本大学商学部）	第 2 章
時田　 学（日本大学商学部）	第 3 章
伊藤 令枝（日本大学理工学部）	第 4 章
久保 尚也（駒澤大学文学部）	第 5 章
藤田 主一（日本体育大学 名誉教授）	第 7 章
佐藤 惠美（東京富士大学経営学部）	第 8 章，第 10 章
石岡 綾香（駒澤大学文学部）	第 9 章，第 15 章
伊波 和恵（東京富士大学経営学部）	第 11 章
黒住 享弘（湘南さくら病院）	第 12 章
軽部 幸浩（編者）	第 13 章，第 14 章
井上 航人（東京富士大学経営学部）	第 16 章

こころの行動と社会・応用心理学

2025年3月20日　第1刷発行

編著者　軽　部　幸　浩
発行者　中　村　裕　二
発行所　㈲川　島　書　店
〒165-0026
東京都中野区新井2-16-7
電話　03-3388-5065
（営業・流通センター）電話＆FAX　03-5965-2770

印刷・製本　モリモト印刷株式会社

落丁・乱丁本はお取替いたします　振替・00170-5-34102

＊定価はカバーに表示してあります
ISBN978-4-7610-0964-9　C3011